史料学遍歴

史料学遍歴　目次

第一章

金石文と木簡

法隆寺金堂薬師像の光背銘と天寿国繡帳の銘文

―その史料的性格をめぐって―

一　はじめに

法隆寺金堂に安置される薬師如来像はその光背裏に九〇字に及ぶ刻銘を備える。また中宮寺蔵のいわゆる天寿国繡帳には、現在極僅かを残して失われているが、もと四〇〇字にのぼる銘文が刺繡で表されていた。この二つの銘文が聖徳太子に関わる古代金石文として、早くから研究者の注目を引いてきたことは、いまさら改めて述べるまでもないであろう。しかしながら既往の研究の中で、各々の文中に見える丁卯年（推古十五年、六〇七年）ないし壬午年（原文は「明年」。推古三十年）当時のものかどうかに関して、疑問が提起されてきたのもまた周知の事実である。ただこれまでの研究は、その実年代をどのように考えるにせよ、字句や文章の検討を主にしており、全体としてその史料的特色や性格を分析したものは稀であったと言える。しかしこの二つの銘文を改めて見直すと、通常一括して扱われる他の造像銘とは、種々異なる点が看取されると同時に、共通点も目に付く。この小文では、その特徴に着目して、両銘の史料としての性格を再検討し、史料価値の確定に向けた試みとしたい。

二　法隆寺金堂薬師像の銘文

まず薬師像の銘文から取り上げるが、具体的検討に入る前に、造像銘の一般的概念について検証しておきたい。造像銘については、特に明確な概念や独自の文体があるわけではない。文体としての銘は古い歴史を持ち、派生する問題もあるが、ここで深く立ち入る必要はないであろう。とりあえずは、仏教的な彫像や画像を造るに当たって、その因縁や経緯、願いの趣旨を書いた文章と規定しておけばよいと考えられる。たとえば、厳密な概念規定ではないが、考古学会編『造像銘記』（一九二六年）の序（三宅米吉執筆）が、「銘には多くは造像の趣意、目的、時日、奉納者、製作者等を記してある」と言うのは、現在でも最大公約数的な理解と言えよう。そこで注意したいのは、このような性格を持つ造像銘にあっては、作成時期がその造像と同時か、あまり時を隔てないのが通例であること、また文中に造像する願意が表明されているのが自然であることである。おそらくこの点について異論の余地はないであろうし、かえって余りにも当然で今更確認の要もないと受け取られるかもしれない。しかしこれから取り上げる二つの銘文を考える場合、欠くことのできない視点であると思うので、あえて注意を喚起しておく。

そこで薬師像の銘文であるが、行論の都合上、次に全文を掲げる(1)（書き下し文の括弧内に人名の注を加えた）。

池辺大宮治天下天皇大御身労賜時歳
次丙午年召於大王天皇与太子而誓願賜我大
御病太平欲坐故将造寺薬師像作仕奉詔然
当時崩賜造不堪者小治田大宮治天下大王天
皇及東宮聖王大命受賜而歳次丁卯年仕奉

池辺大宮に天の下治ろしめしし天皇（用明天皇）、大御身労《いたづ》き賜いし時、歳は丙午に次《やど》る年（用明元年、五八六年）に、大王天皇（後の推古天皇）と太子（聖徳太子）とを召して、誓願し賜わく、「我が大御病、大平坐《たいらぎま》さむと欲《おも》ほす。故《かれ》、寺を造り薬師の像を作りて仕え奉らむ」と詔る。然れども当時崩じ賜いて造るに堪えざれば、小治田大宮に天の下治ろしめしし大王天皇（推古天皇）及び東宮聖王（聖徳太子）、大命を受け賜わりて、歳は丁卯に次る年（推古十五年、六〇七年）に仕え奉る。

文意は書き下し文に明らかなので、詳しい説明は省略するが、この銘文は、用明天皇による法隆寺とその本尊の発願に始まり、推古天皇と聖徳太子によって最終的完成に至る経緯を述べている。その内容は長く事実と見なされてきたが、福山敏男氏によって疑義が呈されて以来、疑われるようになり、今日では、薬師像そのものの造像技法からも、七世紀後半から末の制作とするのがほぼ定説となっている。(2) 福山氏がこの銘文を疑う理由は複数あるが、

一　天皇名に、没後の称と考えられる某宮治天下天皇、某宮治天下大王天皇の名が使われていること。
二　聖徳太子を「聖王」とするのも、没後の尊称と考えられること。
三　病気平癒を薬師如来に願う薬師信仰は、七世紀前半には未だ盛んではなかったと見られること。
四　天皇号の使用は推古朝にはなかったと考えられること。

の四点に集約できよう。一・三・四は必ずしも決定的とはいえず、証拠とはしにくいが、二は蓋然性に富み、福山氏の疑念が広く受け入れられてきたのも首肯できる。ただ、問題はこうした細部にのみは限られないことに注意すべきであろう。

見逃せないのは、この銘文には記述の主体が現れず、寺と薬師像の造立に至る経過が第三者によって語られるに過ぎないことである。また文章全体に関わる年月日などの記載もない。従って当然のことながら、寺や像の造立について、当事者が願意を表明した部分も存在しない。これらは通常の造像銘と著しく異なる点であって、この銘文が、寺と像の由来を、第三者の視点から述べた縁起文であることを明瞭に物語ると言えよう。こうした特徴は既にこれまでも漠然と気づかれてきたと思われるが、文章の持つ特質として明確に指摘されたことはなかったのではあるまいか。この銘文のそうした性格を最もよく示すのが、文中に見える用明天皇の言葉であろう。ここには次のような勅語が、「誓願し賜わく」として直接引用される。

我が大御病、太平坐さむと欲ほす。故、寺を造り薬師の像を作りて仕え奉らむ。

「大御病」や「坐さむ」は、天皇自らが用いた自敬表現である。通常の造像銘にあっては、こうした願いは発願者の願意として直接本文に現れ、引用文の形をとることはない。しかし、寺の縁起であれば、これはなんら不自然ではなく、現に天平十九年(七四七)の法隆寺や大安寺の伽藍縁起并流記資財帳では、その縁起部分に推古天皇、聖徳太子、田村皇子(舒明天皇)、斉明天皇、天智天皇らの言葉が、薬師像の銘と同様、和文体で現れる。いま『大安寺伽藍縁起并流記資財帳』から一例を書き下し文にして示せば次のようである。

天皇、崩じ賜わむ時、太后の尊に勅すらく、「此の寺は意の如く造り建てよ。此の事為す事を給うのみ」と。

「天皇」は舒明天皇、「太后の尊」はのちの皇極天皇で、これは舒明がその后に、百済大寺の造営継承を遺言するくだりである。

このような縁起と対比すれば、金石文と紙本との違いこそあれ、薬師像の銘文も縁起に他ならないことは明らかであろう。かつて大西修也氏は、この銘文の内容が『元興寺伽藍縁起并流記資財帳』に引く丈六光銘の前半部分に類似することから、この銘文はそれにならって作られた法隆寺の縁起と考えられたが、(3) 文体からもそのことは裏付けられる。薬師像銘の実年代に関しては、従来説の出されているとおり、法隆寺の再建期とするのが妥当であろう。なぜならこうした縁起文が、他でもない仏像自体に刻まれたのは、本来の像が失われていたからこそと見るべきで、法隆寺の火災を経たのちのことと考えられるからである。

なお念のため付け加えておくと、これまで述べたこの銘文の特徴は、銘文がかなりな長文に亘るため生じたのではないかと思われる向きが、あるいはあるかもしれない。しかし造像銘は、小金銅仏の銘のように短いものとは限らず、今は失われているが、東大寺大仏殿の東西に懸けられていた曼荼羅銘（天平勝宝六年、七五四年。『東大寺要録』巻八所引）のように、極めて長文の例もある。その場合も、前記のような造像銘の構成要素や特色が備わっていることは注意されなければならない。近いところでは、同じ法隆寺金堂にある釈迦三尊像の銘も、長文でありながら、まさに造像銘としての諸条件を具備した例と言えよう。この銘は、像とともに太子の没した直後に完成したものである。(4)また原文が伝わらず、後代の増補、潤色を受けているとはいえ、『元興寺伽藍縁起幷流記資財帳』に引く丈六光銘においても、その原型に近いと見られる後半部(5)に、「願以茲福力」（願わくは茲の福力を以て）云々と、造像主体による願意の表明が見られるのは、これが本来造像銘であったことを示していると思う。

一方、薬師像の銘文のように、縁起を記す例を金石文に求めると、まず思い浮かぶのは法起寺の塔露盤銘である。この銘文の実物は現存せず、十三世紀の法隆寺僧顕真が撰した『聖徳太子伝私記』に載せられて伝わるが、その内容は、法起寺が聖徳太子の遺願により、山代大兄王によって造営が開始されて以降、丙午年（慶雲三年、七〇六年）に塔の露盤が造られて完成するまでの造営過程を記したものである。(6)詳しくその経過が示されてはいるが、銘文作成に当たっての願意は直接述べられてはいない。七世紀から八世紀にかけての塔には、その寺の縁起が銘文として記されることがあったらしく、現存しているものでは、薬師寺東塔の檫銘や粟原寺の塔露盤銘があり、また原物が残らず、後世の潤色が加わって文の原型が損なわれているものの、飛鳥寺の露盤銘というものも、その例に数えられる。粟原寺の塔露盤銘では、銘文述作者の願意が示されているが、それが見られない点で、法起寺塔露盤銘は一層純粋な縁起文的性格を持っており、薬師像の銘文に近いと言えるであろう。従って、薬師像の銘文について、それが仏像の光背に刻まれているからといって、安易に他の造像銘と一括して扱うのは控えたほうがよいと思われる。

また、この銘文が縁起であるとなれば、内容の全てに信を置けるかどうかは疑問である。丁卯年(六〇七)の創建という点に関しては、創建時の瓦の研究から矛盾はないとされているが[7]、それ以外の点については、今後も検討してゆく必要がある。

三　天寿国繡帳の銘文

法隆寺金堂薬師像の銘文を検討する中で造像銘の概念を論じたが、薬師像の銘文と同様に、簡単には造像銘と言えない特徴を備えた銘文に、天寿国繡帳のそれがある。前節の検討結果を踏まえ、ここで改めて天寿国繡帳の銘文について考えてみたい。

周知のように天寿国繡帳は、現在は断片を集めて額装されたものが中宮寺に伝えられ、ほかにも零細な断片の存在が法隆寺その他に確認されているが、本来、柱間三間に張り渡されるほどの大きさを持ち[8]、刺繡による浄土の図様のほかに、冒頭にふれたとおり、全四〇〇字に及ぶ銘文が、四字を一組として一〇〇個の亀の背にはめ込む形で入れられていた。七世紀の大規模な刺繡作品の遺例として有名なばかりでなく、特にその銘文は、聖徳太子の伝記史料として、さらには太子の仏教観をうかがう史料として、大きな意義を認められてきている。よく知られたものではあるが、これも行論の便宜のため、次にその全文と私見による書き下し文を掲げる（書き下し文の括弧内に人名の注を加えた）。なお復原銘文は飯田瑞穂氏の研究結果に拠った(9)。

斯帰斯麻　宮治天下　天皇名阿　米久尓意　斯波留支　比里尓波　乃弥己等
娶巷奇大　臣名伊奈　米足尼女　名吉多斯　比弥乃弥　己等為大　后生名多
至波奈等　已比乃弥　己等妹名　等已弥居　加斯支移　比弥乃弥　己等復娶
大后弟名　乎阿尼乃　弥己等為　后生名孔　部間人公　主斯帰斯　麻天皇之
子名蕤奈　久羅乃布　等多麻斯　支乃弥己　等娶庶妹　名等已弥　居加斯支
移比弥乃　弥己等為　大后坐乎　沙多宮治　天下生名　尾治王多　至波奈等
已比乃弥　己等娶庶　妹名孔部　間人公主　為大后坐　瀆辺宮治　天下生名
等已刀弥　弥乃弥己　等娶尾治　大王之女　名多至波　奈大女郎　為后歳在
辛巳十二　月廿一癸　酉日入孔　部間人母　王崩明年　二月廿二　日甲戌夜
半太子崩　于時多至　波奈大女　郎悲哀嘆　息白畏天　皇前曰啓　之雖恐懐
心難止使　我大王与　母王如期　従遊痛酷　无比我大　王所告世　間虚仮唯
仏是真玩　味其法謂　我大王応　生於天寿　国之中而　彼国之形　眼所叵看

悕因図像　欲観大王　住〔往〕生之状　天皇聞之　悽然告曰　有一我子　所啓誠以
為然勅諸　采女等造　繡帷二帳　画者東漢　末賢高麗　加西溢又　漢奴加己
利令者椋　部秦久麻

斯帰斯麻宮に天の下治ろしめしし天皇（欽明天皇）、名は阿米久尓意斯波留支比里尓波乃弥己等、巷奇大臣、名は伊奈米足尼（蘇我稲目）の女、名は吉多斯比弥乃弥己等（堅塩媛）を娶り大后と為し、名は多至波奈等已比乃弥己等（用明天皇）、妹名は等已弥居加斯支移比弥乃弥己等（推古天皇）を生む。復た大后の弟、名は乎阿尼乃弥己等（小姉君）を娶りて后と為し、名は孔部間人公主を生む。斯帰斯麻天皇の子、名は蕤奈久羅乃布等多麻斯支乃弥己等（敏達天皇）、庶妹、名は等已弥居加斯支移比弥乃弥己等を娶りて大后と為し、乎沙多宮に坐して天の下治ろしめしき。名は尾治王を生む。多至波奈等已比乃弥己等、庶妹、名は孔部間人公主を娶りて大后と為し、瀆辺宮に坐して天の下治しろしめしき。名は等已刀弥々乃弥己等（聖徳太子）を生む。尾治大王の女、名は多至波奈大女郎（橘大女郎）を娶りて后と為す。歳は辛巳に在る十二月廿一癸酉日入、孔部間人母王崩ず。明年二月廿二日甲戌夜半、太子崩ず。時に多至波奈大女郎、悲哀嘆息し、天皇の前に畏み白して曰く、「之を啓すは恐しと雖も、懐う心止使め難し。我が大王と母王と、期するが如く従遊す。痛酷比い无し。我が大王の告る所、世間は虚仮、唯仏のみ是れ真なり、と。其の法を玩味するに、謂えらく、我が大王は応に天寿国の中に生まるべし、と。而るに彼の国の形、眼に看叵き所なり。悕くは図像に因り、大王往生の状を観むと欲す」と。天皇之を聞き、悽然として告りて曰わく、「一の我が子有り、啓す所誠に以て然りと為す」と。諸采女等に勅し、繡帷二帳を造る。画く者は東漢末賢、高麗加西溢、又漢奴加己利、令す者は椋部秦久麻なり。

この銘文も、通常は造像銘として扱われ、なんら疑問は差し挟まれていない。しかしこの銘文を、前節で述べた本来の意味での造像銘ととらえるには、次のような疑問がある。まずこの文には、作成に関わる年月日の記載がない。また繡帳を造るについて、当事者である橘大女郎が願意を表明した部分も存在しない。橘大女郎が推古天皇に「之を啓すは恐しと雖も」と述べるくだりは、繡帳が制作されるに至った動機を示してはいても、造像銘に一般的な、繡帳を制作することによって太子の冥福を祈ったり、関係者の橘大女郎や推古天皇が、自らの菩提を期待するといった直接的な願いは見ることができない。銘文の前半に記された太子と橘大女郎の系譜とともども、第三者から見た事実の淡々とした叙述に終始していると言っても過言ではないであろう。

しかも注意されるのは、ここにも薬師像の銘で見たような、関係者の言葉の直接引用が現れることである。即ち後半の冒頭、太子親子の逝去が述べられた直後に、まず橘大女郎による前述の「之を啓すは恐しと雖も」で始まる推古天皇への奏言が引用される。ここで大女郎は、太子親子が、まるで申し合わせたかのように逝去し悲しみに耐えないこと、太子は生前、「世間は虚仮、唯仏のみ是れ真なり」と述べていたので、死後、天寿国に生れているに相違ないこと、その様子を図像によって眼に見えるようにしたいことを語る。このくだりには、「悕くは図像に因り、大王往生の状を観むと欲す」とあり、大女郎の願いが示されているが、これが第三者の視点で述べられ、通常の造像銘のように一人称で提示されていないのは、この文の大きな特徴である。それを受けて、推古天皇の言葉があり、大女郎の望みが繡帳として具体化されたわけであるが、この推古天皇の言葉も、第三者の視点で書かれたものである。

こうした当事者の発言を第三者が記録すると言う文体は、まさに先に見た寺院の縁起文と共通するところであって、薬師像の銘とも共通する特色であり、これまた造像銘ではなく縁起であると言う他ないであろう。鎌倉時代にこの繡帳が法隆寺の蔵から再発見された時、記紀その他の古文献に精しい卜部兼文によって、繡帳の銘文の解読が試みられ、その結果が『天寿国曼荼羅繡帳縁起勘点文』として今日に伝えられている。この書は今は失われた銘文の全体をうかがえる史料として、周知のとおり繡帳研究の基礎となっているが、その書名は、比較的近年に付されたものという[10]。恐らく田中豊蔵氏の論考[11]などにも示唆を受けたのであろうが、「天寿国曼荼羅繡帳」の「縁起」というその認識はまことに妥当と言うべきであろう。

この銘文が縁起に他ならないとすれば、成立年代も太子の没した直後には限定できない。先の薬師像の銘に関しては、かねてから時代の降ることが通説となっているにも拘らず、文の性格が共通する天寿国繡帳銘について、これを推古朝当時のものとする見解がむしろ優勢であるのは、不可解なことと言わなければならない。この銘の年代や制作事情に関しては、かつて論じたことがあるので、ここでは立ち入らないが、推古天皇の諡号である「等已弥居加斯支移比弥乃弥己等」が見える以上、少なくとも舒明朝以降に降ることは確かであろう。[12] 従って薬師像の銘と同様、内容の史実性については、なお慎重な検討を要すると思う。

ただ、よく知られているように、この銘文では、太子が母王と「期するが如く」逝去したと述べるだけで、同じ太子の最期を扱った法隆寺金堂釈迦三尊の銘文が、母王・太子・膳妃を「三主」とまで言うのとは大いに異なっている。天寿国繡帳銘は、膳妃の存在に全くふれていない。当然そこには制作主体の相違が反映しており、釈迦三尊は膳氏の強い影響下に造像が行われ、[13] 天寿国繡帳は橘大女郎の一族の存在を背景に制作されたことが考えられよう。その限りでは、繡帳銘は別系統の所伝として尊重されてよい。たとえば太子の来世観を考える史料として、太子没後まもなくの造像である釈迦三尊の銘と、この繡帳銘は、常に言及されるが、釈迦三尊銘に見える「浄土」「彼岸」と、繡帳銘に現れる「天寿国」とが、同一のものを指している保証はない。系統が異なる史料という理解に立てば、少なくとも「彼岸」と「天寿国」が全く異なった概念であっても差し支えはなかろう。[14] 太子自身、自己の来世観を明確に一貫して周囲に示していたかどうかは明らかでなく、周囲の期待するところが、あるいは「浄土」(おそらくは阿弥陀浄土)であり、あるいは「天寿国」(兜率天)であるというように、分裂していた可能性も残しておくべきであろう。

四　おわりに

本稿で取り上げた二つの銘文については、かねてから文中に現れる年代のものではないとする説が提起されてきたので、結論だけを取れば、必ずしも目新しいものとは言えないであろう。しかし、漠然と考えられてきた二つの銘文の性格は、他の造像銘と対比して考えることによって、より明確に縁起として捉えられるようになったと思う。

思えば天寿国繡帳の銘文について、その内容の後半が余りに物語的なことに違和感を抱いたのは、五十年近くも前のことになるが、(15)私としてはその違和感に、遅まきながら自分なりの回答を見出すことができた。さらに諸賢の指正を得ることができれば幸いである。

注

(1) 奈良国立文化財研究所飛鳥資料館編『飛鳥・白鳳の在銘金銅仏』(同朋舎、一九七九年)。
(2) 福山敏男「法隆寺の金石文に関する二三の問題」(『夢殿』十三冊、一九三五年)。
(3) 大西修也「再建法隆寺と薬師銘成立の過程」(『仏教芸術』一三三号、一九八〇年)。
(4) 拙稿「法隆寺金堂釈迦三尊像の光背銘」(『日本古代金石文の研究』岩波書店、二〇〇四年)。
(5) 福山敏男「飛鳥寺の創立」(『日本建築史研究』墨水書房、一九六八年)、久信田喜一「『元興寺伽藍縁起并流記資財帳』の史料的価値について」(『芸林』三一―二、一九八二年)。この銘には、いわゆる推古朝遺文に特徴的な仮名が使用されており、全くの捏造とは考えにくい。
(6) この露盤銘の信憑性については、拙稿「法起寺塔露盤銘」(注4前掲書)参照。
(7) 花谷浩「若草伽藍の造営」(法隆寺昭和資財帳編集委員会編『法隆寺の至宝』15、小学館、一九九二年)、林正憲「若草伽藍から西院伽藍へ―年代論の再整理―」(奈良文化財研究所編『法隆寺若草伽藍跡発掘調査報告』二〇〇七年)。
(8) 『聖徳太子伝記』太子五十歳御時条に「引渡三間計ノ大曼陀羅也」とある。
(9) 飯田瑞穂「天寿国繡帳と飛鳥仏教」(『聖徳太子伝の研究』吉川弘文館、二〇〇〇年)。
(10) 同右「「天寿国曼荼羅繡帳縁起勘点文」について」(同右)。

（11）田中豊蔵「天寿国繡帳縁起文異本の断片」（『日本美術の研究』二玄社、一九六〇年。一九四〇年初出）。
（12）拙稿「天寿国繡帳の図様と銘文」（注4前掲書）。生前の尊号が和風諡号になったとする説が当たらないことについては、拙稿「史料と史実―天皇の和風諡号を例に―」（岩波講座『日本歴史』第二巻月報、二〇一四年三月）参照。
（13）釈迦三尊像の当初の安置場所に関しても、早く上原和氏が、膳氏と関連深い法輪寺であったとする説を出している。上原和『斑鳩の白い道のうえに』（朝日新聞社、一九七五年）二八五頁ほか。
（14）この点については、東野治之校注『上宮聖徳法王帝説』（岩波文庫、二〇一三年）六五頁以下も、あわせて参照されたい。
（15）拙稿「天皇号の成立年代について」（『続日本紀研究』一四四・一四五合併号、一九六九年。のち『正倉院文書と木簡の研究』塙書房、一九七七年に再録）。

長谷寺法華説相図銅板銘と則天皇帝の尊号

一　はじめに

長谷寺法華説相図銅板は、法華経見宝塔品の一場面を浮彫りや押出仏の技法で表出し、長文の造像銘を付した、特異な造形遺品として知られている。ただ、その制作年代に関しては、銘文に「降婁年漆兎上旬」（戌年十一月上旬の意）とあるばかりであるため、早くから論議があった。今のところ朱鳥元年丙戌（六八六）、文武二年（六九八）、和銅三年（七一〇）、養老六年（七二二）などの諸説があり、定説を見るには至っていない。そのような中で取り上げられてきた論点の一つに、銘文中の「超金輪同逸多」（金輪を超え逸多に同じ）をめぐる問題がある。即ちかつて福山敏男氏は、武周の則天皇帝が「慈氏越古金輪聖神皇帝」という尊号を六九五年に受けたことを指摘し、慈氏は弥勒、即ち逸多（阿逸多）であるから、銘文の字句もこの尊号を踏まえ、文中の天皇（飛鳥清原大宮治天下天皇）を称えたものであるとの見解を示された。(2) この解釈が正しければ、銅板の制作年代は、少なくとも朱鳥元年ではありえないことになる。しかし、重要な論点であるにも拘らず、則天皇帝の受けた尊号がいかなる意味を持つか、またこの前後しばしば加除を経た尊号相互の関係はいかがであるかといった点は、これまで全くと言ってよいほど検討されてこなかった。この小稿では、尊号加除の経過をたどってその意味を考え、改めて銘文の「超金輪同逸多」との関係を探ってみたいと思う。

なお、中国における尊号の性格や制度に関しては、戸崎哲彦氏に一連の専論があり、(3)詳細はそれに譲ることとするが、とりあえず本稿で言う尊号とは、戸崎氏が規定した「君主(皇帝)の存命中に君主の人徳・功績を称えて君主個人に贈られる名号(4)」を指すものとする。

二　則天皇帝の尊号とその変遷

皇帝が頻繁に尊号を奉られたという点で、称制期を含めた則天皇帝の時代は、極めて特異な時期と言えるが、記事の詳細な『新唐書』(巻四)、『資治通鑑』(巻二〇四・二〇五)によって、その経過をたどってみると、尊号の最初は、垂拱四年(六八八)五月の「聖母神皇」に遡る。これは同月に洛水から「聖母臨人、永昌帝業」(聖母人に臨まば、永く帝業を昌んにせん)と記された宝図(瑞石)が出たことに由来する。

天授元年(六九〇)九月、国号が周と改められると共に、中宗皇帝は皇嗣に貶され、則天に「聖神皇帝」の尊号が奉られた。これ以後、「聖神皇帝」を基本として、細部にわたる加除が行われる。即ち長寿二年(六九三)九月には、「金輪」を加えて「金輪聖神皇帝」となった。「金輪」は仏教で説かれる金輪王のことである。金輪王は、正法をもって天下を治める転輪聖王の一つで、金輪聖王とも呼ばれる。

ついで延載元年(六九四)五月、「金輪聖神皇帝」に「越古」が加わって、「越古金輪聖神皇帝」となった。あくる年(六九五)になると、尊号が目まぐるしく変化する。まず正月辛巳(朔日)、先の号に「慈氏」

が加わって「慈氏越古金輪聖神皇帝」となり、証聖と改元があった。ついでその二月甲子（十六日）、先の尊号の内、「慈氏越古」の号が罷められる。当時は正月の次に臘月を置く特異な暦が採用されていたので、[5]実質は三箇月半後になるが、これで尊号は「金輪聖神皇帝」に復帰したわけである。

この年九月には、全く新たな尊号が登場した。即ち九月甲寅（九日）に、皇帝は「天冊金輪大聖皇帝」の号を受け、天冊万歳と改元する。『旧唐書』ではそれが「天冊金輪聖神皇帝」となっていて小差がある。則天皇帝が受けた尊号は、以上で全てである。

三　則天皇帝の尊号の意味

すでに前節でも一部ふれたが、則天の尊号の意味するところを見て行くと、「聖母神皇」については改めて述べることはない。「聖神皇帝」に関しては、戸崎哲彦氏が「神」の字が含まれることに注目し、君主号における用法を比較して、「聖」は現実の君主であるのに対し、「神」は超越的な君主を表す傾向があるとして、君主を神格化する意味が込められた称号と考えられている。[6]首肯できる解釈と言えよう。これに「金輪」を加えた「金輪聖神皇帝」は、さらに仏教的な神格化が計られたものと見ることができる。

「越古金輪聖神皇帝」では、「越古」の二字が新たに冠せられたわけであるが、戸崎氏は、この「越古」を「時間を超越した存在であることをいう」と解された。文字どおりには「古来類を見ないほど優れた」ということであろうが、いずれにせよ超越的なことを強調する表現と考えられる。

そこで次に出てくるのが、問題の「慈氏越古金輪聖神皇帝」である。冒頭にも述べたように、福山敏男氏はこの尊号を、法華説相図銅板銘に見える「金輪を超え逸多に同じ」に結び付けられた。「金輪を超え逸多に同じ」とは、金輪王を越えて、最早弥勒菩薩と同じ存在であるというのに他ならない。尊号の「慈氏」は弥勒菩薩を指すから、福山氏のように、尊号が銅板銘に影響したとするのも、字面だけをとれば一見もっとものようである。しかし、これまで見てきた尊号の意味を踏まえるならば、その理解には問題があるのではなかろうか。「慈氏越古金輪聖神皇帝」という尊号の内、もともと機能していたのは「金輪聖神皇帝」であった。「越古」はこれに加上されたのであって、「越古」はそれ単独で「古来類のない」の意味を持つと考えるべきであろう。安易に「金輪」と続けて「古えの金輪王を超越する」などと解するべきではあるまい。「慈氏越古金輪聖神皇帝」は、「弥勒でありながら、現世にあっては時代を超越した金輪王である聖神皇帝」と理解しなければならず、「慈氏越古金輪」を「金輪王を越えた弥勒菩薩」と読み取るのは、尊号加上の経緯を無視した拡大解釈と言わざるを得ないように思う。

そのことを裏付けるのが、証聖元年(六九五)二月に行われた「慈氏越古」の四字を尊号から除く措置である。則天皇帝は、佞臣薛懐義らが大雲経によって偽作した讖文に基づき、自らを下生した弥勒菩薩に擬していたが、この月に薛懐義が誅されたこともあり、その直後にこれを除いたのであろう。その際、もし「慈氏越古金輪」がひとまとまりで意味を持つなら、「慈氏越古」の四字だけを除くことは解しがたい。この四字が削られたということは、加上のいきさつとも考え合わせ、これらが着脱可能な独立した要素であったことを物語るであろう。

なお、本稿の主題からは離れるが、最後の「天冊金輪聖神皇帝」は、「金輪聖神皇帝」に「天の冊立を受けた」という含意で「天冊」を冠したものであろう。

四　おわりに

以上、瑣末な記述を重ねてきたが、長谷寺法華説相図銅板の銘に見える「超金輪同逸多」（金輪を超え逸多に同じ）は、見かけの上で則天皇帝の尊号「慈氏越古金輪聖神皇帝」と似てはいても意味は同一視できないというのが、検討を踏まえての結論である。一体、法華説相図銅板銘の字句と則天皇帝の尊号を結び付ける福山敏男氏の説は、論文の注において言及されたものであり、詳細な検討を伴ったものではない。論文本文においても、則天皇帝の尊号の変遷は記されているものの、簡単な記述に終り、全ての経緯を挙げるのは省略されている。いわば字面の近似が一人歩きしてきたと言っても過言ではないであろう。

また、意味の上で関係がない以上、本質的な問題ではないが、そもそも、先述のとおり僅か三箇月半しか行われなかった「慈氏越古金輪聖神皇帝」という尊号が、果たして時を置かず、我国にまで知られる機会があったのかどうかも、かなり疑わしい。長寿から延載への改元ですら、中国国内で周知されなかった実例をみれば、(7)「慈氏越古」を加上する変更は、即座に広く行き渡ることはなかったと見るのが正しいのではなかろうか。勿論こうした尊号の変遷が、過去の事実として流布し、外国に伝わることは考えられるが、それにはかなりの時間を要したであろう。[8] このように見てくると、法華説相図銅板の制作年代を考察するに当たって、則天皇帝の尊号を考慮する必然性は、最早見当たらないと言うのが偽りのない所感である。

注

(1) いわゆる則天武后。則天武后は、女帝の即位を認めない儒教の思想から来る称であるから、以下では、崩ずる年（長安五年、七〇五年）に奉られた則天大聖皇帝の号に因んで則天皇帝と表記する。

(2) 福山敏男「興福寺金堂の弥勒浄土像とその源流」（『寺院建築の研究』上、中央公論美術出版、一九八二年。一九四八年初出）注32、同「長谷寺の千仏多宝仏塔銅板」（『日本建築史研究　続編』墨水書房、一九七一年。一九三五年初出）追記。

(3) 戸崎哲彦「古代中国の君主号と「尊号」―「尊号」の起源と尊号制度の成立を中心に―」（『彦根論叢』二六九号、一九九一年）、同「唐代君主制度に由来する「尊号」とその別称―唐から清、及び日本における用語と用法―」（同右二七〇・二七一号、一九九一年）、同「唐代皇帝受冊尊号儀の復元―唐代皇帝即位儀礼の復元に向かって―（上）（下）」（同右二七二号、二七三・二七四号、一九九一年）、同「唐代尊号制度の構造」（同右二七八号、一九九二年）。

(4) 戸崎哲彦「唐代尊号制度の構造」（前注参照）。

(5) 平岡武夫編『唐代の暦』（京都大学人文科学研究所、一九五四年）参照。

(6) 戸崎哲彦「古代中国の君主号と「尊号」」（注3前掲）。

(7) 法隆寺献納宝物の細字法華経には、長寿三年六月一日に揚州で書写された旨の書写奥書があるが、長寿から延載への改元は五月十一日であった。東京国立博物館編『法隆寺献納宝物銘文集成』（吉川弘文館、一九九九年）参照。

(8) 拙稿「平城宮木簡にみえる『聖母神皇集』をめぐって」（『長屋王家木簡の研究』塙書房、一九九六年）参照。

（付記）直接関係がないので本文では言及しなかったが、私は銅板銘の「降婁」を朱鳥元年丙戌（六八六）と考えている。それについては拙稿「七世紀以前の金石文」（『大和古寺の研究』塙書房、二〇一一年）を参照していただきたい。

多胡碑再考

―模造碑並びに書風をめぐって―

一　はじめに

多胡碑についての研究は江戸時代から盛んで、すでに論点は出尽くしたかに見えるが、主に日本史や考古学からする研究整理の中で、従来見すごされてきた重要な指摘がある。それは書家仲川恭司氏によって明らかにされた、多胡碑への加刀の問題である。仲川氏は、早く一九八〇年代に発表された「多胡碑考察」なる論考中で、多胡碑の現状の拓本と古拓とを比較し、実物観察の結果をふまえた上で、碑文中の二、三の文字に加刀がなされていること、それは磨耗した筆画を明確にするためのものであろうこと、加刀の結果、字形に変化を生じていることを明らかにされた。磨耗は総体に碑の下部にゆくにつれて進んでおり、笠石直下の部分に当初に近い筆画が残るという(1)。

従来のほとんどの研究が、碑の現状をほぼ当初のものとする前提で進められてきたことを思えば、この指摘は画期的なものであり、この指摘をまって解明される点や、再考すべき点は少なくないと思われる。ここではいわゆる多胡碑偽作説と、書風研究に与える影響をみておくこととしたい。

二　模造碑の年代

多胡碑については、古くから模造碑が採拓用に作られており、現存するものでは仁叟寺碑（群馬県高崎市吉井町、図1）、横尾家碑（群馬県富岡市妙義町、図2）、三浦家碑（福島県耶麻郡、図3）の三つが有名である。(2) 多胡碑の材質が砂岩であること、一見真新しくみえることなどから、古代の碑がこのような状態で残ることはありえず、これらの模造碑こそ、真碑もしくは真碑からの模造碑とする見方が唱えられてきた。それを論文の形で公表したものとしては、滝沢精一郎氏の論考が挙げられる。(3) 滝沢氏は、安山岩製の横尾家の碑は、中世に遡る真碑からの模造碑であり、仁叟寺碑は現多胡碑と材質を同じくし、現碑同様、真碑の江戸時代における模造碑とされている。

こうした見解には確たる傍証があるわけではなく、にわかに従いがたいというのが一般の受け取り方であろう。そのため無視されてきたのが実情であるが、多胡碑の史料価値を明らかにする意味では、それが成り立たないことを確認しておくのが望ましい。その際、仲川恭司氏によって示された碑への加刀は、有力な反証を提供する。すなわち仲川氏は、加刀によって字形の変化している例として、「緑野郡」の「郡」、「甘良郡」の「甘」、「正五位下」の「正」を挙げておられる。「郡」は、当初「尹」の下に大形で横長の「口」が書かれていたが、それが磨滅して不明瞭となったため、小形の「口」に書き改められ、現状となっている。この変更は、確かに原物や拓本で確認可能である（図4・5）。「甘」では二番目の横画が右へ突き抜けている。「正」は、現状では第一画と第四画が左上隅で連

図１　仁叟寺碑

図２　横尾家碑

図３　三浦家碑

接しているが、当初は離れており、第四画に加刀が行われたため、このようになったものである。これも第四画を観察すれば、問題なく承認されるであろう。

　すでに仲川氏は、このうちの「郡」の変化を一根拠に、模造碑が真碑ではありえず、後出のものであることを指摘されているが、さらに詳しくこの三字に注目して、模造碑を見てみると、「甘」に変化はなく除

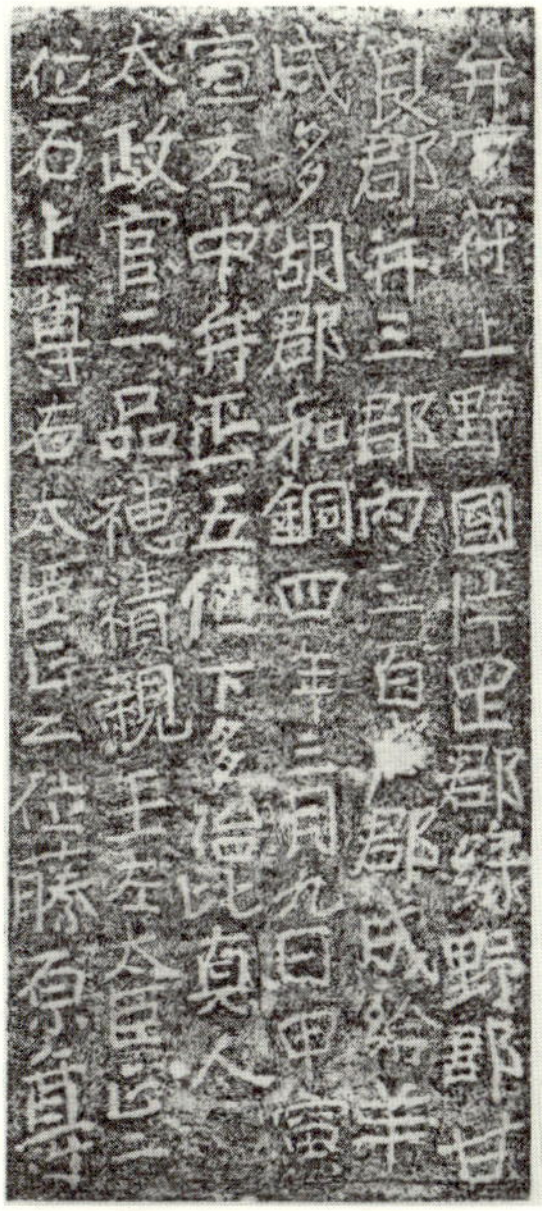

図4　旧拓

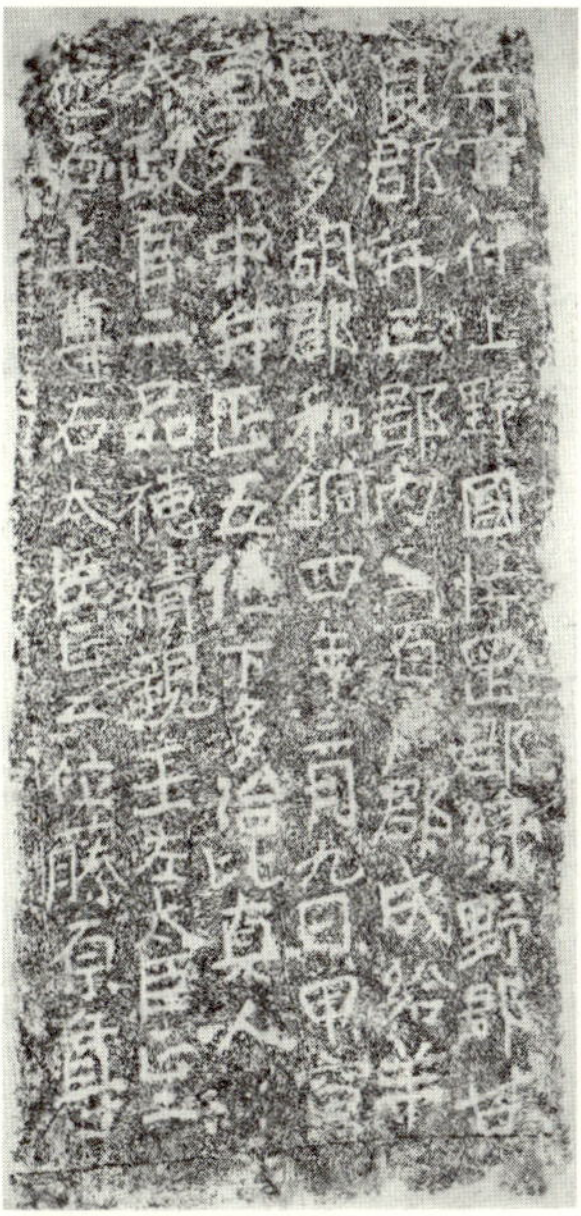

図5　新拓

外できる。ところが横尾家碑では、「郡」「正」とも加刀後の姿になっており、加刀後の多胡碑を模したことが明らかである。また仁叟寺碑では、「郡」が加刀後の形であって、やはり多胡碑の模造と確かめられる。注意されるのは、仁叟寺碑の「正」がほぼ原形をとどめていることであって、模造の精度が高いことを考慮すると、これは「郡」への加刀が行われたのち、「正」への加刀がなされる前の段階を反映しているとみられよう。仲川氏が検討対象にされた多胡碑の拓本中に、「郡」が加刀されながら「正」が完好なものもあるのは[4]、こう考える上に傍証となる。いずれにしても「郡」の形によって、仁叟寺碑が二次的なものであることは確言できよう。三浦家碑は、下部を欠損している点で他の二碑と大きく異なり「郡」字を比較することができない。もう一つの「正」は、第四画が第一画に届かず、原形を保っている。しかし、この碑が古いものでないことは、碑面周縁部の砂目状の縁取りから推定できよう。このような加工は古代の碑には絶えてみられない。この点のみをもってしても、三浦家碑が後出のものであることは明瞭である。

ではこれらの模造碑は、いつごろ製作されたのであろうか。それには多胡碑への加刀年代を知る必要がある。まず参考となるのは、現存する拓本である。たとえば多胡碑記念館蔵の拓本には、巻首に「多胡碑」「文政六年未三月表具」の墨書を有するものがある。(5) その「郡」「正」は加刀後の形であり、少なくとも文政六年(一八二三)以前に加刀の行われたことが判明する。しかし拓本で紀年銘を有するものはむしろ稀で、仲川氏が当初の字形をとどめる旧拓として紹介された二つの拓本も、(6) 残念ながらいつ採拓されたかは不明である。しかし旧拓とはいえ、さほど古いものとは考えられず、加刀はおそらく碑が広く知られるようになった近世以降のこととみてよいであろう。

その点で注目されるのは、近世に刊行された多胡碑関連の出版物や法帖である。それらに覆刻された字形を手掛りに、加刀年代を考えることは試みられてよい。ただ問題は、その覆刻の精度である。たとえば多胡碑を近世になって最初に紹介したとされる高橋道斎の『上毛多胡郡碑帖』(宝暦七年〈一七五七〉序)には、碑文が法帖風に覆刻されている(図6)。その字体をみると、「緑野郡」では「郡」の「口」が、他の「郡」字に比して小さく表現されており、「正」では第一画と第四画が連接しない形となっている。また「甘」の第二の横画も、右に突き出ていない。そこで文字どおりに解すれば、この時点ですでに「郡」には加刀が行われていたといえないことはない。しかし覆刻全体の状況を一覧すればわかるとおり、この覆刻にそこまでの正確さが反映されているとするには不安が残る。とくに「尹」の末画が「口」と離れない形で表現されているのは、加刀後の「郡」の特徴と大きく異なる点で、やはりこれは加刀後の「郡」ではない可能性が、むしろ強いとみなければならない。ただこの覆刻を決定的な証拠とするのは、避けた方がよいと思われる。

その点、覆刻ではないが、むしろ有力な資料となりそうなものに、『俳諧多胡碑集』（安永三年〈一七七四〉刊）所載の図がある。この書は、多胡碑を主題とした俳諧連句を出版した珍しいもので、序文に続き碑文全文の覆刻も収載されている。しかしその内容は、先述の『上毛多胡郡碑帖』を踏襲していて、とくに新味はない。それに対し、覆刻の末尾に入れられた見取図（図7）は、かつて小池浩平

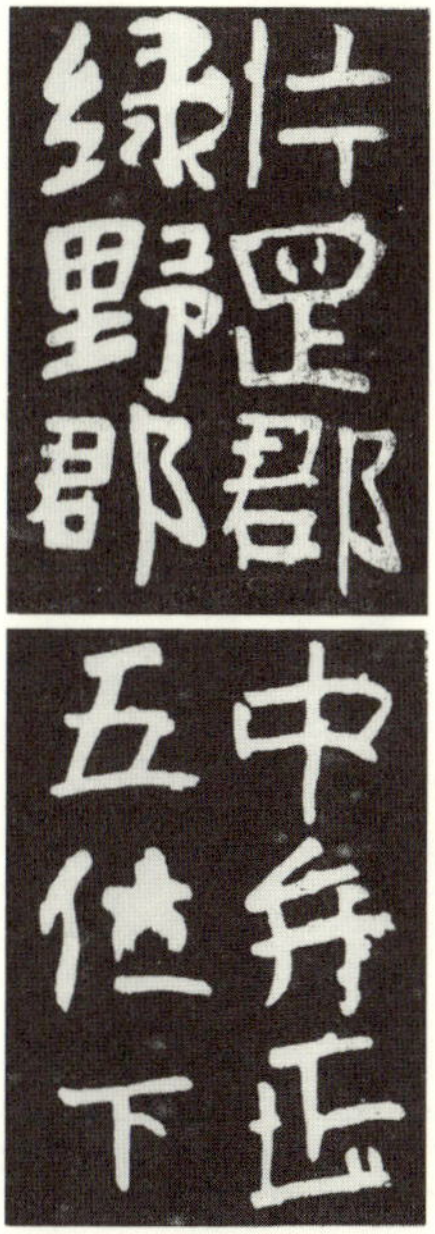
図6　『上毛多胡郡碑帖』より

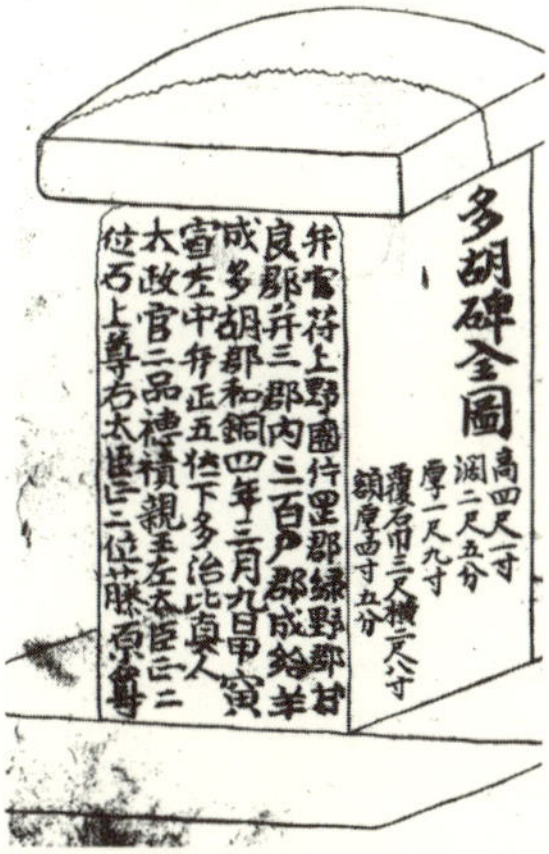

図7　『俳諧多胡碑集』より

氏が指摘されたとおり、(7) 多胡碑の旧状を知る上に有益である。すなわちこの図には笠石の割れ目が示されているほか、文字の表現もかなり写実的である。「官」「甘」「三」「戸」「和」、四行目の「位」などには、現状でもかなり目立つ欠損があるが、この図にはそれを黒くつぶしたり、筆画を太くする形で示されている。しかもその形は、現状ほど劣化が進んだものではなく、当時の碑の状態をかなり忠実に反映しているとみられる。また末行上部の「位」「石」は、やや右傾した形になっているが、この箇所は原石が上方へ向かって狭まっているため、字の布置に傾斜が生じており、それを的確に描写したものである。このように見取図とはいえ、その資料価値は侮るべからざるものがあるが、改めて加刀箇所をみると、「郡」「正」とも原形が保たれているようで、とくに「郡」の「口」は明らかに大きく画かれている。この図と同様な見取図は、『上毛多胡郡碑帖』にも収められているものの、はるかに概念的で、この図はそれを踏襲したものではない。その性質からしても、永く伝承、伝写された図とは考えられないから、この図の状況こそ、安永当時のものと判断してよいであろう。

そうなると、少なくとも安永ごろまでは、「郡」「正」への加刀はなされておらず、仲川氏の取り上げられた二つの旧拓のうち、『書品』一三三号掲載の拓(図13)は安永以前、『多胡郡碑』(西東書房、一九五六年)所収の拓(図4)は、ほぼこの安永ごろとみてよいのではなかろうか。

かくて多胡碑への加刀は、十八世紀後半まで、さほど顕著でなかったと考えられてくるが、その意味で注目されるのが、『耳比磨利帖』(天明七年〈一七八七〉序)所収の碑文である。自序によると本書は、大坂在番を命じられた玉田成章なる武士が、自らの収集した遺墨、碑銘などを手刻、公刊したものといい、乾坤二冊を通じて一二五点の書蹟を法帖の形式で収録している。その乾冊の最後に置かれたのが「上州多胡碑」である。本書の内容、成立に関する詳細は別稿に譲るが、(8)撰者の玉田成章は、『寛政重修諸家譜』(巻一四六八)にみえる、旗本玉田忠四郎盛章ではないかと考えられ、自序の年紀がそのまま刊行の年とは速断できないものの、それよりさほど下らない時期に世に出た書とみられる。寛政九年(一七九七)に、若干の修訂、増補の加えられた後刷本が出ているのは、その証である。『耳比磨利帖』は、近世における考証学的な金石文研究が隆盛に向かう直前の時期に公刊された書で、収録資料の史料性について問題を含む点があるとはいえ、古代金石文集成のさきがけとしての栄誉は没せられるべきでなかろう。

そこで本書収載の多胡碑を検すると、先行書の踏襲ではなく、一応オリジナルの拓本かその写しによる板行とみられる。おそらく序文にもいうように、玉田成章の収集資料によったのであろう。拓本そのものではないので、字画にあいまいさの残るのは致し方ないが、問題の「郡」「正」「甘」など、いずれも原形をとどめているのは明らかである(図12)。その他、部分的に古い字形を残しているかに見える箇所もあるが、覆刻の厳密性に問題もあるので、それには立ち入らない。ただ、この覆刻のもとになった拓影が、いつごろのものであるかは、正確には不明である。少なくともこの状況を、無条件に十八世紀末のものとするのは保留すべきであろう。しかし、『耳比磨利帖』全体を見渡しても、収録資料の多くは、玉田成章の大坂下向前後に収集されたとしてよさそうである。(9)また当時は多胡碑の採拓が禁じられていたであろうが、玉田の地位からすれば、それでもなんらかの入手方法があった可能

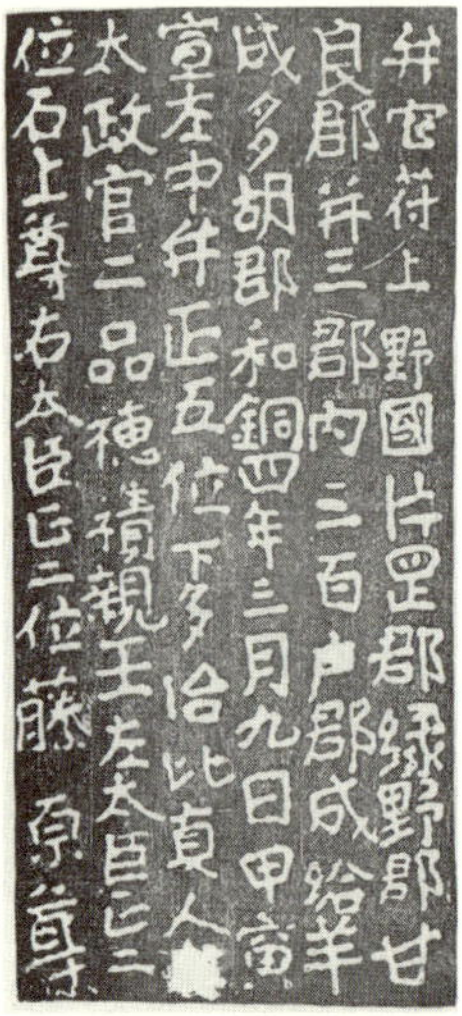

図8 『集古十種』の多胡碑

性は高い。おそらく十八世紀末まで、多胡碑はなおこのような状況にあったとみるべく、加刀は先述の拓本の銘記にみえる文政六年（一八二三）ごろまでの間に、進行したと考える。

なお、『耳比磨利帖』の多胡碑にふれたついでに記すと、金石文集成に一時期を画した『集古十種』（寛政十二年〈一八〇〇〉刊）に収める「上野国多胡郡真井村碑」の拓影（図8）は、全く『耳比磨利帖』のそれを襲ったものである。それは字形の特徴が細部まで一致することから確かめられる。唯一『集古十種』が異なるのは、四行目最後に欠損して不能読の一字を置く点で、『耳比磨利帖』では原碑の字配りに従い、ここを一字分空け、次に五行目の文字が続く。『集古十種』はこの空きを欠字と誤解し、ことさらに欠損した字画を作って行末にはめ込んだのであろう。従って『集古十種』の拓影は、十九世紀初頭ごろの多胡碑の状態を推し量る史料とはなしえない。

いささか迂路に入ったきらいはあるが、以上によって、多胡碑への加刀の時期は、おおむね明らかとなった。現存する模造碑のうち横尾家碑と仁叟寺碑は、加刀後の字形を示す点で、いずれも十八世紀末以降、十九世紀前半以前のものであり、加刀の進行状況からみて、仁叟寺碑の製作が横尾家碑の製作にやや先立つと理解される。

三　書風の系譜

多胡碑の筆画に後世の加刀があるという仲川恭司氏の指摘は、単に模造碑の年代比定に資するばかりではない。仲川氏は加刀による変形のみを論じられたのではなく、それを含め、多胡碑の字画には加刀による浚えをうけ、筆画の肥ったものが少なくないことを明らかにされている。[10] この事実に立脚するなら、多胡碑の書風についても、従来とは異なる解釈が出てきておかしくはない。本節ではその問題を取り上げてみよう。

多胡碑への加刀が磨滅の結果によるものであり、根本的には碑の石材[11]（牛臥砂岩）の軟かさに起因することは認められてよかろう。古代の碑の現在に遺存するものは他にもあるが、他にこのような加刀のある例は知られていない。多賀城碑について、かつてその一部に二次的な加刀のあることが唱えられたことがあったが、調査の結果、現在では否定されている。[12] 多胡碑にのみこのようなことがあるのは、本碑が比較的早くから著名になったことや、いわゆる羊大夫伝説によって信仰対象ともなったことが一因をなしていようが、根本的には軟質の材を抜きにしては考えがたいであろう。本碑の文字が、さほど大きな碑身でないにも拘らず、縦あるいは横の長さが平均七～九センチと大ぶりであるのは、書丹者がすでにこの特色を意識していたためではあるまいか。刻字作業においても、多画の字を他の多くの碑のような小ささで入れた場合、字画の輻湊する箇所で欠損を生じることが予想されたのであろう。書丹者が、とくに意識して大字を書こうとしていたらしいことは、これを裏付ける。仲川

図9　碑面の突線

図10　碑面上部

氏によれば、原初の状態がよく遺存している「甘良郡」の「良」の場合、末画は顕著な押さえもなく終わっており、書丹者の筆が開き切った状態で運筆されていることが判るという。[13] 字画の間を広くとった懐の深い字姿も、筆画を輻湊させまいとする配慮からくるところがあるとみるべきである。

しかし建碑時のこうした配慮にも拘わらず、年月を経るに従って摩耗は進んだ。その具体相は仲川氏が細かく論じられたとおりであるが、全体としては笠石のある上部よりも、下方にゆくに従って磨耗は大きい。最近仲川氏は、碑面にみられる水酸化鉄の集合した石の筋（図9）に注目し、現在それが線状に突出しているのは、もと平坦に整えられていた碑面が、風蝕を受けるにつれ、とくに堅緻な水酸化鉄の集合体だけ風化から取り残されて、突出する形で残ったとする解釈も示された。[14] しかしあまり風化のない、笠石直下の部分でも、この突線は現れている（図10）。風化の結果をそこまで想定するのは妥当ではあるまい。ただもと

の刻字の肩部が失われ、筆画が多少なりとも肥大化していることは、容易に推察できる。(15)

これまで述べてきたことは、多胡碑の書風を考える上に前提となる情報といえよう。この碑の書については、長らく六朝風とする見方が通説となってきた。その源は、葉志詵『平安館金石文字七種』(清、道光十九年、一八三九年)の瘞鶴銘(梁、陶弘景筆か)に比する説などに求められる。以後、瘞鶴銘をはじめ、北朝の鄭道昭の鄭羲下碑や北門頌などと比較することが行われてきた。多胡碑の書を清に紹介するに当たり、仲介者の役割を演じた朝鮮の成大中が、「書多胡碑」(『青城集』巻八)でその書法を「漢隷古法」としたのも、この書を古風な書の枠内で捉えたものである。しかし一方で、多胡碑の書に完成された楷書に近いものを見る説も古くからある。楊守敬が『楷法溯源』(巻一)でこれを取り上げ、『激素飛清閣評碑記』(巻三)で「書法雄古、顔魯公、之に近し」と言い、また『学書邇言』(評書)で「最も高古と為す。神、顔魯公に似る」としたのがそれである。(16)顔魯公が、力強い楷書をもって聞こえた中唐の顔真卿であることは、いまさら言うまでもない。比較的近年では、加藤諄氏が「六朝風の面影は認めつつも、「奈良朝の芸文一般に通ずる当代的気分が濃い」とされたのは、(17)これと通い合うところがあろうと思う。私も、上野三碑における書風を比較する中で、他の二碑が明らかな六朝風を示すのに対し、この碑にはそれが僅かであるとして、隋唐の書風との類似を述べたことがあった。(18)

ここで先述来の、碑の材質からくる制約や加刀という観点から問題を眺めてみると、従来の六朝風とみる説には、碑面の二次的な変化が影響を与えていると解する余地があるように思われる。大ぶりの文字が、加刀後、拓影や法帖となったときに醸し出される茫洋とした雰囲気が、書風の判断を左右してきた点がなかったとはいえまい。磨滅の進行した字についてては、なおさらである。また打ち込みや転折、押さえの明確でない書法は、確かに隷書と似通うところがあるが、前述のとおり、細い筆でなるべく大きな字を書こうとした結果とすれば、それは書の本質とは別問題となる。そもそも古代の書に六朝書風の影響がみられるとはいっても、それは山ノ上碑や金井沢碑、あるいは那須国造碑のようなものであって、鄭道昭風の著しく雄大な摩崖的書が影響したといえる例は皆無である。多胡碑の場合、材質からくるきわめて大ぶりな字形と、磨滅、加刀による肥大ぎみの筆画とが相まって、そうした特異な六朝の作品との類似という印象が生まれたのであると考えられる。

多胡碑本来の書が、それとは異なって、一種勁直、蒼古ともいえる楷書が基調となった書風であることは、加藤諄氏が印象として述べられたとおりと思われる。実際碑面に対すれば、肥大化した筆画は目立たず、張りのある鋭い刻線が迫ってくる。仲川恭司氏が最も当初の面影を伝えるとされた、碑文二行目、笠石直下の「良郡」などは、その典型であろう（図10）。本碑の当初の書に類似するものを古代の他の書蹟に求めるならば、文字の大きさも材質も異なるが、小野毛人墓誌のそれが挙げられるのではなかろうか。この墓誌の書は、書としてさして特色のあるものではないが、旁のやや弱い「野」、邑の結体、やや左傾した「太」、旁が仰ぎ気味の「政」など、いくつかの共通点が指摘できる（図11）。墓誌には「丁丑年」（天武六年、六七七年）の年紀があるが、文中の位階などから、八世紀初めの改葬時の製作とする説が定説化している。[19] 多胡碑とほぼ同時期に中央に行われたこうした書風が、大字を書くという条件のもと、とくに緊張感をもって雄大な書風を生みだしたといえるのではなかろうか。その

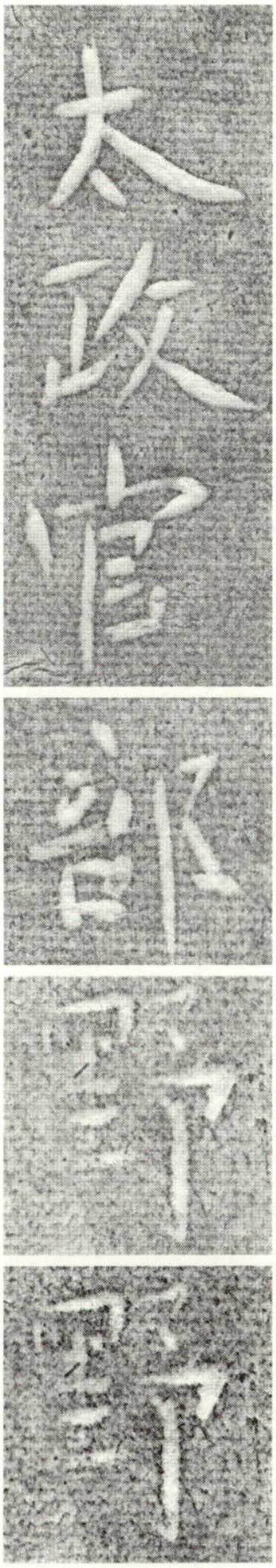
図11　小野毛人墓誌の文字

書の一部に六朝的な結体を残すものがあることは、かつて言及したとおりであるが[20]、全体としてはやはり隋唐的な書風と見ておきたい。なお本碑の場合、楷書の中に「正」など行書を一部交えているが、このような書法はこの前後の書蹟一般に珍しくなく[21]、当時の常套に則ったまでと考えられる。

四　おわりに

思えば多胡碑の偽作説をいかに打破するか、多胡碑の独特な書風をいかに位置づけるかは、私が一九八〇年、『群馬県史』編纂の企画に加えていただいて以来の懸案であった。今回、仲川恭司氏の検証に多くを負いつつ、私なりにこの二つの問題について、納得のゆく結論を得ることができた。もとより仲川氏はじめ諸氏の結論とは、とくに書風において異なるところがあるが、改めて大方の指正を得ることができるならば幸いである。

なお本稿末尾に、『耳比磨利帖』所載の多胡碑全文（図12）と、『書品』三三号所載の旧拓（仲川氏が現存最古拓とされたもの）の一部（図13）を掲げ、読者の参考に供することとする。

注

(1) 仲川恭司「多胡碑考察」(1)(『専修国文』三二号、一九八三年)、同上(2)(同上三六号、一九八五年)。関係部分は主として後者。

(2) 柴田常恵「多胡碑の模刻」(『歴史地理』三〇―二、一九一七年)、三田清白「多胡碑小考」(『書品』三三号、一九五二年)、加藤諄解説『多胡碑』(書跡名品叢刊一〇六、二玄社、一九六三年)、群馬県立博物館『日本三古碑は語る』(一九九四年)。

(3) 滝沢精一郎「多胡碑存疑」(『野州国文学』五号、一九七〇年)、同「「多胡碑存疑」補遺」(同上、六号、同年)。

(4) 注1仲川恭司論文(2)。

(5) 東野治之・佐藤信編『古代多胡碑と東アジア』(山川出版社、二〇〇五年)資料編二〇〇頁。

(6) 注1仲川恭司論文(2)、三三頁。本稿図4および図12-①~④参照。

(7) 小池浩平「多胡碑研究のあゆみ」(新しい古代史の会編『東国石文の研究』吉川弘文館、一九九九年)。

(8) 拙稿「古代金石文と『耳比磨利帖』」(『大和古寺の研究』塙書房、二〇一一年)。

(9) 同右。

(10) 注1仲川恭司論文(2)、三五頁以下。

(11) 本碑の石材については、秋池武「多胡碑の石材的検討」(注5前掲書所収)参照。

(12) 安倍辰夫・平川南編『多賀城碑―その謎を解く―』(増補版、雄山閣出版、一九九九年)。

(13) 注1仲川恭司論文(2)、三一~三二頁。なお仲川氏は、同論文(1)で「多胡碑が軟質の割りに今日文字の磨滅《ママ》が少なく、文字が崩れて全く不明というものがないのは、線を細くして文字を大きく書いていることと刻し残した石面を少しでも広くして線を安定するように配慮した刻法によるところが大である」(九七頁)と述べておられるのは、直接書風とは結びつけておられないものの、示唆的である。

(14) 仲川恭司「多胡碑碑刻文字からの検討と考察」(注5前掲書)。

(15) 刻字の肥大は、出拓を重ねて傷んだ碑でも起こる。私が一九九九年に、中国陝西省麟游県で実見した有名な九成宮醴泉銘の場合、永年の採拓の結果、刻字の肩部は欠けてすべて丸くなった状態であった。ただ中国と日本では拓本の採り方が異なり、日本では堅い刷毛を碑面にたたきつけるようなやり方はなされなかったはずであるから、多胡碑の磨滅は主として風蝕の結果と考えるべきである。

(16) 多胡碑の情報の朝鮮、中国への流伝については、杉村邦彦「多胡碑の朝鮮・中国への流伝について」(注5前掲書) 参照。
(17) 注2前掲『多胡碑』。
(18) 拙稿「上野三碑管見」(『日本古代木簡の研究』塙書房、一九八三年) 三五三頁、同「上野三碑」(『日本古代金石文の研究』岩波書店、二〇〇四年) 二三八頁。
(19) 藪田嘉一郎「小野毛人墓誌」(『上代日本金石叢考』河原書店、一九四九年)。
(20) 注18に同じ。
(21) この点はすでに注1仲川恭司論文 (2)、三二頁に指摘されたとおりであるが、木簡に例をとれば、藤原宮出土の多治麻内親王宮請薬木簡が代表として挙げられよう。木簡学会編『日本古代木簡選』(岩波書店、一九九〇年) 一二頁参照。

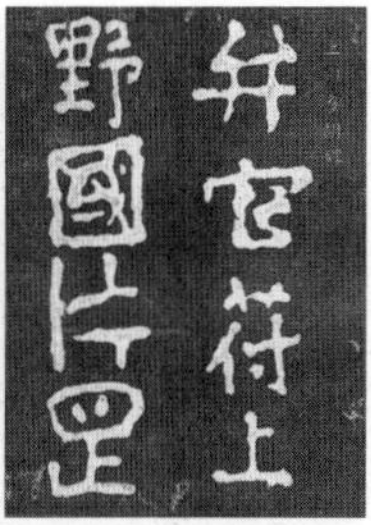
図 12-①『耳比磨利帖』

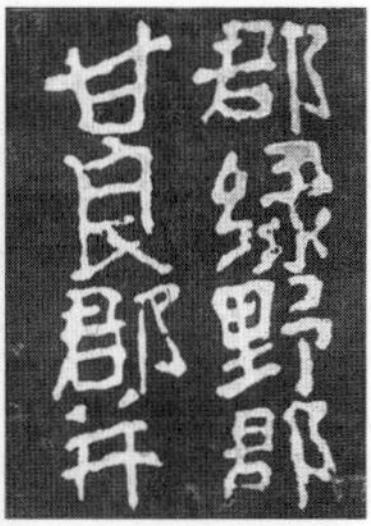
図 12-②

図 12-③

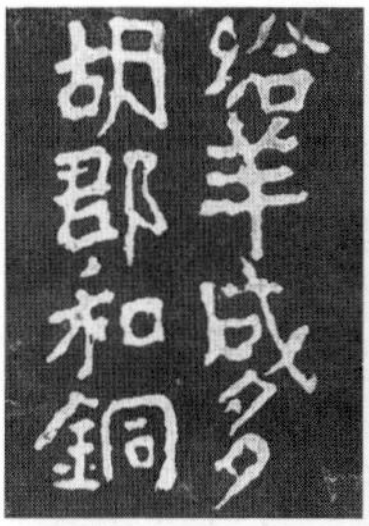
図 12-④

図 12-⑤

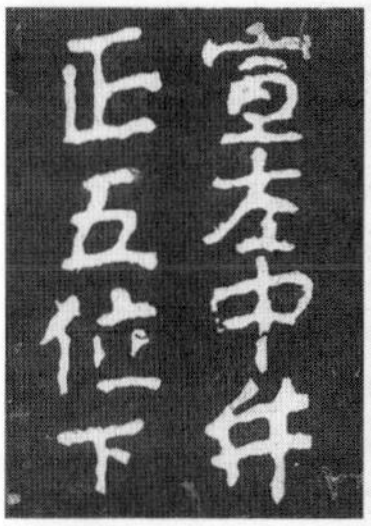
図 12-⑥

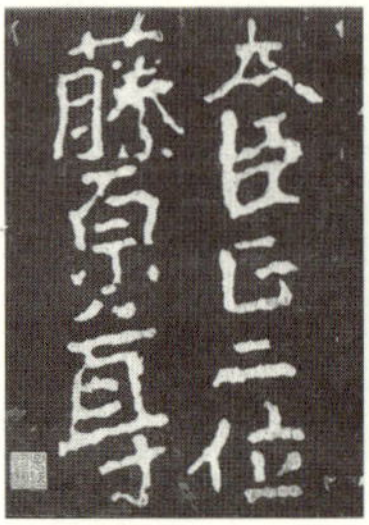
図 12-⑩

図 12-⑦

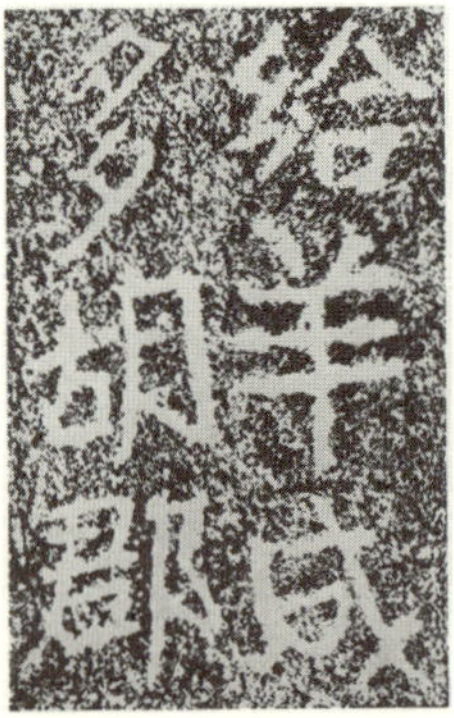
図 13-③

図 13-①　『書品』33 号より

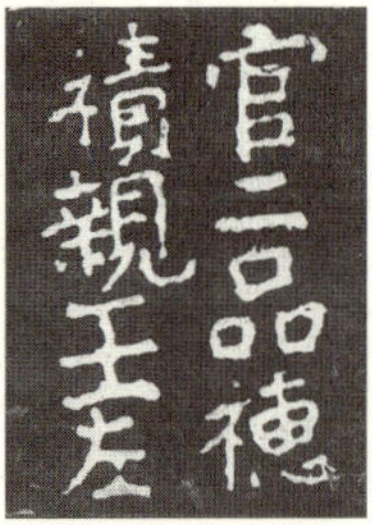
図 12-⑧

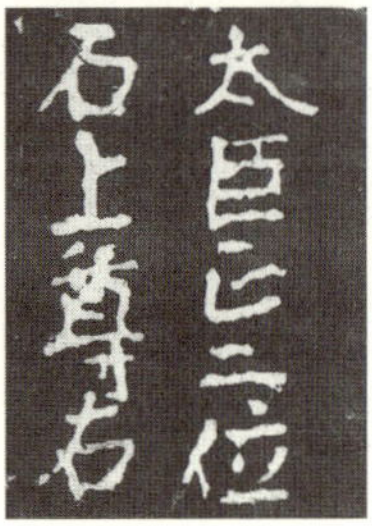
図 12-⑨

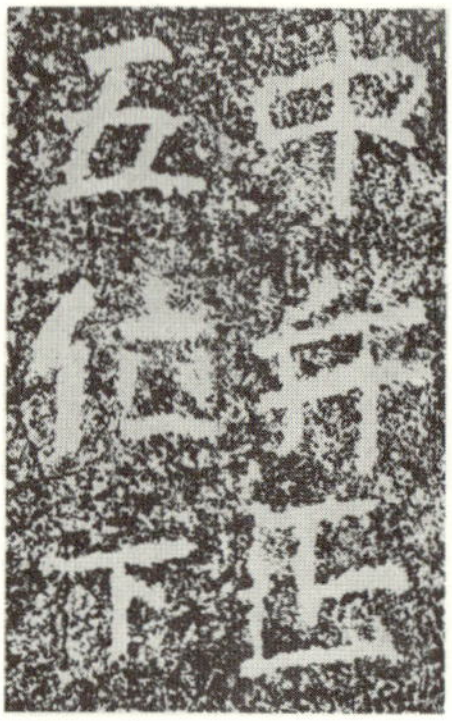
図 13-④

図 13-②

陽劒・陰劒の象嵌銘とその書風

正倉院宝物の中核をなす聖武天皇七七忌関連の宝物に関しては、目録として天平勝宝八歳（七五六）六月二十一日付けの『国家珍宝帳』（以下、献物帳という）が備わっているが、周知のとおりその中に「除物」の付箋を付けられた宝物が七件存在する。二〇一〇年十月、明治時代に東大寺大仏台座上面の掘鑿で出土した、いわゆる東大寺金堂鎮壇具中の二口の大刀に、それぞれ「陽劒」「陰劒」の象嵌銘が確認されたことから、「除物」の内の少なくとも陽宝劒と陰宝劒の二点が、天平宝字三年（七五九）十二月に出蔵の上、大仏の台座に埋納されていたことがわかり、大きな話題を呼んだ。以下に、この象嵌銘と献物帳の記載との関係を改めて検討し、象嵌銘の書風と年代について私見を記すこととする。(1)

まず献物帳の関係記事を挙げると次のとおりである（〈　〉内は双行注の文、改行を／で示す）。

陽宝劒一口

陰宝劒一口〈並刃二尺六寸九分　鋒者偏刃　各銘宝劒字／紫檀把頭　鮫皮裹把　眼并鞘口帯執及
鞘尾把押縫／皆用純金荘但帯執鞘尾以金漆塗金上　紫組懸／紫皮帯執　黒紫綾帯　紅
地錦袋緋綾裏〉

この両大刀の刀装具と、出土した二口の大刀の関係については橋本英将氏(2)の考察に書かれているの

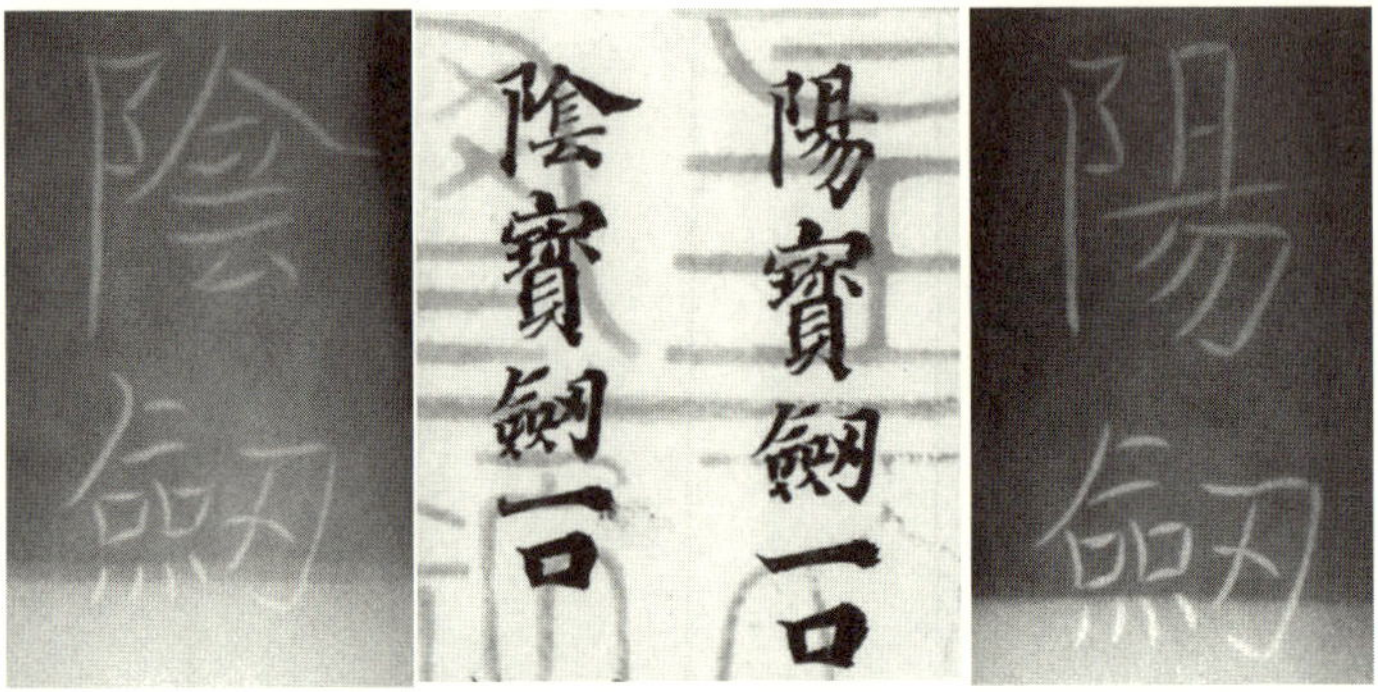

図1　象嵌銘（左・右）と献物帳（中央）の書風対比（筆者作成・注2文献より）

で贅言しない。ただ、献物帳には「各宝劔の字を銘す」とあるので、銘は「陽宝劔」「陰宝劔」であったと考える向きがあるかもしれない。そうなれば、「陽劔」「陰劔」としかない出土品は、献物帳の大刀とは別物ということになる。しかし銘が「陽宝劔」「陰宝劔」であったとは即断できない。

献物帳は、大刀のそれぞれにその「宝劔の字」があったことを言っているのであり、銘が「陽宝劔」「陰宝劔」であったと言っているわけではなく、その文字が「陽劔」「陰劔」であったとしても、何ら不都合はないからである。他に同一視すべきでない要素があるならばともかく、そうでない以上は、出土した「陽劔」「陰劔」が、即ち献物帳の「陽宝劔」「陰宝劔」であると解して問題なかろう。

発見された象嵌銘は実物では見ることができず、X線ラジオグラフで観察するしかないが、明瞭な楷書で表され判読に全く疑問はない。むしろ注目すべきはその書風である。現在公開されている画像のみをもってしても、それが典型的な唐風の楷書であり、書としての完成度も極めて高いことがわかる。とりわけ注意されるのは、その書が献物帳の書風とよく似ていることである（図1）。細かく見ると、「劔」の字の十画以降が、象嵌銘では「灬」、献物帳では「人人」に作ること、「陰」字の旁が、同じく異体字ながら、若干形を異にすることなどの相違は見られるものの、「劔」の二画目を水平に近く引くことや、「陽」の旁の二画目が第五画の横画と交差するまで下に引かれていることなどの特徴が共通し、総じて結体や書の気分は酷似しているといって差支えないであろう。象嵌銘の原書がまさに献物帳のような書であったことは、「陰」の旁の第二画の押さえが、象嵌の微妙な線で的確に表現されていることからもわかる。その意味では、象嵌の精度も高い水準にあるといってよい。

象嵌銘の書がこうした特徴を示すことは、この象嵌銘の年代を考える上に重要である。正倉院の献物帳全五種の書については、夙に杉本一樹氏による詳しい検討があり、同氏は『国家珍宝帳』の書は、王羲之の典型を伝える智永の『真草千字文』の書を基本に、初唐の結体の要素と、勝宝年間らしい豊麗さとが加わったものとされている[3]。これは大変妥当な分析であると考えるが、このような性格を持つ献物帳の書と、象嵌銘の書が酷似しているとすれば、象嵌銘の原書が書かれたのも、勝宝年間を隔てること遠くない時期、むしろほぼ同時期の書と見なければならない。一般的な書風の展開過程に照らしても、献物帳や象嵌銘のような書風が、長屋王の発願にかかる神亀五年（七二八）の大般若経や光明皇后発願の五月一日経（天平末年ごろ）の書風よりも豊かな気分を持つ、新しいものであることは確かであろう。この点をめぐっては、大刀そのものの製作年代も問題となろうが、たとえ大刀の製作年代が古くても、象嵌銘が入れられたのは、書風から判断して勝宝年間ごろと考えるべきである。

ただ、そう考えて出てくるもう一つの問題は、それでは宝物として献納されるまでの期間があまりに短くないかということである。しかしこれについても、考え合わすべき次のような例がある。即ち献物帳記載の屏風一〇〇畳の内、有名な鳥毛立女屏風では、その下貼りに天平勝宝四年(七五二)六月の新羅交易品の購入に関する文書が利用されている。かつて検討したとおり、これらの文書は、貴族等から大蔵省ないし内蔵寮に差し出された新羅物の購入申請であって、廃棄されたのは少なくとも勝宝四年六月以降、短く見積もってもそれから一年程度の保存期間はあったはずである。[4] 従って屏風の製作から献納まで、最大でも約三年しか隔たっておらず、事情次第では勝宝八歳六月の献納に近接した時点での製作も考えられる。大刀にあのような書風の象嵌銘が入るのも決してありえないことではなかった。そもそも聖武天皇七七忌の献物については、天皇遺愛の品ということが強調されがちである。しかし、日数の関係上多くはないものの、崩御に近い時期に調製された品もあったことを想定しておくべきであろう。

刀剣を一対で作ることは、中国に早く干将・莫邪の有名な例がある。しかし一対の剣に陰陽の銘を入れる例は管見では見出せず、今後さらに精査してゆきたいと思うが、やはり陰陽の刀剣を作って一対とし、陰陽の調和を図ることが期待されたのであろうか。正史『続日本紀』には、陰陽の乖離を慮り、その調和を願う文言が、八世紀を通じて少なからず現れている。[5] 中には天平宝字二年(七五八)八月のように、仏典の偈の力で陰陽思想に基づく厄年の災異を除こうと企てたこともあった。同じ対策が宝亀五年(七七四)四月にもとられ、「陰陽序に叶」うことが願われているから、[6] 宝字二年の措置も同様な期待から出ているとみてよい。ともあれ「陽宝劔」「陰宝劔」が献物帳の「御大刀壱佰口」の筆頭に位置することは、これらが相当に重い思想的意義を有したことを推測させるであろう。

注

（1）除物出蔵に関わる正倉院文書や出蔵事情については、三宅久雄「正倉院宝物の「除物」出蔵文書をめぐる諸問題」（『文化財学報』三一集、二〇一三年）に詳しい。
（2）橋本英将「奈良時代の装飾大刀」（元興寺文化財研究所編『国宝東大寺金堂鎮壇具保存修理調査報告書』東大寺、二〇一五年）。
（3）杉本一樹『日本古代文書の研究』（吉川弘文館、二〇〇一年）第六章。
（4）拙稿「鳥毛立女屏風下貼文書の研究―買新羅物解の基礎的考察―」（『正倉院文書と木簡の研究』塙書房、一九七七年）。
（5）慶雲二年（七〇五）四月壬子詔「遂に陰陽錯謬し、水旱時を失い」、同年八月戊午詔「陰陽度を失い、炎旱旬に弥る」、和銅七年（七一四）六月戊寅詔「頃者、陰陽殊に謬り、気序乖違す」、養老六年（七二二）七月丙子詔「陰陽錯謬し、災旱頻に臻る」、神亀二年（七二五）九月壬寅詔「陰陽和して風雨節あり」、宝亀五年（七七四）四月己卯勅「庶わくは、陰陽序に叶いて寒温気を調え」、天応元年（七八一）七月壬戌詔「朕不徳を以て、陰陽未だ和せず」など。
（6）前注参照。

飛鳥時代木簡と上代語

一　はじめに

木簡の出土が古代史研究の進展に寄与しつつあることは、いまさら述べるまでもないであろう。私が木簡研究に取り組みだした一九七〇年代半ばの状況に比べると、まさに隔世の感がある。当時は平城宮跡や藤原宮跡でまとまった数の木簡がすでに出土していたが、既往の研究を補う補助的な新史料として、注目されていたというのが実状であった。木簡の専門的研究者も、全国にわずかな数しか存在しなかったといってよい。その中で木簡に対する評価に大きな変化をもたらしたのは、一九八八年から翌年にかけて発見された長屋王家木簡である。それは単にこれまで例を見ないほど大量の一括出土であり、しかも奈良時代初頭という史料に恵まれない時期の木簡だったからというだけではない。勿論これによって、古代史研究に占める木簡のウエイトが、量的にも飛躍的に増大したことは確かであるが、私は別の意味でも少なからぬ影響を今日までもたらしていると思う。

具体的には、木簡の一字一句を文面に即して読むことの重要性を、それらの木簡が提起したことである。それまでの古代史研究者は、この点に関して必ずしも熱心であったとはいえない。さほど長文のものがないこともあって、木簡の意味するところは、正倉院文書などの類例や用語を頭に入れておけば、おおむね推し量ることができた。平城宮木簡や大宝前後の藤原宮木簡が対象である限り、あえて文面の書き下し文を考える必要もなかったといえる。一方、本来の研究対象からいえば近い関係にある国語学研究者の関心も、仮名書きや宣命書き、和歌、固有名詞や普通名詞の表記など、特殊な表記例への興味に限定される傾向があった。しかし、長屋王家木簡では、漢字は用いていても文章構成は和文とみられるものが少なくなく、しかもかなり長文の例も含まれていて、それらを読み下すことなしに意味を把握するのは困難である。この木簡群の史料価値の大きさからいっても、それは避けて通れない作業であったと思う。こうした認識に立って、長屋王家木簡の文体や用語に関する拙稿を発表したことがあったが、(1)その試みはこのような性格を持つ木簡の解読と研究に、いささか寄与できたのではないかと考える。また、やや遅れて国語学研究者毛利正守氏に呼びかけ、犬飼隆氏に参加していただく形で始めた長屋王家木簡の輪読からは、多くの貴重な教示を得ると同時に、国語学研究者の木簡に対する旺盛な関心を実感する機会にもなった。お二人の尽力もあって、木簡史料を抜きにした国語史研究は、もはや成り立たなくなったといえるし、(2)古代史研究がその成果と無関係であることも許されなくなったといえよう。

長屋王家木簡の発見から三十年を過ぎ、近年では飛鳥地域をはじめ各地から、七世紀代の木簡が続々と出土しつつある。木簡の一点一点を丁寧に釈読することは、益々重要になってきたし、それなくして和文色の濃い飛鳥時代の木簡を十全に史料として生かすことは不可能であろう。古代史学にも国語学にも、対応する体制は十分に整っており、これからの成果がさらに期待されるが、なお考慮されるべき点がないとはいえない。本稿では、二つの木簡を手がかりに、所感の一端を述べてみたい。

なお本稿では、「国語学」「国文学」「上代」などの用語を便宜使用している。「上代」は国文学では記紀・万葉の時代を表す時期区分であり、本稿でもその意味で用いた。

二　難波宮跡出土の「はるくさ」木簡

二〇〇六年九月、難波宮跡の南西から、一点の仮名書き木簡が出土した。「はるくさ」木簡として有名になった次のような文面のものである（大阪市文化財研究所蔵）。

皮留久佐乃皮斯米之刀斯□（図1）

この木簡の下端は折損している。私は発見当初、大阪市文化財協会の委嘱で実物を調査する機会を与えられた。その時提出した所見に沿って、以下に大要を記してみよう(3)。

発掘されたのはごく狭い面積で、しかも一点のみの出土であったが、幸いなことに出土層位が確認され、伴出した土器とも相俟って、孝徳朝の難波宮造営に伴う整地土層に含まれていることが判明した。従ってその年代は七世紀の半ばごろとなり、それ以降には下らない。

現にこの木簡では、「皮」が「は」の音仮名として用いられている可能性が高いが、これは従来知られている七世紀以前の文に、その例が珍しくないことと矛盾しない。また、この木簡の書風は、破磔の強調された「皮」や、偏旁の不均衡、縦画が円弧を描くように曲がっていることなど、御物『法華義疏』（伝聖徳太子筆）や法隆寺金堂釈迦三尊像台座墨書[4]（六二二年ごろ）、難波宮下層出土習書木簡[5]などと共通する古風な特色を示している。

木簡の読みに関しては、文字の並びだけからは、複数の可能性が考えられた。まず「皮留久佐乃」が「春草の」であることは、ほぼ疑いない。「春草の」は『万葉集』では枕詞として用いられており、年代が遡るとはいえ、このような語が日常的文章で使用されることは考えにくい。五音、七音を重ねた韻文の可能性が高く、この木簡は初期万葉期の和歌を記したものであっておかしくない。「春草の」は萌えだす意から「はじめ」に掛かるのであろう。

「皮斯米之刀斯」は「始めの年」と解すれば、新年、または君主の治世の元年となる。ただ「刀」は上代特殊仮名遣の甲音の「と」で、「年」の「と」が乙音であるのと合わない。「始め」の「め」は正しく乙音の「米」が用いられているので、単なる誤用とは考えにくいであろう。「之」も「の」「し」両用に読めないことはない。新年または元年を祝うような内容の歌と考えたいところであるが、末尾の意味は今のところ不明といわざるをえない、というのがその時点での私見であった。

ただ、この木簡の意義は、文意のいかんを問わず明瞭であり、次のようにまとめることができた。

図1
難波宮跡の木簡
（赤外線写真
『葦火』125号より）

即ちこの木簡は、韻文散文を問わず、万葉仮名文として最古の確実な例であり、古い時期の日本語表記の実例として極めて貴重な発見である。これまで知られているものでは、徳島市の観音寺遺跡から出土した難波津の歌木簡が七世紀中ごろの例とされているが、この木簡のように、考古学的に確実に時期を限定できない(6)。今回の出土によって、早くから仮名文のあったことが確実に立証されたといえる。この木簡の用途は明らかでないが、文字のしっかりした配置や書き方からみて、単なる落書や習書とは考えられない。もし和歌が記されていたとすれば、推定長は約六〇センチ程度となるが、その厚さから十分支持可能であろう。

私には結論が出せなかったが、この木簡の読みについては、並行して実物を調査された毛利正守氏らが次のような案を示されたのに従うべきである(7)。

はるくさの　はじめのとし□

即ち「はじめのとし」を「はじめしとし」と読めば、「とし」は「迅し」で、初めに勢いがあるの意となるが、草木の状態に「迅し」の形容はそぐわない。そこで上代特殊仮名遣の法則からは外れるが、「年」「稔り」の意の「とし」と解すべきであるとされた。全体の意味は不明であるが、春草が芽吹き盛んになるような最初の年ということで、難波宮の造営が開始された白雉元年(六五〇)にからめ、宮の将来を予祝した歌と考えられている。「刀斯」を「年」と解するについては、『古事記』『万葉集』や八世紀の木簡に、「と」の甲乙類の混乱があるので、仮名違いと認めてよいとされた。果たして白雉元年にまで結びつけてよいか、また予祝の歌とまでいえるかという疑問は残るが、読み方はこれで確定したというべきであろう。

さてそこで、前述の万葉仮名文としての意義につき補足しておくと、まずこの木簡の発見によって、文章を仮名書きにすることが遅くとも七世紀の半ばにあったと確かめられた。これは日本語表記の歴史を考える上に、見逃せない意味を持つ。かつて日本語表記の歴史を考える時、最初にまず漢文が行われ、その影響下に崩れた和風漢文が現れ、より精密に日本語を書き表すべく、助詞・助動詞などの付属語を、送り仮名として挿入した宣命体が生れ、さらに進んで一字一音の仮名表記が出現したという発展過程が想定されてきた。稲岡耕二氏によれば、漢文と和風漢文の時代は七世紀末の天武朝まで続き、そのころ活躍した柿本人麻呂が、和歌の表記に仮名書きを用いたのが、文章を一字一音の仮名で表記した始まりであるという(8)。

このような発展段階を想定することに関して私はかねてから懐疑的で、木簡の表記をもとに反対説を述べたこともあった(9)。例として取り上げたのは、滋賀県の北大津遺跡から出たいわゆる音義木簡と、藤原宮跡の宣命体木簡であった。音義木簡は近江に都のあった七世紀後半のもので、何らかの典籍に出てくる語を抜き出し、漢字ないし万葉仮名でその音や語義を注している。その文中には、「阿佐ム加ム移母」といった例があり、これは当時すでに、文章が一字一音の万葉仮名でも記されることがあった証と考えた。また、藤原宮木簡には宣命の一部とみられる著名な断簡があり(10)、付属語を本文と同大で書く宣命大書体として知られていた。年代は七〇〇年前後と推定され、そのころには後の『続日本紀』にみられるような、付属語を小文字で入れる宣命小書体が、未発達であった証拠とする説が有力であった。しかし極めて小さな断片ではあるが、同時期の藤原宮木簡には、宣命小書体の例もある。[11] 従って宣命大書体が整えられて宣命小書体ができたとみるのは疑問であって、二つの表記法は並存していたのであり、より丁寧に表記する場合、宣命小書体が採用されたのであろうと論じた。

万葉仮名文出現の時期をめぐり、なお稲岡氏による反論も出たが、この難波宮木簡の発見によって、そうした反論が成立しないことは明白になったといえる。日本語の表記に関しては、漢字使用の極めて早い段階から、目的に合わせおそらく複数の方法がとられていたと考える。[12] 即ち一字一音の当字を用いることは、固有名詞の表記法としてすでに大陸に先蹤があった。その方法は古墳時代に受容され、和語の名詞を記すのに使われていることは周知のとおりである。その点、今回の木簡が韻文を記すのに使われていることは注意されてよい。韻文は古く遡ればのぼるほど、朗誦することと不可分の関係にある。朗誦の際のように一語一語が重要であれば、一字一音の万葉仮名で書くのが適しているわけで、そうした工夫が早くからなされていたことが判明したといえよう。

宣命体については、今回の木簡は直接関係しないが、表記法を発展段階に分けて理解することへの反省を迫る点では、やはり一つの傍証になるであろう。藤原宮木簡の中には、宣命木簡以外にも、通常の木簡で助詞を付加したものもあり、その場合は次のように助詞が大字となっている（藤原宮木簡八号）。[13]

（表）卿等前恐恐謹解寵命□

（裏）卿尓受給請欲止申

この場合、末尾の「止申」は「…と申す」であり、助詞「止」が大字で入れられている。このような例は長屋王家木簡に多く見出され、同木簡中には別に「…にあれ」の「あれ」（阿礼）を小字で表記している場合もある。[14] 大書体と小書体は、日常レベルでは完全に混用されていたと言わざるをえない。より丁寧に本文と付属語を記し分けようとする時に、小書体が取られたものと考えられる。この場合も、その時々の用途や必要に応じて、異なる表記法が使い分けられたのである。

「はるくさ」木簡の意義はこうした見方を確かな形で証明した点にあると考えるが、もう一つ重要なのは、従来意識されていない点について、再考を迫る材料となることである。それは七世紀から八世紀に至る過程で、上代特殊仮名遣がどの程度厳格に行われていたのかという問題に関係する。国語学者の使用する「仮名違い」という言葉は、上代特殊仮名遣の法則が、相当厳格に行われていたことを、暗黙の内に前提していると思われるが、果たしてその理解は妥当なのであろうか。これまでの通説では、上代特殊仮名遣は八世紀に入って一部に乱れが始まり、八世紀末には大きく崩れ、平安前期に至ってほぼ完全に崩壊したことになっている。[15] こうした流れが事実とすれば、七世紀半ばの木簡に、記紀・万葉にみられるような「仮名違い」が早くも生じているのは、いささか気になるところである。「はるくさ」木簡の発表直後に、ある国語学者の方から、私信で「全く意味不明の文字列と解するよりほかない」との意見を承ったが、それは従来の国語学の常識からすると当然であったといえよう。

これに関しては、大部分新しい写本でしか伝わっていない記紀や万葉を二次資料と捉え、一次資料である木簡を重視するという立場もありうるかもしれない。[16] しかし新しい写本がほとんどであるからといって、一概に写本で伝来した文献の価値を、木簡に劣るとすることはできない。木簡は特殊なものを除き、あくまで当座の用に供する書写材料であり、長く伝えることを目指していない。それに対し写本は、多くの場合、その内容を長期に亘って保存、伝承する目的で作られる。書記者の態度が異なってくるのは勿論であって、写本には使い捨ての木簡と違って、周到な配慮が働くのは当然であろう。長い年月を経て写し継がれていても、その内容には相応の信憑性があると考えなければならない。その例証としてさしずめ想起されるのは、当面の問題としている上代特殊仮名遣そのものである。上代特殊仮名遣の存在が発見される端緒となったのは、『古事記』における用字の書き分けに本居宣長が気づいたことにあった。この着目をうけて石塚龍麿が古文献を渉猟し、その書き分けの存在をより明確にした結果、のちの橋本進吉の発見に至ったことは周知のとおりである。[17] 記紀や万葉の写本が、写誤を含むとはいえ、相当正確に古代の姿を伝えていなければ、こうした研究が可能になるはずはない。細かい用字の異同を論ずるだけの正確さが、写本に備わっていたわけで、写本侮るべからずということが、ここからもいえる。

では、上記のような食い違いは何に起因するのであろうか。第一に注意されるのは、上代特殊仮名遣の存在が『古事記』を中心に、主として『日本書紀』や『万葉集』から抽出されたことである。記紀は日本の古伝や歴史を伝えるために、古い史料を集めて編纂されたものであり、『万葉集』は古歌を採集するとともに、同時代の歌を集成しようとして編まれた。いずれも記録性や記念性の強い編纂物といってよい。そこに最も正統的な表記が採用されたことは想像に難くないであろう。従ってそれらの書物に用いられた表記が、編纂時点での現実の表記であるのかどうかは、改めて論議されてよいのではあるまいか。そもそも文字で表記された言語と日常の口語では、いつの時代でも何がしかのずれがあるはずで、現代の日本語にもそれはみられる。その場合、すでになくなった発音上の区別が、表記に残るという形になるのは、改めていうまでもない。古代においても、それと類似した現象があったと考えるのが自然であろう。強い規範性を持ったと思われる記紀や万葉の表記は、その編纂時点よりも古い時代の表記を踏襲している可能性が強いはずである。上代特殊仮名遣の乱れは、従来考えられてきた以上に早くから、現実には進行していて不思議がないといわねばならない。木簡などに現れる「仮名違い」はそれが姿を見せたものであり、上述した書写材料としての木簡の性質上、現実に生じていた乱れが、反映され易かったと考えるべきである。(18)平安前期になって、上代特殊仮名遣が崩壊していったようにみえるのも、奈良時代のような規範性の強い編纂物が残っていないことに基づく可能性があることを想定しておく必要があろう。七・八世紀の日本語の実態を検討する上にも、「はるくさ」木簡の持つ意義は小さくないといわなければならない。

なお、ここでは編纂物と木簡を対比する形で述べたが、書記者の階層により、あるいは同一書記者であっても記される内容により、規範意識に差は生じるであろう。紙の文書や木簡であっても、形式が重んじられる内容の場合は古風な表記が尊重されておかしくない。古代の史料の絶対数が飛躍的に増大していることを考慮すれば、他の時代の研究においては当然となっているこうした点への配慮も、今後ますます重視されるべきである。

三　石神遺跡の観世音経木簡

七世紀の木簡を史料として用いるには、その文を逐語的に読解する必要がしばしば生じることを冒頭で述べた。本節ではその一例として、奈良県明日香村の石神遺跡から出土した次の木簡を取り上げてみたい（図2）。

（表）己卯年八月十七日白奉経
（裏）観世音経十巻記白也

この木簡については、出土当時調査担当者であった市大樹氏が、複数の訓読案が考えられるものの、左のように読んでおくとされた[19]。

己卯年八月十七日、白し奉る経のこと。
観世音経十巻、記し白すなり。

市氏によると、その意味は「己卯年（天武八年、六七九年）八月十七日、経に関する事柄を御報告いたします。観世音経十巻を転読・書写したことを、木簡に記して御報告申し上げます」と解釈されている。この木簡は完形で、年紀部分の墨がやや薄れてはいるが、釈読には問題がない。ただ訓読に関しては、他の可能性を容れる余地が大いにある。

先の訓読案でまず問題となるのは、「奉」の読みである。「白し奉る」のように、「奉」を補助動詞として使う例は、上代語の中に見出せないとするのが通説である[20]。ただ平安初期の訓点資料には既にこの用法がみえるので、それが実態を反映しているとすれば、[21]むしろこの木簡をその早期の用例とすることも不可能ではないかもしれない。しかし「白し奉る」であるならば、「白」と「奉」は一連に書かれてよいにも拘らず、そうなっていない。「白」は上の日付と一続きに書かれ、「奉」は「白」と中軸線を異にしてやや左に傾いて記される。その傾き方は続く「経」と似通っていて、むしろ「奉経」が一連で書かれたとみてよい。「奉」はやはり補助動詞と解さないほうがよいであろう。

そうなると「奉」は単独で動詞となるが、これを読む上で参照されなければならないのが、法隆寺に蔵される銅板観世音菩薩造像記である。銅板に刻まれたこの造像記は、本体の観音像を失っているが、もとは光背などに取り付けられていたと推定されている。[22]表裏に刻銘がある内、表面に左のような一文がある。

敬奉観世音菩薩像

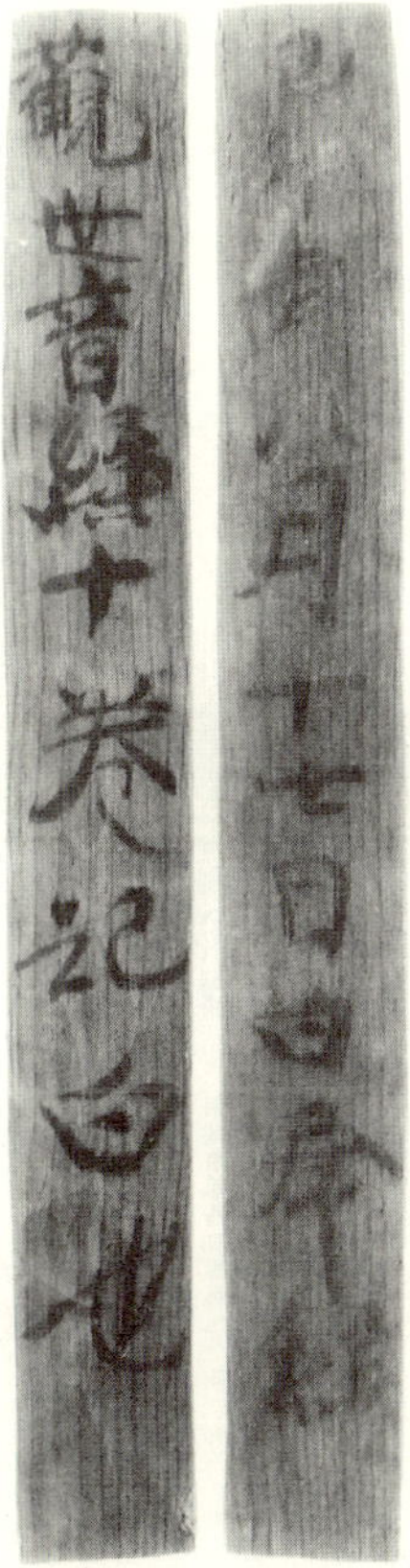

図2
石神遺跡の木簡
（奈良文化財研究所蔵
『木簡研究』29号より）

父母のため観音像を作る旨を述べたくだりであるが、ここでは作ることに関して「奉」一字があるのみである。あるいは「作奉」の誤りかともみられるが、金石文である以上、下書きを経て刻まれたはずで、一字が完全に脱落する可能性は極めて低いであろう。これも木簡と同様、一字で行為を表していると解さなければならない。そこで注意されるのが、『類聚名義抄』（仏下末）や『伊呂波字類抄』（巻四）など平安時代の古辞書に、「奉」に対して「つかまつる」の訓が付せられていることである。これは『漢書』食貨志下の顔師古注に「奉は事に供するを謂う」としているのに当たる訓であろう。先の銅板造像記の文でいえば、直接的には観音像を作ることであり、木簡では経を写すことを意味すると考えられる。このような意味を持つ「つかまつる」（上代語としては「つかへまつる」）は、各種の史料では「仕奉」と記されることが多い。「仕奉」の概念は広く作り営むことであって、造像に限らず造寺なども含んでいた。次に法隆寺金堂薬師如来像の光背銘にみえる有名な一段を挙げておく(23)。

造寺薬師像作仕奉詔（寺を造り薬師の像を作りて仕え奉《まつ》らむと詔《の》る）

なお、このように「奉」一字で「仕奉」に通じ、補助動詞としての用法でないとなると、従来古代の造像記で「作り奉る」と読まれてきた「作奉」も、読みを再検討する必要がある。たとえば島根県の鰐淵寺や大分県の長谷寺の観音造像記(24)にみえる「作奉」は、それぞれ左のように読むべきものであろう。

為父母作奉菩薩（父母の為に菩薩を作りて奉《つかえまつ》る）〔鰐淵寺像〕

誓願観世音菩薩作奉（誓願して観世音菩薩を作りて奉る）〔長谷寺像〕

思いつくままに同様な例を挙げれば、奈良時代に作られた薬師寺の流記資財帳（『薬師寺縁起』所引(25)）には、仏像の由来を記す際、しばしば「奉造而請坐」「奉造請坐」などとあるが、これも「造り奉《たてまつ》りて」ではなく「奉《つかえまつ》り造りて」と読まれるべきである。さらにまた、『続日本紀』天平勝宝八歳（七五六）五月条に、聖武天皇の葬送を記して「御葬之儀、如奉仏」というのも、もとより「仏に奉《つかえまつ》るが如し」に他なるまい。ともあれ、この木簡の「奉経」は、「つかえまつる経は」と読んで、「従事しております写経は」と解釈するべきであろう。明確に写経とあるわけではないが、「奉」とある以上、それ以外には考えにくい。

裏面の「観世音経十巻記」は、「観世音経十巻を写した」の意であろう。「記」（記す）は、全体を写し取るという意味を表すという。[26] それよりも、簡単なようで注意を要するのが「白也」である。この木簡の文章は、「観世音経十巻記」の語順をみても明らかなように、正格の漢文ではない。従って「也」は漢文で用いられる助辞ではなく、和語の「なり」を表記していると判断されるが、この種の「もうす」（白・申）を使う文書では、文の始まりに「もうす」があり、対応して文末も「もうす」だけで終わるのが通例である。ところがここでは、「なり」が末尾に付いている。用言の終止形に付く「なり」は推定伝聞の意味を持ち、「…のようだ」「…だそうだ」の意になるという国語学の研究結果[27]を踏まえれば、木簡の筆者は伝え聞いたことを述べており、「もうすなり」はそのニュアンスを表していると理解すべきである。筆の運び方をみても、「白」は「記」よりもむしろやや「也」寄りに書かれていて、筆者が「白」「也」を一まとまりと意識していたことが看取されよう。

以上の考察をもとに、改めて書き下すと次のようになる。

己卯年八月十七日、白す。奉《つかえまつ》る経は、

観世音経十巻を記すと白す也。

これを現代語訳すると、左のとおりである。

己卯年八月十七日、申し上げます。従事しております写経は、観世音経十巻を写したと申しております。

この木簡は、写経を命じた人物に対し、それを担当する配下の者が、進捗状況を写経者に報告させ、その情報を上申したものと解せられる。観世音経は法華経の観世音菩薩普門品が別行された短いものであるが、天武朝末年以降、一度に大量に読誦、書写された例が史料上に少なくない(28)。この木簡に現れた観世音経の書写もそのような例の一つに加えるべきものである。文意からは、発注された写経が観世音経十巻にとどまらなかったことが推測されるが、未完成の写経がなお観世音経であったのか、その他の経であったのかはわからない。ともかく写経が継続される中、進行状況の中間報告が求められたのであろう。

石神遺跡については、古い段階の遺構も含め、朝廷、官衙などとの関わりから論じられることが多いが、宮や邸宅の可能性も想定されるなど、その性格はいまだ確定していない(29)。しかし先の木簡が、右に述べてきたように理解されるとすれば、大規模な写経を直営でなく、寺院などに委嘱して進めていたことも考えられる。そうなると、公的な場というよりも、皇族の宮や大貴族の邸宅との関係が、より重視されるべきではあるまいか。いずれにせよ短文の木簡であっても、遺跡の性格を検討する上に、その文意を丁寧に読み解いてゆくことが求められる好例といえよう。

注

（1）拙著『長屋王家木簡の研究』（塙書房、一九九六年）。
（2）犬飼隆「古代語資料としての出土物」（『日本語の研究』四―一、二〇〇八年）参照。
（3）以下、48頁までの私見は、大阪市文化財協会によって発表された新聞記者会見資料に反映されている。なお当時一般向けに書いた拙稿に、「万葉仮名文―最古の木簡が示す起源」（毎日新聞、二〇〇六年十月二十七日夕刊）がある。この拙稿は、「難波宮跡の「はるくさ」木簡」と改題して『史料学探訪』（岩波書店、二〇一五年）に再録。
（4）法隆寺昭和資財帳編纂所『伊珂留我　法隆寺昭和資財帳調査概報』一二（一九九〇年）所収。
（5）木簡学会編『日本古代木簡選』（岩波書店、二〇〇三年、三刷）図版六一。
（6）拙稿「出土資料からみた漢文の受容」（注3拙著所収。一九九九年初出）。
（7）毛利正守「古代日本語表記と歌木簡」（奈良女子大学21世紀ＣＯＥプログラム　古代日本形成の特質解明と研究教育拠点編『難波宮出土の歌木簡について』同ＣＯＥプログラム報告集Vol.12、二〇〇七年）、毛利正守・佐野宏「皮留久佐木簡について」（『明日香風』一〇四号、二〇〇七年）。
（8）稲岡耕二『人麻呂の表現世界』（岩波書店、一九九一年）。
（9）拙稿「最古の万葉仮名文」（『書の古代史』岩波書店、一九九四年。一九九二年初出）、同「日本語論」（注1拙著所収。一九九三年初出）。
（10）奈良県教育委員会編『藤原宮跡出土木簡概報』（大和歴史館有史会、一九六八年）所収、一号木簡。
（11）奈良国立文化財研究所『藤原宮木簡』一（一九七八年）所収、四七二号木簡。
（12）注9前掲「日本語論」。
（13）注11前掲書所収。
（14）注1拙著。
（15）『時代別国語大辞典』（三省堂、一九八三年）上代語概説。
（16）注2前掲犬飼隆論文。

（17）橋本進吉『古代国語の音韻に就いて　他二篇』（岩波文庫、一九八〇年）参照。
（18）この点については、かつて小谷博泰氏の著書に対する書評の中で、ごく簡単にふれたことがある（注1拙著、四一二頁）。
（19）市大樹「奈良・石神遺跡」（『木簡研究』二九号、二〇〇七年）、同「木簡からみた石神遺跡」（『明日香風』一〇四号、二〇〇七年）。
（20）注15前掲書、「たてまつる」の項。関連論文に土居美幸「古事記「奉」字考―「マツル」ということば―」（『万葉』二〇〇号、二〇〇八年）がある。
（21）訓点資料にみえる用例の一般的意義については、注2前掲犬飼隆論文参照。
（22）奈良国立文化財研究所飛鳥資料館編『飛鳥・白鳳の在銘金銅仏』（同朋舎、一九七九年）。
（23）注22前掲書。
（24）注22前掲書。
（25）「薬師寺本薬師寺縁起」（藤田経世編『校刊美術史料　寺院篇』中、中央公論美術出版、一九七五年）。
（26）注15前掲書、「しるす」の項。
（27）注15前掲書、「なり」の項。
（28）速水侑『観音信仰』（塙書房、一九七〇年）参照。七世紀に遡るらしい遺品も唐招提寺に所蔵されている（乙未年奥書）。拙稿「書風からみた古代の写経」（佐々木丞平編『研究発表と座談会　天平写経とその周辺』上野記念財団助成研究会、二〇〇六年）参照。
（29）重見泰「石神遺跡の再検討―中大兄皇子と小墾田宮―」（『考古学雑誌』九一―一、二〇〇七年）、注19前掲市大樹論文など参照。
（追記）「はるくさ」木簡について、公的な場における歌の朗誦や記録に使われた可能性が提言されており、それは首肯できる。ただそうした用途が他の仮名書きの和歌木簡にも妥当するかどうかは、事例ごとに検討を要する。かつて指摘したように（注6前掲拙稿）、難波津の歌の場合は、木簡以外の媒体にも例が多く、習書と見るべきである。紫香楽宮跡木簡から、この歌と浅香山の歌を表裏に書いた例が発見されたが、それもこれらを手習い歌とすることが、古く遡る証拠に他ならない。文字の重複を習書の条件とするような意見もあるが（橋本繁「東アジアにおける文字文化の伝播」、福井重雅先生古稀・退職記念会編『古代東アジアの社会と文化』汲古書院、二〇〇七年）、重複のない手習いもあることは多言を要しないであろう。

第二章

寺院と仏教

法隆寺と聖徳太子

一　伽藍を伝えたもの

法隆寺を訪れ、南大門から西院伽藍を望むと、いつも不思議な感慨に心打たれる。一三〇〇年を経て、あのような木造の伽藍が残ってきたのは、奇跡に近いという感慨である。主要な建物である金堂、五重塔ばかりか、それを取り巻く回廊、回廊に開く中門、経楼や鐘楼まで、飛鳥奈良時代のものがセットとして残っている。少し時代の下がる建築を含めれば、大講堂があり、往時の僧房や蔵まで改築されて受け継がれてきた。よく法隆寺は世界最古の木造建築といわれるが、単なる個別の建築ではなく、まさに伽藍全体が伝わっているのである。

もちろん一三〇〇年前の建築といっても、長い間には修理を経て、取り替えられた部材も少なくない。ただそれは日本の古建築全体に言えることである。また人為的な努力だけでなく、天災や人災を免れた幸運も勘定に入れなければならないであろう。しかし法隆寺がこのような形で保存されてきたのは、やはり聖徳太子の創建にかかることを抜きにして考えられないのではなかろうか。特に歴史を通じて盛んであった聖徳太子への信仰を忘れてはならない。明治以来、太子は歴史上の偉人として尊敬されるようになるが、それ以前、太子は、日本における仏教受容の黎明期に仏教を根付かせ、日本仏教の基礎を作り上げた皇子とみなされてきた。しかも同時に観音菩薩の化身として朝野の熱心な信仰を集める存在でもあった。この太子信仰が、寺を守る大きな後ろ盾になったことはまちがいない。太子信仰を流布する上に大きな役割を果たしたのは、十世紀にできた『聖徳太子伝暦』である。この本は、それまであった太子伝を統合し、太子の誕生から逝去、その後の関係する事件まで、予言や因果応報譚を交えつつ、神秘的、超人的な太子の活躍を説いて、明治初年まで続く太子イメージを作り上げた。

なお、近年は偉人としての太子に疑問を投げかける論者がいることもあって、「聖徳太子」の呼称が避けられ、「厩戸王」「厩戸皇子」などの呼び方も多くなってきたが、もしその時代の呼称にこだわるなら、「推古天皇」などの称もすべて不適切となる。古い諡であることを前提に、従来どおりの呼称を用いておきたい。

二　法隆寺の創建と再建

聖徳太子が法隆寺を創建したのは、斑鳩宮造営と一体の事業であった。太子は推古十三年（六〇五）、三十二歳で斑鳩宮に移るが、出土瓦の年代からすると、金堂薬師像の光背銘にあるように、創建年代は、ほぼ推古十五年頃とみて問題ないようである。その寺地は斑鳩宮の西に接し、中軸線は斑鳩宮と同様、真北から約二〇度西偏して、西北角は今の中門に接するような位置関係にあった。宮と寺を並置するのは、これ以前になかったことで、晩年「法王」（金堂釈迦三尊光背銘）と呼ばれて仏教への深い理解を称えられた聖徳太子にふさわしい。もっとも釈迦三尊の光背銘については、当時のものかどうかを疑問視する説もあるが、それは問題外としてよい。なぜならこの銘文は、三尊の光背の中央に、鋳造段階で平坦な面を作って彫り込まれており、その面には点々と当初の鍍金が残っているからである。銘文は像と一体で作られたことが明らかで、あとから刻んだということはありえない。

この創建の伽藍は金堂と塔を南北の一直線上に置く四天王寺式配置であったが、『日本書紀』にあるとおり天智九年(六七〇)の雷火で焼失してしまった。西院伽藍のすぐ南東に若草伽藍跡として遺跡が残り、巨大な塔の心礎が現存している。火災の年代を天智九年と確定できるのは、被災後、再建の寺地も決まらない中、法隆寺の賤民の身分争いを寺の幹部が裁いて決定したと『上宮聖徳太子伝補闕記』に見えるからである。良民か賤民かを決めるこの裁判が、被災直後、他の寺を借りて行われたのは、この年、庚午年籍の作成が命じられていたためとみられる。庚午年籍は最初の全国的な戸籍であると同時に、氏族の基本台帳の役割を持たせることも意図されており、のちのちまで良賤の身分を決めるときの典拠とされている。法隆寺の火災は、この画期的な造籍事業と重なって起こったのに相違ない。

その後、天武朝から奈良時代初めにかけて再建が進められ、和銅四年(七一一)前後に現在の西院伽藍がほぼ完成した。明治三十年代以降、華々しく繰り広げられた法隆寺再建非再建論争と呼ばれる論戦も、現在では火災を承認する形で決着しているが、全てが火災後の造営かというと、それについては昔から異説があり、近年も新説が提起されている。それは創建の法隆寺が焼失する前から、西院伽藍の地に堂や特殊な塔が営まれていて、今の伽藍に発展したという着想である。その背景には、法隆寺の建築が様式として極めて古く、中でも金堂は七世紀末よりよほどさかのぼった建築ではないかという見方がある。おまけに金堂の建築部材を年輪年代測定という方法で計ったところ、六七〇年をわずかにさかのぼる年代が出てきたので、その頃金堂は造営の最終段階にあったという考え方も示されている。

しかし創建の寺と現伽藍が方位を異にし、発掘調査の結果では、わずかながらも敷地の重なる可能性が強いことを考えれば、二寺が並存した可能性はやはり否定されるべきであろう。火災の後、「衆人」(寺の衆徒)が寺地を決められない状況だったのも(『上宮聖徳太子伝補闕記』)、すぐ隣に堂などがあったとしたら不可解なことである。心柱だけの塔(刹柱)があったとする説もあるが、その根拠になった法隆寺献納宝物観音像裏板の図は、屋根のある普通の塔を極めて細長く描いているだけである。またこの説では、刹柱が五重塔の心柱に転用されたというが、心柱の材は外皮に近い辺材まで残す保存の良いもので、何十年も雨露に曝されていたとは考えられない。いっぽう部材の年輪年代は、その材が伐採された年代を示すだけで、直接その建物の建築された年代には結びつかない。五重塔の心柱は五九四年の伐採という測定結果が出ているが、この年代は飛びぬけて古く、しかも転用材と考えられない以上、貯木されていた材が使われたとみるしかないであろう。当時としては時代遅れの古い様式で伽藍が復興されたのは、そこに聖徳太子追慕の深い思いが込められたからではないかと考えられる。この再建とほぼ並行して、法輪寺や法起寺などが同じ様式で斑鳩に完成するが、これらは太子の妃、膳菩岐々美郎女を出した膳氏や、太子の子息、山背大兄王にゆかりの寺であり、この地域全体が太子記念の地となったことを物語っている。

三　金堂の内部空間

その点で興味深いのが、法隆寺金堂の内部である。中央には太子の冥福を祈念した太子等身の釈迦を中心とする三尊、東の間には創建の寺の縁起を受け継ぐ薬師像が祀られ、西の間には恐らく当初は菩薩の半跏像が置かれたと思われる。いずれも太子の時代の作品や、それを想起させる彫刻である。天蓋や台座も古いものそのままか、復古様式のものが採用された。しかし最新の造形も排除されたわけではない。金堂の内陣、外陣の壁面とその上部の小さな壁は、ほぼ同時代の初唐様式で描かれた壮麗な壁画で飾られた。飛鳥様式の仏像を、最新の唐風壁画が取り巻く独自の空間が出現したわけである。この壁画は、隈取りを生かした立体的な描写や鮮やかな色彩で世界的に有名であったが、そのほとんどが不幸な火災で損傷し、いまはその雄渾な線描をうかがうばかりである。ただ、取り外されていて助かった、内陣天井近くの飛天の壁画二十面と、一九六八年に新調された模写によって、かつての面影を偲ぶことができる。

もっともこの壁画に関しても異論があり、金堂の造営では当初想定されておらず、造営途中で計画が持ち上がり、奈良時代初めに完成したと考える説もある。そもそも金堂の壁はいったん作られてのち、さらに厚くするよう変更されて現状になったことが、かつて行われた解体修理時に判明している。これは壁画を描くための仕事であって、壁画は金堂の当初計画には入っていなかったと見るのである。しかしこの想定は説得力に乏しい。もし金堂ができあがってから、壁面を厚くして壁画を描くとなれば、壁を壊すことになり、堂内に信仰の対象である仏像を、そのまま安置しておくとはとても思えない。ところが天井から吊り下げられた天蓋や、仏像の台座は、木造とはいえ、いずれも大きなもので、一度設置されると、全部を移動するのは極めて厄介である。また内陣の天井近くの壁画は、下に大きな天蓋や台座のある仏像が置かれていては、到底描けるはずもない。壁画を描く計画は少し遅れて追加されたにせよ、それは造営途中のことで、決して仏像が置かれ天蓋が整えられた金堂完成後ではないであろう。

創建の法隆寺にも壁画があったらしく、その断片と見られるものが、中門前の発掘で出土しているが、現在の金堂は、壁画を含め旧金堂の復古ではなく、全く新たに構想されたものであった。その根本には、聖徳太子への想いを残すとともに、新しく太子のための記念堂を作るという意識が存在したと考えなければならない。太子が観音の化身として明確に位置づけられるようになった奈良時代前半には、さらに進んで太子等身の観音を祀る東院（上宮王院、夢殿の一郭）が新たに造営され、そちらが太子信仰の中心となるが、奈良時代初めにかけては、西院伽藍が太子尊崇の場であったことは確かであろう。

こうしてみてくると、金堂は、飛鳥時代初期から奈良時代初めに至る百年の文化を凝縮した、類のない空間といってよい。法隆寺は個々の宝物や建築ももちろんすばらしいが、伽藍全体の姿や金堂内部の雰囲気を、ぜひ現地で味わい、これを伝えた人々の聖徳太子への信仰に思いを馳せていただきたいと思う。

参考文献

拙著『日本古代金石文の研究』（岩波書店、二〇〇四年）、同『大和古寺の研究』（塙書房、二〇一一年）、松浦正昭『飛鳥白鳳の仏像』（日本の美術四五五号、至文堂、二〇〇四年）、有賀祥隆「金堂壁画とその制作背景」（『法隆寺金堂壁画』岩波書店、二〇一一年）。

文献史料から見た中宮寺

一　創建に関する伝承

中宮寺の創建年時については、三つの史料が知られている。用明二年（五八七）に、十六歳の聖徳太子が母穴太部間人皇后の詔により、塔の刹柱を立てたという『聖徳太子伝私記』上巻裏書（十三世紀、顕真撰）の説、聖徳太子が二十一歳の時（崇峻五年、五九二年）造ったという同書下巻裏書の説、穴太部間人皇后の宮を、その崩後に寺としたという『聖徳太子伝暦』（以下、『伝暦』）の説の三つである。天平十九年（七四七）の『法隆寺伽藍縁起并流記資財帳』（以下、『法隆寺資財帳』）の縁起部分に、聖徳太子が推古天皇の御前で法華経と勝鬘経を講じた賞として、播磨国の水田を賜ったことを述べ、その水田を施入した三寺の一つに、「中宮尼寺」が挙げられている。

伊河留我寺、中宮尼寺、片岡僧寺、此三寺分為而入賜岐

伊河留我寺、中宮尼寺、片岡僧寺、此の三寺の分と為して入れ賜いき

『法隆寺資財帳』は、この講経を戊午年（五九八年、推古六年）のこととしているから、これを信じれば、第一、第二の説が正しいことになる。ただこれらの諸史料が、果たして正しい事実を伝えている

のかどうか、決め手はない。

『伝暦』では、同じく播磨国の水田が施入されたことに触れながら、中宮寺への施入は法隆寺より遅れたとして、「後割納中宮寺。此寺間人穴太部皇后之宮也。皇后崩後為寺」（のち中宮寺に割き納む。此の寺は間人穴太部皇后の宮也。皇后の崩後、寺と為す）とするが、この説が「中宮」を后の意味に解するところから来ていることは確かであろう。しかし推古朝に天皇の后を中宮と称することがあったかどうかは確かでない。少なくとも天武朝までは、皇后は「大后」と呼ばれており、七世紀前半に穴太部間人皇后を「中宮」と称することはなかったと考えるのが穏当であろう。中宮寺の名称は后の「中宮」とは別の意味があったと見たほうがよい。

その点で注目されるのが、『聖徳太子伝私記』上巻裏書に見える次の説である。

中宮寺者、葦垣宮・岡本宮・鵤宮、三箇宮之中故、云中宮。仍改成寺之時、又云中宮寺云々。

この説は、穴太部間人皇后の宮を寺に改めたとする点は同じであるが、「中宮」を「ナカミヤ」と解し、地理的位置から説明するところが異なっている。おそらく中宮は穴太部間人皇后の宮であったろうが、それが崩後に寺とされて、そのまま中宮寺と呼ばれたのであろう。

なお付け加えれば、法隆寺献納宝物の染織品に見られる墨書銘には、「中寺」と記したものがある。これは中宮寺を意味し、その品がもとは中宮寺のもので、その衰微に従って法隆寺に入ったと考えられているが、后の称としての「中宮」が単に「中」と略されるのは不審で、「中宮」が宮の名である可能性が高くなる。また葦垣宮の遺構と見られるものが、斑鳩町の上宮（カミヤ）に残っていることも

(上宮遺跡)傍証となろう。このように見ると、中宮寺は和風の寺号となるが、これに対する法号があったかどうかは明らかでない。

二　太子建立寺院としての中宮寺

奈良時代になると、中宮寺は聖徳太子の建立した七寺院の一つに数えられるようになり、『上宮聖徳法王帝説』、『法隆寺資財帳』、『異本上宮太子伝』(七代記)、『延暦僧録』などに他の諸寺院とともに挙げられる。今それらに『上宮聖徳太子伝補闕記』や『伝暦』を加えて列記すれば以下のとおりである。

法王帝説		四天王	法隆	中宮	橘	蜂丘	池後	葛木			
法隆寺資財帳		四天王	法隆	中宮	橘	蜂丘	池後	葛城			
上宮太子伝		四天王	法隆	法興	菩提	蜂岡	法起	妙安	定林		
延暦僧録		四天王	法隆	皇后	橘			妙安		大官	般若
補闕記	元興	四天王	(法隆)	中宮	橘	蜂丘	池後	葛木			
伝暦(四節文)		四天王	法隆	法興			法起	妙安	定林		

この中では『異本上宮太子伝』(宝亀二年、七七一年成立)が、「法興寺、時俗呼為鵤尼寺」とし、『延暦僧録』(延暦七年、七八八年成立)は「皇后寺」とするなど、明らかに中宮寺の別名らしいものを記す史料が現れる。「皇后寺」は中宮寺の呼び換えであろうが、「法興寺」は法号と見ておかしくない。同様の記事は『伝暦』にもある。法興寺は飛鳥寺の法号であるから、中宮寺の法号としては異様であるが、

飛鳥寺は平城京遷都を境に、法号を法興寺から元興寺に改めた可能性が高く、かわって中宮寺がこれを法号にしたとしても不思議ではない。遅くとも奈良時代後半には、中宮寺は法号を法興寺と称したのであろう。

三　創建の伽藍

創建伽藍の規模については、発掘調査の成果以外に、伝世史料にも若干の手がかりがある。特に平安時代後期の状況を伝えていると見られる国宝聖徳太子絵伝(法隆寺献納宝物、一〇六九年)の一場面(図1)は、従来創建伽藍を考える史料とされてきたが、そこから読み取られる事実を改めて紹介しておこう。

『伝暦』では推古四年(五九六)十一月条に、法興寺が落慶して無遮会の行われたことが記されるが、国宝聖徳太子絵伝は法興寺伽藍を俯瞰する形で、その情景を描いている。この場合、法興寺は飛鳥寺を指すが、実際に描かれているのは飛鳥寺ではなく、中宮寺である。この事実は、すでに『天王寺秘決』(十三世紀)に誤りとして指摘があり、『聖徳太子伝私記』もそれを認めている。この誤りは、前節で述べたことを勘案すれば、単なる取り違えではなく、絵伝筆者は『伝暦』の法興寺を中宮寺のことと理解していたのであろう。

ともあれ絵伝に見える中宮寺は、四天王寺式の伽藍配置を持つ寺として描かれ、中軸線上に南から三重塔、金堂を置き、四面を築地塀で囲み、南面築地に南門を開く。北面は、棚引く雲に隠されている部分が多いが、金堂の向かって右奥に講堂の基壇が表され、築地塀も部分的に描かれている。また金堂の向かって左横には袴腰付きの建物がある。

この描写で注意されるべきは、この絵伝が制作当初の画面を多く失い、後世の複数回にわたる補筆を被っていることであり、しかもそれにも拘らず旧図様がかなり忠実に踏襲されてきたことである。従って上述のような描写も、平安後期のままではないが、ほぼ当初の図様を伝えると見てよい。改変を受けている箇所は、画面の観察からすれば、築地塀が本来は瓦葺でなく上土《あげつち》塀であったらしいこと、南門ももとは檜皮葺であったとみられることである。同じ絵伝の法隆寺や四天王寺の伽藍描写を見ても、建築に即して丁寧に描かれているので、三重塔初層に板葺きの裳階があるのも、信憑性は高いと判断できる。

絵伝が制作された十一世紀後半は、中宮寺が創建時の規模を維持していた時期であるから、この描写は創建時の状況を伝えているはずである。中心部を囲む施設が、回廊ではなく築地塀であったことは、発掘調査の結果とも矛盾せず、中宮寺の創建伽藍をうかがわせる稀有の資料と言えよう。この絵によれば、金堂は五間四間の重層入母屋造り、南門は単層切妻造りである。発掘調査で未確認の講堂に関しては、今後の研究課題であろう。なお、金堂横の袴腰の建物は、類例から推して鐘楼か経楼と見られる。

四　衰退と再興

絵伝に描かれて間もなく、十二世紀以降、塔や金堂の修造が行われ、塔内の仏像が修理されるなど

（いずれも『別当記』）、創建伽藍に衰えが生じてくるが、十三世紀後半には、天寿国繡帳の再発見で有名な信如尼の活躍で、寺勢は回復する。ただ、延慶二年（一三〇九）に蔵や「僧房」（尼房）が焼失、尼房はすぐに再建されるが、二年後にそれも焼失した（いずれも『別当記』）。大永二年（一五二二）には、修造のための勧進が行われているので（中宮寺勧進状）、衰退は進んだらしい。その結果、遂に寺地を法隆寺の東に移して再興が図られることとなった。

寺地移転の年次に関しては、確実な史料が残らず、明確にすることはできない。法隆寺文書に、天文十七年（一五四八）十一月十一日、中宮寺の地蔵が新営され、東院での舎利講の後、開眼供養されたとの記事があるので、すでに移転中であったとの説もあるが、決定的とは言えない。ただ、中宮寺に入っていた慈覚院宮が慶長七年（一六〇二）三月に薨じた時、「法隆寺内ニ、中宮寺、今度歴々、金堂以下御建立」（『義演准后日記』同月二十六日条）とあり、法隆寺大講堂の西鳥衾銘に「慶長五年之時（中略）中宮寺殿なる」とあるのと相俟って、このころ移転は完了したと考えられている。

なお延宝七年（一六七九）の法隆寺村絵図に旧寺地が描かれ、旧南門のあたりに「赤門」、西側に「西ノ門」という字名が記されている（図2）。これらは伽藍の旧状をうかがう参考となろう。

参考文献

高田良信編『法隆寺銘文集成』上巻（国書刊行会、一九七七年）、東京国立博物館編『法隆寺献納宝物銘文集成』（吉川弘文館、一九九九年）、同『法隆寺献納宝物特別調査概報XXX　聖徳太子絵伝3』（二〇一〇年）、町田甲一編『大和古寺大観』一（岩波書店、一九七七年）、太田博太郎『南都七大寺の歴史と年表』（岩波書店、一九七九年）、高田良信『中宮寺　法輪寺　法起寺の歴史と年表』（ワコー美術出版、一九八四年）、大橋一章「中宮寺考」（『天寿国繡帳の研究』吉川弘文館、一九九五年）。

図１　聖徳太子絵伝（法隆寺献納宝物）の法興寺（中宮寺）　延久元年（1069）
（東京国立博物館編『法隆寺献納宝物特別調査概報』XXXより）

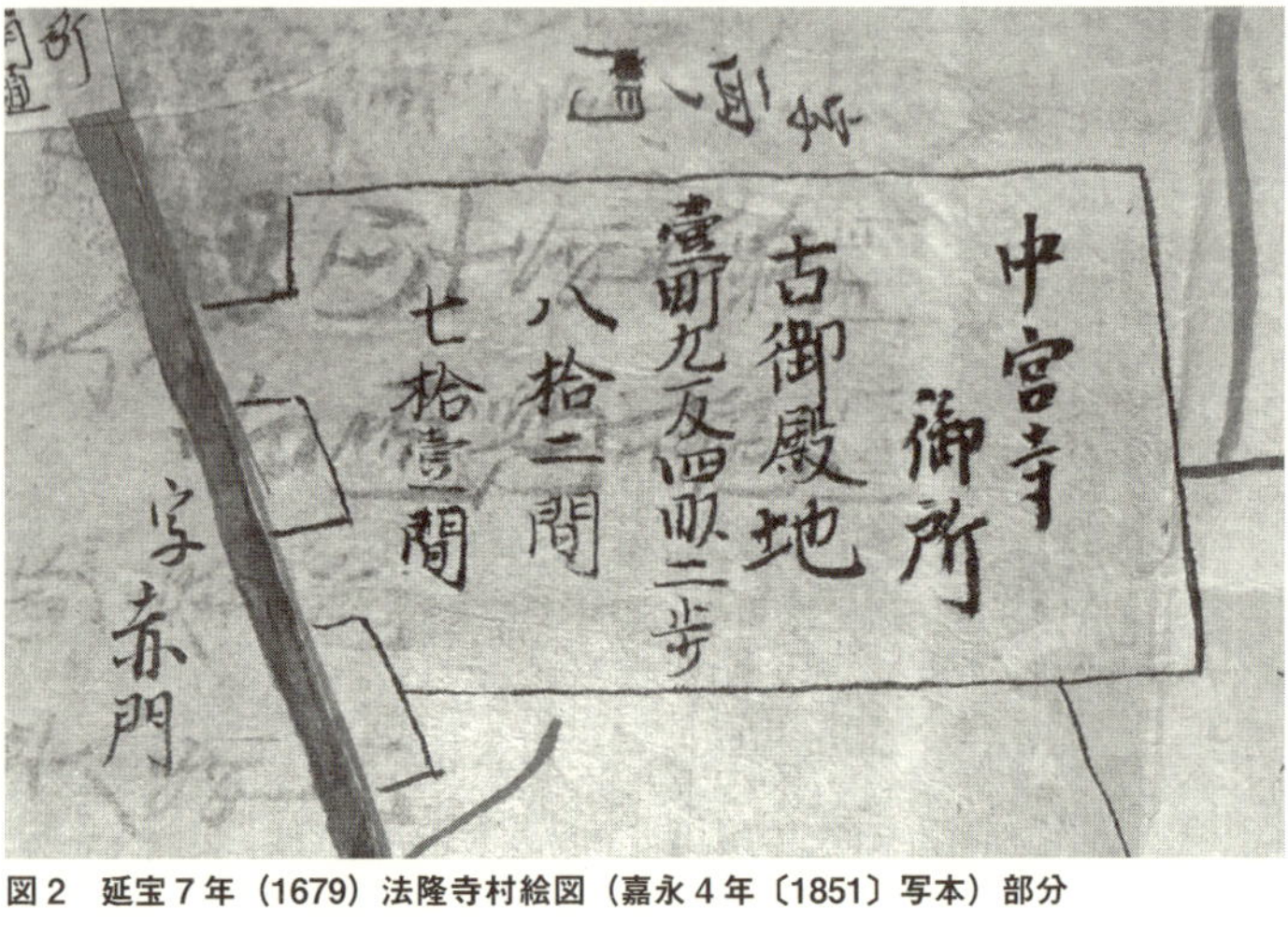

図２　延宝７年（1679）法隆寺村絵図（嘉永４年〔1851〕写本）部分

夏身寺の創建と『薬師寺縁起』

一　はじめに

三重県名張市の夏身寺（夏見廃寺）は、早くから白鳳の古瓦を出土する古代寺院跡として有名であったが、一九八四～八六年に実施された発掘調査の結果、特異な伽藍配置が判明するとともに、甲午年（持統八年、六九四年）の製作年紀を有する白鳳時代の大型塼仏なども出土し、一躍注目される遺跡となって現在に及んでいる。しかし十分な史料に恵まれないこともあって、創建の年次や事情は不明の点が多い。この小考は、ほとんど唯一ともいえる『薬師寺縁起』所見の関連記事を改めて検討し、この寺の創建について私見を述べようとするものである。なお夏身寺は夏見廃寺と呼ばれることが多く、「夏身」「夏見」の表記も紛らわしいが、「夏身」は寺名としても氏族名としても古い表記と見られるので、敢えて統一は行わない。

二　『薬師寺縁起』の史料批判

最初に研究の歴史を振り返っておこう。この寺の研究史は、山田猛氏の著書(1)に詳しいので、詳細はそれに譲るが、この寺の本格的研究は、実質的には毛利久氏に始まるといってよい。毛利氏は『薬師寺縁起』（以下、縁起と略称）にみえる次の記事に注目し、夏身寺は大来皇女によって創建され、神亀二年（七二五）に完成を見たと考えた。(2)

以神亀二年奉為浄原天皇、建立昌福寺、字夏身、本在伊賀国名張郡（前田家本『薬師寺縁起』）

発願の趣旨は天武天皇のためとあるが、謀反の疑いで刑死した大津皇子を弔う意味があったとして、持統朝には大来皇女が不遇であったため、奈良時代初めまで完成が遅延したとする。

この毛利説に直ちに反論したのが藪田嘉一郎氏であった。藪田氏は、縁起にいう神亀二年を寺の完成年次と見るのは無理として、実際は、大津皇子に連座し不遇のうちに亡くなったと考えられる大来皇女のため、同年に元明、元正天皇母娘らが、夏身寺の建立を発願したと考えた。ただ、出土している瓦によって、この寺が白鳳時代の創建であることは認め、神亀二年以降の造営は、その修造であったと解している。(3)その後、久野健氏が、同寺跡出土の塼仏を材料に、白鳳期の創建を主張されたが、(4)それ以外の手がかりが乏しいこともあって、研究は膠着状態となった。

その状況に変化が生じたのは、先にも触れた発掘調査を契機にしてである。この調査によって、寺の創建が七世紀末であり、その後八世紀前半に三回ないし二回の修造整備の行われたことが明らかとなる。(5)山田猛氏はこれを踏まえ、かつて論議された縁起の記事について、新しい解釈を提起した。(6)山田氏は、早瀬保太郎氏によって、康保二年（九六五）十二月十九日付け伊賀国夏見郷刀禰解案に、(7)多紀内親王（託基皇女）の地八十町の見えることが指摘されているのに注目し、(8)縁起に現れる大来皇女建立の昌福寺と、託基皇女が建てたという観音寺〈植山寺〉は同一寺院であり、縁起が誤って別寺としたもので、いずれも夏身寺を指すこと、夏身寺は在地の豪族、夏身氏[9]によって発願創建されたが、神亀二年に託基皇女が天武天皇のために修造したと論じた。

この山田説は、発掘成果を文献史料に結び付けようとした点で評価できるが、その結論にはなお問題が残る。特に縁起に見える昌福寺と観音寺〈植山寺〉を同一とみなすには、もっと細かい議論が必要であり、原点に立ち戻って、縁起の記事を検討する必要を感じる。そこで改めて縁起の当該記事を見てゆこう。まず既往の研究で参照されてきた前田家本縁起〈『大日本仏教全書』寺誌叢書第二所収〉の文を挙げる（〈　〉内は双行注）。

大来皇女　最初斎宮、以神亀二年、奉為浄原天皇、建立昌福寺、〈字夏身、本在伊賀国名張郡〉〈縁起大来皇女条〉

一品託基皇女　〈建立観音寺、字植山寺、伊賀国河津郡、以神亀二年、奉為浄御原天皇、多芸内親王〉〈縁起託基皇女条〉

『薬師寺縁起』には前田家本の他に、醍醐寺本『諸寺縁起集』所収のもの〈『校刊美術史料』上所収〉や、薬師寺本〈一九六七年複製〉などの異本があり、文の内容や体裁に若干の違いもあるが、それについては後段で触れる。さて、これら皇女に関する説明的な記事が、何らかの史料を参照して、縁起に追加された情報であることは、縁起記載の皇子女の記事に精粗があり、統一されていないことから明らかであろう。この点は過去の研究でも異論がない。

そこで注目されるのは、先の二人の皇女による寺院建立の記事が、相互に類似していることである。即ち両記事には、寺名、所在地、発願者、造立年が共通して現れ、「字」という用語も双方に見える。山田氏の言うように、両寺が同一なら、これらは合体して一条の記事になっていてしかるべきであり、この点よりしても、同寺説には疑問があろう。また山田氏が植山寺を上山寺(上の山の寺)と解し、立地上、夏見廃寺にふさわしいとしたのもいかがであろうか。本来「植」は「うゑ」であって、発音からも、仮名遣からも、「上」(うへ)と混同されるとは考えられない。ともあれ、両記事の背後には、恐らく諸国の寺院に関する一連の記録があり、縁起への追記はそこから抜き出す形でなされたと考えられる。前田家本以外の縁起写本に、観音寺の記事がないので、山田氏はこの記事を前田家本のみの独自史料と考えているが、この記事の場合、縁起各本の書写者がそれぞれ単独に書入れを行ったとは考えにくく、やはり或る時点で書き入れられた記事の一方が、省略されたか、脱落したと見るのが妥当であろう。

この史料の性格を右のように考えてよいとすれば、その原形は、寺名を標出した次のようなものではなかったであろうか。

昌福寺、字夏身、本在伊賀国名張郡、以神亀二年、奉為浄御原天皇、大来皇女建立

観音寺、字植山寺、伊賀国河津郡、以神亀二年、奉為浄御原天皇、多芸内親王建立

昌福寺の記事の天皇名は、前田家本と醍醐寺本が「浄原」に作るが、薬師寺本は「清御原」に作っており、「御」を補った。薬師寺本は薬師寺東塔檫銘に見える「清原宮」の用字が念頭にあって、「清」の字に惹かれたのではあるまいか。ともかく縁起は、これらを引用するに当たり、文中の大来皇女や

託基皇女を主語とする形に改めたのであろう。このことは既に毛利氏が指摘したとおりである。ただこれも従来論じられているように、この文には、引用時点ないし転写の過程で起きた誤りもある。先述の「浄原」はその一つであるが、観音寺の所在郡名「河津郡」は、毛利説のとおり、よく似た字形の「阿拝郡」を誤ったものに相違ない。また観音寺の記事については、「以神亀二年」以下の文が完結していないが、これはまず「建立観音寺、字植山寺、伊賀国河津郡」が縁起に必要な情報として取り出され、若干遅れて「奉為浄御原天皇、多芸内親王」が追加されたのであろう。末尾の「多芸内親王」も、縁起の「託基皇女」とは異なる表記であるため、付け加えられたもので、これが本来「建立観音寺」の主語であったかと思われる。

さらにこれまで指摘がないが、とりわけ重要なのが「字夏身、本在伊賀国名張郡」の箇所である。「字夏身」は、ここだけ見ると昌福寺の所在地名の字（あざな）のように見えるが、観音寺条では「字」は寺の別名の意で用いられている。人名の場合、「字」には通称の意味があるから、ここはそれを寺名における通称として用いたのであろう。その意味での用例としては、十二世紀に成立した『七大寺巡礼私記』元興寺条の冒頭に、この寺の別名を列記して「字明日香寺」とするのを挙げることができる。考えてみれば昌福寺の場合、現在地が「字夏身」としか示されず、かえって旧所在地が郡名まで挙げて詳しく記されるのは、いかにも不自然である。これは「字夏身」とその下の「本」とを続け「字夏身寺」の誤りと見るべきではあるまいか。それについて考慮すべきは、「本」が古代にはむしろ多く異体字で「夲」と書かれたことである。「夲」は末画が長く引かれると、「寺」の行草体に極めてよく似た形になる。「宇夏身本」は「宇夏身寺」の誤写と解して無理はないし、そう解すれば所在地についての疑問は氷解し、観音寺条の体例とも照応してくる。むしろこのような誤写を想定してこそ、この記事は理解できるというべきであろう。なお、こうした場合の読点は、書写や翻刻に際して加えられたもので、信拠するに足りないことは言うまでもない。また薬師寺本の縁起は、ここを「昌福寺、在伊賀国名張郡」に作っていて、直接この箇所の異同を確められないが、「宇夏身本」を欠くのは、却ってこの四字がひとまとまりの句と見られる状態にあり、そのため省略された可能性を示唆するであろう。毛利氏は「本」とあることに着目して、この記事の時点では寺が廃絶していたか、移転していた証としたが、やはり現在地が記されないのは疑問で、そのような解釈は当たらないと考える。以上の考証を踏まえ、復原される史料の原形を掲げておく。

昌福寺、宇夏身寺、在伊賀国名張郡、以神亀二年、奉為浄御原天皇、大来皇女建立

観音寺、字植山寺、伊賀国阿拝郡、以神亀二年、奉為浄御原天皇、多芸内親王建立

史料をこのように整理してみると、議論は振り出しに戻り、毛利久氏が説いたように、夏見廃寺の発願、造営は大来皇女によって進められたと見てよい。しかしそう結論する前に確認しておくべきことがある。それは、七世紀末に大来皇女が造営を行える環境にあったかどうかという問題である。これについては節を改めて検討したい。

三　持統朝以降の大来皇女の立場

夏見廃寺をめぐる従来の研究が常に言及してきたこととして、大来皇女の政治的立場が寺院の造営などを許す状況にはなかったという観測がある。大来皇女は、弟大津皇子の謀反に関わって伊勢斎宮の地位を離れたため、帰京した後も不遇であり、そのまま生涯を終えたと見るわけである。この見方を史料の用字に則して最初に提示したのは藪田嘉一郎氏であって、その根拠となったのは『日本書紀』の次の記事であった。

(十月)庚午、賜死皇子大津於訳語田舎。時年二十四。妃皇女山辺被髪徒跣、奔赴殉焉。見者皆歔欷。皇子大津、天渟中原瀛真人天皇第三子也。(下略)

丙申、詔曰、皇子大津謀反。詿誤吏民・帳内不得已。今皇子大津已滅。従者当坐皇子大津者、皆赦之。但礪杵道作流伊豆。又詔曰、新羅沙門行心与皇子大津謀反、朕不忍加法。徙飛騨国伽藍。

十一月丁酉朔壬子、奉伊勢神祠皇女大来、還至京師。

(持統称制紀、朱鳥元年、六八六年)

右の記事に見られる「皇子大津」「皇女大来」は、謀反人である大津皇子や、その妃山辺皇女、姉大来皇女を貶めて称したもので、これ以降の皇女の境涯は決して平穏ではなく、寺院造営の力など持ち得なかった、というのが藪田氏の見解である。夏身廃寺を論じた後の研究者は、各自の見解の相違を超えて、大来皇女に関する限りは概ねこの見解を支持している。しかし少しく天武紀を繙けばわかるとおり、藪田氏の解釈は全くの誤りである。確かに当人を呼び捨てにしたかのような「皇子大津」や「皇女大来」という称呼を見れば、その理解は一見妥当のようであるが、次のような天武紀の記事や同じ持統紀の記載を参照すると、それが成り立たないことは明らかであろう。

丁卯、更改爵位之号。仍増加階級。（中略）是日、草壁皇子尊授浄広壱位、大津皇子授浄大弐位（下略）。（天武紀十四年正月、六八五年）

庚辰、以皇子高市、為太政大臣。（持統紀四年七月、六九〇年）

乙酉、増封、皇子高市二千戸、通前三千戸、浄広弐皇子穂積五百戸（下略）。（持統紀五年正月、六九一年）

持統紀で高市皇子その他の天武諸皇子が、貶称されなければならない謂れは全くなく、これが単なる表記上の問題であることは、天武紀の書き方と対比すれば明白である。皇子・皇女を前に出すこのような称呼は、『日本書紀』中、持統紀にのみ特徴的なものであって、通常の「大津皇子」や「大来皇女」と何ら意味に変りはないのである。

実際、帰京後の大来皇女の地位に変化がなかったことは、書紀以外にもこれを裏付ける史料がある。それは奈良県明日香村の飛鳥池遺跡から出た天武・持統朝ごろの木簡である。(10)

大伯皇子宮物　大伴□……□品并五十□

これは飛鳥池遺跡の木簡の一つで、金工品製作工房への発注伝票と解されているものである。この工房の性格をめぐっては種々議論があるが、(11)いずれにしたところで、朝廷とかかわり深い公的な性格の工房であることは間違いなく、「大伯皇子宮」や、他の木簡に見える「石川宮」などは発注者と考えられる。「大伯皇子」は一見男性のようであるが、史料上ときに「大伯」とも書かれる大来皇女その人と見て誤りない。かつて論じたように八世紀初めまでは、皇室の子女を男女の別なくミコと呼ぶことが多く、(12)「皇子」はそのようなミコの一表記と考えられる。この「大伯皇子」についても、大来皇女と解することに異論は見られない。天武末年以降で、大来皇女の宮からこうした工房への注文がなされるとすれば、当然朱鳥元年（六八六）の斎宮退下後、飛鳥に戻ってからであろうから、これはそれ以降も、大来皇女が朝廷にかかわり深い工房に発注できるだけの地位と財力を保持し続けていた傍証となるであろう。大来皇女が夏見廃寺建立を発願し、造営を行わせたことは何ら怪しむに足りない。

四　おわりに

本稿では夏見廃寺研究の重要史料である『薬師寺縁起』の記事を再検討し、その誤写を正せば信頼すべき史料であること、持統朝以後も大来皇女の地位は安定しており、寺を発願、造営したと見て問題は生じないことを明らかにした。恐らくかつて毛利久氏が描いたように、夏見廃寺は大来皇女によって天武天皇の菩提のために発願され、「甲午年」（持統八年、六九四年）という塼仏の紀年からしても、在世中に造営が進んだものの、没後の神亀二年（七二五）に一応の完成を見たのであろう。神亀二年を修造と結びつける意見もあるが、一般に寺院の縁起にそうした詳細な造営経過が述べられることは異例で、そこまで関連付けて解釈するのは疑問である。また持統朝の大来皇女の立場に、大津皇子事件の直接的影響が見られない以上、発願動機に関して、大津皇子の怨みを鎮めるためといった穿った解釈を施すことも控えておくのが妥当と考える。

そのほか、大来皇女と夏身の地との関連いかんという問題もあり、もとはこの地の豪族夏身氏の氏寺であったという見解もかねてから示されてきたし、伊勢斎宮となった大来皇女の往来ルートに当たっていることも注目されてきている。ただ、史料的制約からすれば、いずれにしても決定的なことを言うのはむずかしいのが実情であろう。たとえば夏身氏が大来皇女の養育氏族であったというような可能性も、全く否定してしまうことはできない。これらの検討は今後の課題として、ひとまず筆を擱く。

注

（1）山田猛『夏見廃寺の研究』（夏見廃寺研究会、二〇〇二年）。

（2）毛利久「薬師寺縁起の一記文と夏見廃寺」（『日本仏像史研究』法蔵館、一九八〇年、一九五一年初出）。以下、毛利説はこれによる。

（3）藪田嘉一郎「夏身寺について」（『史迹と美術』二三五号、一九五三年）。毛利・藪田両氏の間にはなお応酬があったが、主要な論点は出尽くしているので、藪田説もこれによる。毛利久「夏見寺の異説について」（『史迹と美術』二三八号、一九五三年。注2前掲書に再録）、藪田嘉一郎「再び夏身寺について」（『史迹と美術』二三九号、一九五四年）参照。

（4）久野健「塼仏について」（『国華』八九六号、一九六六年）他。

（5）水口昌也編『夏見廃寺』（名張市教育委員会、一九八八年）。

（6）注1前掲書。

（7）『平安遺文』古文書編一所収、二八六号文書。

（8）早瀬保太郎『伊賀史概説』上（一九七三年）。注1前掲山田氏の著書に拠る。

（9）天平三年（七三一）伊賀国正税帳に郡司主帳として「夏身金村」の名が見える。『大日本古文書』（編年）一、四二八頁。

（10）奈良文化財研究所編『飛鳥藤原京木簡』一（二〇〇七年）。ただ本書の索引には、「大伯皇子」が脱落している。

（11）古尾谷知浩『文献史料・物質資料と古代史研究』第二部第一章（塙書房、二〇一〇年）参照。

（12）拙著『長屋王家木簡の研究』第一部（塙書房、一九九六年）。

（付記）本稿は、二〇〇八年十一月二十七日に名張市で行った講演の内容を成稿したものである。

称徳天皇による法王・法臣の任命と鑑真の請来仏典

一　はじめに

奈良時代、聖武朝以降の政治史は、聖武天皇の後継をめぐる権力闘争に終始したといって過言ではない。天智系皇統から光仁天皇が即位して状況が一新されるまで、特に天平勝宝末から神護景雲に至る時期は、それが甚だしかった。称徳女帝の寵をうけた道鏡が皇位をうかがったという、いわゆる宇佐八幡神託事件などは、象徴的な出来事といえる。従って道鏡とその役割をめぐる研究はこれまで数多いが、(1)いまだ言及されていない史料もないではない。従来用いられていない仏典の記事に着目して、道鏡が授けられた法王の地位について、改めて考えてみたいと思う。

二　法王・法臣と天台大師の著作

天平神護二年(七六六)十月、隅寺の毘沙門天像から舎利が現れたのを機に、称徳天皇は次のような詔を下して、道鏡を法王に任じ、僧円興と僧基真をそれぞれ法臣と法参議に任命した(原文は宣命体)。(2)

諸の大法師等をひきいて上といます太政大臣禅師の、理の如く勧め行はしめ教え導き賜ふに依てし、此くの如く奇く尊き験は顕れ賜へり。然るに此の尊くうれしき事を、朕独りのみや嘉《め》でむと念ひてなも、太政大臣朕が大師に法王の位授けまつらくと勅りたまふ天皇が御命を諸聞き食へと宣る。(中略)

次に諸の大法師が中にも、此の二禅師等い、同じ心を以て相従ひ、道を志して、世間の位冠をば楽はずいまさへども猶止むことを得ずて、円興禅師に法臣の位授けまつる。基真禅師に法参議・大律師として、冠は正四位上を授け、復た物部浄しの朝臣と云ふ姓を授けまつると勅りたまふ天皇が御命を諸聞き食へと宣る。

称徳天皇の仏教傾倒を示す事件であると同時に、道鏡を皇位に近づける措置としてあまりにも有名な出来事である。この時、道鏡に授けられた法王については、長い研究史の蓄積があるが、大きくは法王を現実政治での意味が希薄な仏教界の王とする説と、世俗をも支配する仏教的な君主と解する説の二つに分かれる。しかしともに明確な裏付けを持たないところから、勝浦令子氏は、称徳天皇が法王という地位をどのように捉えていたかが重要であるとし、その観点に立って問題を検討し直している。[3] 勝浦氏は、称徳天皇が最も重視したであろう金光明最勝王経の文や、天皇が抱いた聖徳太子信仰から、法王とは正法をもって統治する王であり、皇位継承者には仏教を永遠に伝えてゆく人物が求められたと考えられた。丁寧な挙証と熟慮に基づく説得性の高い結論といえよう。しかしながら谷本啓氏が疑問を呈したように、法王ないし遡って太政大臣禅師についても、それが実質的な権力を伴う地位であったかどうかについては、なお疑問を容れる余地がある。[4] 特に太政大臣禅師に関しては、それが僧の職であって世俗の権限を有しなかったとする谷本氏の論証が妥当であろう。ただ法王については、太政大臣禅師の延長線上にある以上、やはり権限に限界があった可能性は高いものの、仏典の影響力をいかに評価するかによって、結論は変ってくると思われる。その場合に重要なのは、既に史料が出尽くしたと見られる中にあって、一つでも多くの関連史料を見出し、俎上に載せて考えてみることであろう。現に法王・法臣に関しては、従来見過ごされてきた仏典の記載がある。それをもとに今一度法王の地位について考察をめぐらすこととしたい。

これまでの研究を見わたして最も気になるのは、天平神護二年の法王任命が、法臣・法参議の補任と同時に行われているにも拘らず、双方を連動させて考える視点が見られなかったことである。わずかに勝浦氏が、論考の注において次のような記事を挙げられたにとどまっている。(5)

思師手持如意臨席、讃曰、可謂法付法臣、法王無事者也(『隋天台智者大師別伝』)(6)

思師、手に如意を持ちて席に臨み、讃して曰く、法、法臣に付さば、法王無事なりと謂うべき也。

文中の「思師」は慧思で、金字の大品経(摩訶般若波羅蜜経)を造り終わった慧思が講会を開き、その席で「法を法臣に授ければ、法王は無事であるというべきである」と述べたという。この法臣は天台大師智顗を指す。勝浦氏はこの記事について、簡単に「法王・法臣の語があり、慧思が智顗を「法臣」と称していることは興味深い」とされただけで、特にそれ以上の言及はなされなかった。しかしながら、法王と法臣が同時に現れるのは看過できない。それは天平神護二年の措置が出てくる背後に、こうした仏教典籍に基づく発想があったのではないかという疑いを惹起するからである。「法王」の語を仏典の中に追求する試みは確かに重要であるが、それのみに限っていては、仏典からの影響を見誤る恐れもなしとしないのではなかろうか。改めて法王と法臣が共存する記事に注目したい。

大蔵経のデータベースを検索すると、法王と法臣が並んで見える仏典の記事は少なくないようであるが、時代の遡る例は『法華文句』(智顗)、『維摩経文疏』(同上)、『維摩経略疏』(湛然)、『無量寿経優婆提舎願生偈註』(曇鸞)、『安楽集』(道綽)など、天台、浄土関係の典籍に多い。就中注目されるのが智顗の『維摩経文疏』(7)に見える次のくだりである。

但如来既為法王。所置法臣、如世国家大臣、雖有諸才能、而八座卿各有所掌、不可参濫。十弟子、徳行雖各有所兼、或勝或劣、不可一人独当二事。故分十徳、各属十一、助仏宣揚十種教門、令物慕仰。(巻十一、弟子品初)

但し如来は法王と為す。法臣を置く所、世の国家大臣の諸才能有りと雖も、八座の卿各掌る所有り、参え濫るべからざるが如し。十弟子、徳行各兼ぬる所有りと雖も、或いは勝れ或いは劣り、一人にして独り二事に当たるべからず。故に十徳を分かちて、各十の一に属し、仏を助けて十種の教門を宣揚し、物をして慕い仰がしむ。

ここでは十弟子(十大弟子)を説明するに当たり、仏が法王とされ、その下に俗世の八座の大臣に当たるような法臣が置かれて、八座の大臣が職務を分掌するように仏を助けるとしている。上記の諸書の内、『法華文句』では単に法王・法臣の語が見えるだけであり、湛然の『維摩経略疏』には、ここに引用した『維摩経文句』の記事を簡略にしたような文が見えるが、同書は『維摩経文疏』の略抄本であるから、当然といえよう。また曇鸞の『無量寿経優婆提舎願生偈註』や道綽の『安楽集』など浄土教系の典籍では、法王である如来に対し、菩薩を法臣とするのが異なるが、これもそれ以上の詳しい記述はない。ただ、法王の下に法臣を設定する着想は共通する。これらの発想が称徳天皇の行った法王、法臣、法参議の設置と類似性を持つことに注意したい。仏典では法参議は登場しないが、『維摩経文疏』に見える「八座の卿」はまさに国政に与る最高級の臣下であり、本来中国では、尚書令以下、尚書省の主要メンバー八名を指すが、後世参議の別名（唐名）ともなった。日本の官制に合わせ、法臣を大臣に擬し、法参議を分けて設けることは不自然ではなかろう。法王・法臣・法参議は、こうした仏典の記述に想を得て、仏に等しい法王を、法臣や法参議が補佐するという趣旨のもとに考案された可能性が高いと考えられる。法王のみを切り離し、あるいは法王にのみ力点を置いて考察してきた従来の研究は、再考されなければならない。

ただここに問題となるのは、このような記述を称徳天皇ないしその周辺が知りえたかどうか、知りえたとしてもそれを採用させるほどの影響力があったのかということであろう。なるほど天台大師智顗は隋代の有名な高僧であるが、『維摩経文疏』は奈良時代の写経所文書に見えず、奈良時代に舶載されていたかどうかは文書では確認できない。『維摩経略疏』を著した湛然は、これも天台の高僧とはいえ、この書はやはり写経所文書に見えず、日本に紹介されるのは平安初期以降であった可能性が濃厚である。ただ前記の曇鸞や道綽の書は、奈良時代前半から写経所文書に現れており(8)、奈良時代における浄土教の浸透からしても、知識人の認識するところとなっていたことは間違いなかろう。しかしそれらの記述はいずれも簡単であり、これだけでは『法華文句』や勝浦氏の引かれた『隋天台智者大師別伝』と同様、強い影響力を考えるのはためらわれる。やはり『維摩経文疏』の影響いかんが問題となるのであって、これについては節を改めて考えてみよう。

三 称徳天皇と鑑真請来仏典

智顗の『維摩経文疏』が、正倉院の写経所関係文書に見えず、奈良時代における船載も疑われることは前述した。しかしそれをもって、奈良時代の知識人がこの書を知らなかったと断ずるなら、それは早まった結論といわなければならない。というのは、奈良時代の写経所文書にその名が見えなくても、請来されていた典籍が存在するからである。『維摩経文疏』の場合はまさにそれに該当する。即ち仁忠の撰した『叡山大師伝』(9)を見ると、次のような記述がある。

　概然無由被閲天台教迹。是時邂逅値偶知天台法文所在人。因茲得写取円頓止観・法華玄義并法華文句疏・四教義・維摩疏。此是故大唐鑒真和尚所将来也。

　概然として天台の教迹を被閲するに由無し。是の時、天台の法文の所在を知る人に邂逅値偶す。茲に因りて『円頓止観』『法華玄義』并びに『法華文句疏』『四教義』『維摩疏』を写し取ることを得たり。此は是、故大唐の鑒真和尚の将来する所也。

天台大師智顗の著作を求めていた最澄は、その所在を知る人に出会い、智顗の著作を書写できたが、その中に「維摩疏」があり、これらはみな鑑真が来日時に携え来たったものであったという。なおこの記事の「天台」は漠然と天台宗を指すのではなく、挙げられた書は以下に述べるとおり、いずれも智顗の撰述にかかるので、「天台大師」の意であることは明らかである。天台大師の著した「維摩疏」といえば、それは『維摩経文疏』に相違ない。この記事から、同書が鑑真によって請来されていたことが判明する。

鑑真は律の学匠であるとともに、天台宗の祖師の一人にも数えられる人物で、来日に際して天台宗の典籍を多数もたらした。『唐大和上東征伝』にも、天台（智顗）の『止観法門』『玄義』『文句』『四教義』『次第禅門』『行法華懺法』『小止観』『六妙法門』を請来したことが記されており、これらはそれぞれ智顗の撰述した『摩訶止観』『法華玄義』『法華文句』『大本四教義』『釈禅波羅蜜次第禅門』『法華三昧懺儀』『修習止観坐禅法要』『六妙法門』に当たると考えられる。(10) これらが高弟の法進のもとなどに蔵され、最澄の天台開宗に大きく寄与したことは夙に知られている。『叡山大師伝』に挙げられた鑑真請来書も、多くは『東征伝』と重なり、『円頓止観』は『摩訶止観』の別称、(11)『法華文句疏』は『法華文句』のことであろう。(12) かくて「維摩疏」即ち『維摩経文疏』は、現在中国に逸しているが、鑑真が日本に伝えた結果、後世に残り、江戸時代に出版されて今日見ることができるわけである。

さてこの『維摩経文疏』は、最澄の目にとまるまで全く埋もれていたわけではないであろう。弟子たちを引き連れ、多くの文物とともに来日した鑑真について、聖武太上天皇夫妻の帰依が著しかったことは周知のとおりである。娘の孝謙天皇も、両親とともに鑑真から受戒し、深い信頼を寄せたと考えられる。当然、『維摩経文疏』も貴顕の注目を引いたと見てよいであろう。鑑真が与えた影響に関し改めて挙証するまでもないかもしれないが、念のためここでは梵網経を例として、その動向をうかがっておく。

梵網経は大乗菩薩戒を説く律の根本経典で、その渡来は早かったらしく、鑑真によって初めて日本に請来されたものではない。しかし鑑真の来日後、にわかに脚光を浴びた点で、来日の与えた影響の深さを知るための一指標となりうるであろう。即ち天平勝宝六年(七五四)七月、その十九日に亡くなった中宮藤原宮子のため、宮子を母とする聖武天皇は東大寺で、梵網経を講ずる梵網会を始めた。『東大寺要録』巻五には、宮子の忌日について、

国忌於戒壇院修之。梵網会是也。

国忌を戒壇院に修す。梵網会是れ也。

とあるが、その始まりについては、同書巻八に引く梵網会縁起に、左のように見える。

勝宝感神聖武皇帝、奉為中宮聖母報恩、料田八町、入于各十三大寺、(中略)毎年今日、令講梵網奥旨者也。

勝宝感神聖武皇帝、中宮聖母報恩の奉為に、料田八町を各十三大寺に入れ、(中略)毎年の今日、梵網の奥旨を講ぜしむるもの也。

この縁起は、文中の記載によると嘉承元年(一一〇六)のもので、中宮の逝去を勝宝五年七月十九日と一年誤るが、梵網会開始の事情は信ずべきである。たとえば正倉院文書からは、勝宝六年七月二十八日から八月九日にかけて、東大寺写経所が借用した梵網経計十二部を、外嶋院(九部)、薬師

寺、大安寺、下野寺（各一部）に返却したことが見える。[13]これは梵網経講説に招かれた「十三大寺」の内、東大寺分以外の十二部を返したものであろう。また別の文書からは、同年七月二十四日から、梵網経百部を書写する事業が始められたことも知られる。[14]時期から見て、これも宮子のためであろう。このように追善のため梵網経を用いることはこれまで見られなかった現象であるが、これは梵網経が中国でできた所謂偽経であり、その中に中国的な孝の思想が盛り込まれていたことと関係があろう。梵網経巻下の冒頭では、釈迦の言葉として次のように記される。

父母師僧三宝に孝順し、至道の法に孝順せよ。孝を名づけて戒と為し、亦制止と名づく。

また同じく第十三軽戒には、

父母・兄弟・六親の中に於ては応に孝順心、慈悲心を生ずべし。

とあり、孝の心をもって肉親、さらには三宝に仕えるべきことが説かれている。梵網経を講ずる法会を行い、その書写事業を起こすことは、孝を尽くして供養することと考えられたのである。

孝謙天皇はこの趣旨を受け継ぎ、父聖武太上天皇の没後に同様な作善を実行している。即ち勝宝八歳十二月、天皇は父天皇のため諸国に出向いて梵網経を講ずる講師を諸大寺に募っており、これをうけて翌年には、一周忌にあわせ四月から五月にかけて、国ごとに梵網経を講じさせた。類似のことは、天皇の母、光明皇太后の場合にも見られる。正倉院文書によれば、孝謙上皇は、天平宝字四年（七六〇）閏四月、皇太后の病気平癒を祈って梵網経を写させた。[15]さらに同文書からは、これに先立つ二月から三月にかけて、法華経や阿弥陀経とともに、梵網経の書写も行われたことが知られるが、[16]これも当時健康状態のよくなかった皇太后のために行われたものであろう[17]。

このように勝宝末から宝字初年には梵網経への帰依が目立つが、これが鑑真入京後まもなくから、にわかに始まっていることは注意される。梵網経は鑑真の重要な所依経典であり、上記のような状況は、その来日による感化がもたらした結果としてみるのが最も自然である。こうした事例を見てゆくと、同じ鑑真の請来した智顗の『維摩経文疏』が、新たな維摩経の注釈として関心をひき、披見されたとしても何ら不思議はない。維摩経が在家の人物を主人公とする経典として、飛鳥時代以来親しまれてきた歴史を持つことを考えればなおさらである。称徳天皇が、直接にせよ間接にせよ、『維摩経文疏』に見える法王・法臣のたとえに着目し、その影響を蒙る素地は、十分に準備されていたと言える。

四　道鏡の「法王」―むすびに代えて―

これまで見てきたとおり、法王・法臣・法参議を任じる背景に、智顗の『維摩経文疏』に使われたたとえがあったとすると、道鏡が認められた法王の地位はいかに考えられるであろうか。道鏡を釈迦、その門下を釈迦の弟子になぞらえるという発想は、直接には政治的意味合いを持つものではない。称徳天皇の宣命にもあるとおり、道鏡を仏教界の頂点に位置づけるための栄誉的地位と見るべきであろう。法臣の円興や法参議の基真についても、議政官成員と位置づけるのは当を得ていまい。聖徳太子の法王号とも異なるのであるから、法王が皇位継承者を含意しているとも言いがたい。またこのような人物を遇するのに、天皇の待遇をもってするのも、他に比較すべき地位がない以上、当然であったとも言えよう。推測にならざるをえないが、道鏡を師と仰ぐ称徳天皇は、一旦律令制の官職を基準に、太政大臣禅師という形で道鏡を遇してはみたが、それにあきたらず、さらに超越的な地位を求めていた。そこに想起されたのが、道鏡を釈迦になぞらえ弟子を「法臣」として従えることを示唆する『維摩経文疏』の記事であったのではなかろうか。

ただ法王・法臣の任命が、隅寺の毘沙門天からの舎利出現という捏造された慶事と連動していることは看過できない。称徳天皇の宣命にもあるように、法王は「此の世間の位」(俗世間での地位)とは言うものの、律令制につながる大臣禅師や太政大臣禅師とは異なり、全く別の原理に基づく隔絶した性格を持つ。道鏡は一般人であることを超越したのであり、これによって即位への理由付けがなされたと考えられないことはない。おそらくそこに法王という地位の意義を認めるべきであろう。

注

(1) 勝浦令子『孝謙・称徳天皇』(ミネルヴァ書房、二〇一四年)及びその参考文献参照。
(2) 以下断りのない限り、史料の引用や出来事への言及は『続日本紀』に拠る。
(3) 注1前掲書参照。
(4) 谷本啓「道鏡の大臣禅師・太政大臣禅師・法王」(『ヒストリア』二一〇号、二〇〇八年)。
(5) 勝浦令子「称徳天皇の「仏教と王権」—八世紀の「法王」観と聖徳太子信仰の特質—」(『日本古代の僧尼と社会』吉川弘文館、二〇〇〇年)。
(6) 『大正新脩大蔵経』五〇巻一九二頁上。
(7) 『卍続蔵経』一編二七～二八套。

（8）木本好信編『奈良朝典籍所載仏書解説索引』（国書刊行会、一九八九年）参照。
（9）『続群書類従』八輯下（続群書類従完成会）。
（10）中條道昭訳「唐大和上東征伝」（高崎直道編『大乗仏典　中国日本篇』16、中央公論社、一九九〇年）の訳註四一五頁以下参照。
（11）『東域伝灯目録』下など、『円頓止観』と『摩訶止観』を併記する目録もあるが、他に『円頓止観』の存在を示す史料はないようであり、異名同書と見るべきである。『仏書解説大辞典』の「円頓止観」の項参照。
（12）『法華文句疏』は普通湛然の『法華文句記』の別名とされるが、その成立は大暦九年（七七四）か十年ごろとみられ（『仏書解説大辞典』「法華文句記」の項）、鑑真が請来しえたとは思えない。元来『法華文句』は法華経の字句を釈したものであり、「疏」といわれてもおかしくない。
（13）写経請本状（『大日本古文書』4、一四頁）、大安寺三綱牒（同一七頁）、下野寺鎮三綱牒（同一八頁）、薬師寺三綱牒（『大日本古文書』13、一〇〇頁）。
（14）充百部梵網経本并紙筆墨帳（『大日本古文書』13、一〇一頁）。
（15）栄原永遠男『奈良時代写経史研究』（塙書房、二〇〇三年）二一六頁以下。
（16）同右『奈良時代の写経と内裏』（塙書房、二〇〇〇年）三二二頁。
（17）栄原氏は藤原北夫人追善のためとするが（注16前掲書三二八頁）、梵網経の性格から見て、光明皇太后のためであろう。

第三章

日本と東アジア

白鳳時代論

一　七〜八世紀の時代区分

歴史の流れをどこで区切り、どう名づけるかは、歴史をいかに把握するかに関わる重要な課題である。七世紀から八世紀の歴史も例外ではなく、多くの議論が重ねられてきた。現在、日本史では、飛鳥地域に宮都が営まれ政権の中心となった六世紀末から、和銅三年（七一〇）の平城京遷都に至る間を飛鳥時代と呼び、次の奈良時代と分けるのが一般的である。

政治を主にしたこの区分に対し、美術史では六世紀前半の仏教公伝から、七世紀半ば過ぎまでを飛鳥時代、それ以降、平城京遷都までを白鳳時代、平城遷都以後を天平時代ないし奈良時代とする区分が広く使われてきた[1]。これは文化中心の区分で、飛鳥時代は朝鮮を介して中国南北朝期の美術が強く影響した時代、白鳳時代は初唐美術の影響が及んだ時代、奈良時代は盛唐の美術が影響した時代ととらえる。研究対象の違いによって見方が異なるのは当然であり、強いて統一すべきものではなかろう。ただ問題は、「白鳳」は天武朝の年号と言われながら実在が疑わしいことで、この問題をめぐっては長い研究史がある[2]。しかしかつて坂本太郎氏が論じたように[3]、天平宝字四年（七六〇）に成立した『家伝』(貞慧伝)には天智朝を含め「白鳳」という年号が使用されていて、奈良時代には用いられたことがわかるが、同時代での使用例は見当たらない。白雉の別称と考えるのが妥当であろう。坂本説が出た後も、重松明久氏のように、『扶桑略記』など後世の史書に見える「白鳳」年号を天武朝当時のものと見る論者も出ているが[4]、その論は説得力に乏しいと言わねばならない。重松氏によれば、むしろ白雉の年号が、後から遡上して設定されたものと言うが、『日本書紀』の白雉改元に関する記事は、捏造とするにはあまりに詳細で、オリジナルな記述に富んでいる。白雉を元に、さらに格上の「白鳳」が構想されたことはまず否定しがたいと思われる。このように同時代に存在しなかったと言う難点はあるが、その清新な語感は、後述する時代の雰囲気とよく適合しており、それだけで捨て去るのは惜しいのではあるまいか。

むしろ本質的な問題は、この時期に一時代を画する意義があるかどうかである。美術史では、同じ唐美術の影響下にあった時代として、白鳳時代の称を使わず奈良前期といい、奈良時代を奈良後期とするとらえ方も古くからある。この場合の奈良前期は、唐美術の影響が本格化した奈良後期に先立つ時代という意味である[5]。もし白鳳という時代名称を用いるのであれば、そこに時代名をつけるに足る独自の特色がなければならないが、それは認められず、単に本格的な唐美術の受容の前段階に過ぎないというわけである。唐文化の浸透過程をどう理解するかというこの問題は、単に美術史にとどまらず、広く日本史の課題と言えよう。結論的に言えば、美術において独特の雰囲気を持つ白鳳美術が存在するように、日本史においても、名称は別にして、過渡期としての一時代を設定してよいと考えるが、以下これについて私見を述べることとしたい。

二　七世紀における唐文化の受容

白鳳という時代を設定するか否かが、唐文化の受容状況と密接に関わることは、右に触れたとおりである。本節では七世紀における唐文化受容の動向を、まず検討する。

日本と唐との交渉は、遣隋使派遣のあとを受けて七世紀初めから始まったが、七世紀後半になると情勢は大きく変化する。朝鮮半島で鼎立していた三国の内、まず百済が唐・新羅によって攻め滅ぼされ、ついで高句麗も同じ運命をたどった。倭は百済救援のために朝鮮半島に出兵したが白村江で大敗を喫し(六六三年、天智二年)、六六八年に高句麗が滅亡すると、その直後の六六九年(天智八)を最後に、七〇二年(大宝二)まで唐との外交関係を断った。その結果、遣唐使の中断期間は三十年余りも続くことになる。

朝鮮半島は倭国にとって長らく中国文化受容の通路であったが、この期間ほど、その重要性が際立った時期は少ない。朝鮮半島の新情勢を踏まえ、直轄支配をもくろむ唐に対し、これを阻もうとする新羅が対立したこともあって、七世紀末には、日羅間に稀に見る蜜月状態がもたらされた。相互の使節往来が盛んであったばかりではなく、新羅を臣下として扱おうとする倭に対し、背後を固めておく必要のあった新羅は、進んで倭の意を迎える外交方針をとったからである。

このような情勢を考慮すると、七世紀末の文化に朝鮮の影響を重視する論が出てくるのも不思議ではない。七世紀の半ば過ぎから八世紀の初頭にかけて、それまで優勢であった古風な南北朝時代の様式に替わり、唐の文化の影響が美術の上に明らかになってくるが、その原因を新羅を経由した唐文化や、唐文化の影響を受けた新羅文化に求める説である。その先鞭をつけたのが、古代史家の関晃氏であった。関氏は一九五〇年代に発表した論文や著書において、この断絶期間中に新羅との交流が盛んであったことに注目し、唐文化が新羅経由で受容された事実を指摘した(6)。関氏のような認識は、一九七〇年代以降、関連する分野でも共有されるようになり、仏教史家の田村圓澄氏や美術史家の毛利久氏に継承される(7)。なかでもこの時期の新羅の役割を、広く一般読者向けの著作を含めて説いたのが美術史家の上原和氏であって、上原氏は天武・持統朝を日唐関係の空白期とし、新羅ルートの重要さを強調した(8)。

また近年では考古学の分野でも、藤原京の都城プランを中国の古典『周礼』に示唆を得たと考え、その原因を遣唐使の中断に帰する説が出されている(9)。即ち藤原京の都城プランでは京域の中央に宮を置く形をとるが、隋や唐の都城は京域の中央北端に宮を設ける形である。こうした大きな相違は、遣唐使の派遣が途絶えた結果、隋唐型の都城に関する知識が得られず、やむなく生じたのであり、七〇二年（大宝二）に再開された遣唐使が唐の最新知識を持ち帰ったことで時代遅れであることが認識され、隋唐型のモデルを採用した平城京の造営に展開して行ったとみるのである。遣唐使の断絶を文化受容の中断とする認識は、このように今日にまで根強く影響を与えていると言ってよいであろう。

しかし、新羅経由の唐文化受容に注目するあまり、唐との直接交流を軽視するのは、明らかに誤りである。第一に、日唐間の交通は全く途絶えたわけではなかった。この期間の人的交流を様々な史料から拾い出して眺めると、それは歴然としている。この点に関しては、かつて史料を収集、整理したことがあるので、詳細はそれに譲り、改めて個々の事例を列挙することはしないが、遣唐使が途絶える六六九年以前に入唐した使節や留学者は意外に多く、彼らが朝鮮半島経由でこの遣唐使中断期間に帰国している。[10] その中には、インド旅行から帰って活躍中の玄奘三蔵に学んだ僧が三人もいる他、長安にもたらされていた仏足跡の情報を持ち帰った黄文本実のような使節もいる。おそらく知られる以外に史料に漏れた人々も少なくないであろう。

第二に、海外からの来日という点では、関氏が早くに指摘したにも拘らず[11]、新羅との親密な関係に隠れて見落とされた感のある百済人の亡命者も見逃せない。先述のように百済は唐と新羅の連合軍によって滅ぼされるが、その前後には多数の百済人が倭国に逃れてきた。その中には百済の王族や貴族・官人が多く含まれ、彼らは倭国に定住し貴族・官人として活躍することとなる。その中に、最新の唐文化に接した人が相当含まれていて、文化的な貢献をなしたであろうことは、関氏が指摘したとおりであろう。百済は一時代前の南北朝文化の影響を残していたことも確かであろうが、唐と交流してすでにある程度年を経ており、特に社会の上層部には唐文化の影響が色濃く及んでいたと考えねばなるまい。この事情は高句麗についても同様であったはずで、百済の場合ほど大量の人的流入はなかったとしても、同じ役割を果たしたことが想定できる。七世紀末にいち早く受容された欧陽詢の書風などは、その例証となるであろう。[12]

第三に、量的には少数であったろうが、対唐・新羅戦で捕虜となった唐人の活躍は十分に評価されなければならない。彼らの素性は不明であるが、朝廷の音博士に登用された人物の例を見れば、相当な知識人が混じって来日していたことは確かである。

このように新羅経由のルートに限らず、唐文化の流入するルートは確保されていたとみられ、この間、倭が唐の情報から遮断されたかのように考えるのは妥当ではない。唐文化の流入は引き続き進行し、次の奈良時代へつながっていったのである。現に都城のプランにしても、藤原京に先行する孝徳朝の難波宮では、宮が上町台地の北端に営まれている。難波宮に京が付属していたかどうかは議論のあるところではあるが、少なくとも京を造営する意図がなかったとしたら、宮が台地の北端をとりわけ選んで造られるのは理解しがたいのではなかろうか。孝徳朝時点で隋唐型の都城が十分知られていたことは間違いなく、藤原京のプラン立案については、別稿や下文で述べたような事情があったと考えなければならない(13)。

三　白鳳時代の特質

それではこの時期が単なる過渡期であったのかといえば、そうではないであろう。美術史では「白鳳」という時代設定に異論があることは始めに触れたが、その論はこの時期を、唐文化の受容が本格化する前の予備的段階とみるところから来ている。しかしこの時期を見渡せば、初唐風の美術が生まれる一方、朝鮮を経由した古風な南北朝の文化と新来の唐の文化が融合した独自の文化が現れていることがわかる。文化の様相が僅々五十年ほどのうちに大きく変貌した状況は幕末明治期にも比せられようが、そのために新旧の交錯する文化が生まれたこともよく類似しているといえよう[14]。

初唐風の美術としては、薬師寺の金銅仏や法隆寺金堂壁画が代表として挙げられる。薬師寺金堂の薬師三尊像は、その制作年代をめぐって長らく白鳳説と天平説が対立してきたが、改めて文献史料を検討すれば、七世紀末の造立であることはまず動かないと考えられる[15]。また法隆寺金堂壁画に関しては、八世紀初頭にまで下す説があるものの、本尊その他の仏像や天蓋を納めた後で、天井近くの小壁に至る壁画を描くのは不可能であり、金堂の完成後、仏像等をもう一度撤去した上で描いたとするのは現実性に欠けるといわなければならない。金堂壁画もまた七世紀末の制作であることは確実であろう[16]。塼仏の造形について、型の移動により容易に新様式の受容が可能であったとの興味深い指摘があるが[17]、瓦当文様についても同様なことがいえるはずで、初唐様式の受容は、すでにこのような分野を中心に七世紀半ば過ぎから始まり、七世紀末に至って一つの頂点に達したのであろう。

一方、新古融合の美術としては、彫刻における童子形、半跏像の盛行はその好例である。童子形や半跏像は、形式としては唐以前のものを踏まえながら、新要素を融合させ、この時代ならではの造形を達成している。

ただここで一言触れておく必要があるのは、法隆寺の特殊性である。白鳳時代を上記のように考える場合、六七〇年（天智九）に焼亡し七世紀末から八世紀初頭に再建された法隆寺は、どのように位置づけられるであろうか。特に金堂は、五重塔や中門と並んで古い建築様式を持ち、安置された仏像も飛鳥時代の釈迦三尊を始め、擬古的な様式の薬師像など、一時代古い性格を現している。壁画のみが最新の初唐様式を示すが、全体として様式的に統一されているわけではない。新古の様式が融合されているとも到底いえないであろう。思うにこれは、法隆寺が聖徳太子創建の寺として、再建に当たっても意識的に飛鳥時代への復古が企てられた結果と判断すべきである。聖徳太子への崇敬は没後早い段階から生じたと見られ、七二〇年（養老四）完成の『日本書紀』において、すでに相当の伝説化が生じている。再建法隆寺は聖徳太子記念堂として、ことさら古い様式が採用されたのであり、これをもって七世紀末の基準とすることは避けておくべきであろうと考える(18)。

さて目を歴史の分野に向けると、律令制の整備過程が注目される。七世紀の後半は、古代史上、律令制の完成に至る時期とされ、七〇一年（大宝元）の大宝律令完成を以て古代国家は画期を迎える。白鳳時代は、その意味でまさに律令制の完成期であったといえよう。大宝律令に結実した日本の律令制は、初唐の制度を範としたとされるが、大筋ではそうに違いないものの、決して直模ではなかった。例えば後に大中少の納言に分かれる中央官職の「納言」は、すでに天武朝から現れるが、これは中国南北朝時代の王朝、北周を主とし、その禅りを受けた隋の一時期、及び唐の最初期に限られた官名で、唐では通常侍中と呼ばれた。また北周にのみ、大納言・小納言の別があったことは特に注目される(19)。八省の一つ、民部省の「民」は、唐の太宗の諱、李世民に抵触するため、その使用が控えられ、字画の一部を欠いたり、他の同意の字に置き換えたりすることが行われた。中国でも隋から唐の初めまで存在した「民部」という官司が、「戸部」と改められたのもそれによる。倭ではそれらを知りながら、あえて「納言」や「民部省」を採用したわけである。同じく八省の一つ宮内省は天武朝の「宮内官」を受けたもので、中国歴朝の殿中省に当たるが、「中」は隋の高祖文帝の父の諱と同音であるため、隋だけは「殿内省」の称を用いた。「宮内」という用字も、これを参照した結果である可能性がある。[20]また律令の四等官制に関しても、唐制に類似するものの、職務権限の区分は曖昧で、単に職の上下関係を規定しただけの色彩が濃かった。これは朝鮮経由で受容された中国南北朝期の三等官制が下敷きとなったからである。[21]即ち倭がそれまでの中国の国制を検討した上で、独自の制度を樹立しようとしたことが知られよう。「納言」の官を設置した北周は、上古の周への復古を理想とし、周の古制を記した『周礼』を重んじたが、藤原京の造営に当たり、その『周礼』に基づいて都城プランが立てられたのも、決して情報不足などの結果ではなく、立地上、南を正面にできない藤原京を、中国の古制に則って意味づけようとする意図から出たことであろう。[22]

同じような動向は、地方制度にもうかがえる。大化改新以降、地方行政の単位として評が置かれ、これが大宝律令では郡と改められた。評は古代朝鮮の制度を取り入れたもので、古い文化要素の名残であるが、郡が唐の制度かといえば、そうではなかった。郡は秦漢以降、中国の地方行政の区画であったが、唐では封爵名としては残っていても、実際の行政では使われず、州に替わっている。ちなみに郡の上の単位である国は、唐の州に当たるが、大化前代以来の名称がそのまま令制でも残された。このように大宝律令の制度は、唐制を範としつつも、種々工夫を凝らし、それまでの体制を生かすところがあった。

この大宝律令が、まさに遣唐使の中断期間中に編纂されたものであったことは、美術や考古の分野と同じような文化受容の傾向が、一般歴史の分野でも共通して存在したことを示している。現に編纂者は、刑部親王の下に十八人の官僚、知識人を集めて構成されているが、内訳は使節・留学者として在唐経験のある者四人、先述した捕虜と見られる唐人薩弘恪のほか、渡来系氏族出身者などであった。

大陸から一歩距離を置いた文化受容は、日本の歴史を通じた特徴であるが、それが早くもこの時期に見られるのは、先進文化の洪水から距離をとることを可能にした大陸との地理的な懸隔を抜きにしては考えられないであろう。美術史の分野だけでなく、日本史においても、七世紀後半を「白鳳時代」として括る意義は十分にあると考えられる。改めてこの時期の再認識と評価が行われることを願ってやまない。

注

（1）美術史における白鳳時代については、実際の作例の示す様式に基づいて、開始を大化改新より遅らせ、七世紀後半に求める論者も少なくないが、本文後段で触れる塼仏や瓦当文様などの動向からしてもそれは妥当であろう。ただ金銅仏に関して、丙寅年（六六六年、天智五年）の銘を持つ野中寺弥勒菩薩半跏像を様式の指標とするのは穏当ではない。同像の銘文にはいくつかの疑問があるが、中でも文中の「六道四生人等」は仏教の基本概念から外れており、本来「六道四生衆生」などとあるべきところである。拙稿「古代在銘仏二題」（稲岡耕二監修『万葉集研究』三二集、二〇一〇年）参照。

（2）「白鳳」の時代区分をめぐっては、内藤榮「白鳳の美術」（奈良国立博物館特別展図録『白鳳―花ひらく仏教美術―』二〇一五年）に要を得た展望が示されているので併せ参照されたい。

（3）坂本太郎「白鳳朱雀年号考」（『坂本太郎著作集』七、吉川弘文館、一九八九年。一九二八年初出）。

（4）重松明久「白鳳時代の年号の復元的研究」（『古代国家と宗教文化』吉川弘文館、一九八六年）。

(5) 安藤更生「白鳳時代は存在しない」(『奈良美術研究』校倉書房、一九六二年)。
(6) 関晃『帰化人』(一九五六年初出)、同「遣新羅使の文化史的意義」(一九五五年初出)。いずれも『関晃著作集』三(吉川弘文館、一九九六年)所収。
(7) 田村圓澄「半跏思惟像と聖徳太子信仰」、毛利久「白鳳彫刻と新羅的要素」など。いずれも田村圓澄・洪淳昶編『新羅と飛鳥・白鳳の仏教文化』(吉川弘文館、一九七五年)所収。
(8) 上原和「飛鳥白鳳美術の源流」(『日本美術全集』3、学習研究社、一九八〇年)。
(9) 小澤毅『日本古代宮都構造の研究』(青木書店、二〇〇三年)。
(10) 拙稿「法隆寺金堂壁画の文化史的背景」(「法隆寺金堂壁画」刊行会編『法隆寺金堂壁画―ガラス乾板から甦った白鳳の美―』岩波書店、二〇一一年)に一覧表を掲げておいた。個々の人物の経歴については、私も執筆者となった東大寺教学部編『シルクロード往来人物事典』(昭和堂、二〇〇二年新版)参照。
(11) 注6前掲関晃著作。
(12) 拙稿「白鳳時代における欧陽詢書風の受容」(『日本古代木簡の研究』塙書房、一九八三年)。
(13) 拙稿「藤原不比等伝再考」(『史料学探訪』岩波書店、二〇一五年。二〇一〇年初出)、東野治之・寺崎保広他『平城京の謎』(ナカニシヤ出版、二〇一三年)。
(14) 拙稿「新旧の融合が育む美」(小学館編『日本美術館』一九九七年)。
(15) 拙稿「文献史料からみた薬師寺」(『大和古寺の研究』塙書房、二〇一一年。二〇〇八年初出)、内藤榮「薬師寺縁起金堂条における流記引用について」(『鹿園雜集』一五・一六号、二〇一五年)。
(16) 拙稿「法隆寺と聖徳太子」(本書所収)、同「法隆寺金堂壁画の文化史的背景」(注10前掲)。
(17) 浅井和春「型押の仏像―塼と銅板―」(町田市立国際版画美術館『版と型の日本美術』一九九七年)。
(18) 注14前掲拙稿。
(19) 拙稿「大宝令前の官職をめぐる二、三の問題―大・少納言、博士、比売朝臣―」(『長屋王家木簡の研究』塙書房、一九九六年。一九八四年初出)参照。我国でも浄御原令では「小納言」と称したことが、慶雲四年(七〇七)の威奈大村墓誌からわかる。

(20)　内藤乾吉「近江令の法官・理官について」(『中国法制史考證』有斐閣、一九六三年)。

(21)　拙稿「四等官制成立以前における我国の職官制度」(注19前掲書所収。一九七一年初出)、権限の日唐間における相違については、吉川真司『律令官僚制の研究』(塙書房、一九九八年)三六頁参照。

(22)　注13に同じ。

(付記)　本稿は去る二〇一五年八月十八日に開催された奈良国立博物館夏季講座における同題の講演内容をもとに成稿した。その後執筆した随想「東アジアの中の白鳳時代」(『學士會会報』九一六号、二〇一六年)と趣旨に共通するところがある。また主題は異なるが、二〇一〇年に出した拙稿「遣唐使の時代―「空白の三十年」をめぐって―」(奈良国立博物館編『大遣唐使展』所収)も同様な論点を扱っているので、あわせて参照いただければ幸いである。

(追記)　文中でふれた薬師寺本尊について、最近中野聰氏は、それが持統元年(六八七)に開眼され、薬師寺の平城京移転後も旧寺にとどめられたとされている(「薬師寺根本本尊についての考察」『仏教芸術』三四九号、二〇一六年)。しかし少なくとも二つの点で、この説には疑問がある。第一は『薬師寺縁起』金堂条における『流記』の「略抄」(引用)を「持統天皇奉造請坐者」のみにかかるとされたことである。この程度の短文ならば、縁起の他の箇所のように「流記云」を冠して直接引けばよいことで、わざわざ「已上流記文、今略抄之」などと語を費やすのは不自然である。第二の疑問は、注15の拙稿でも述べたとおり、旧寺が単独で寺院としての機能を有した形跡が全く見られないことである。根本本尊があったなら、それはありえないであろう。

ありねよし　対馬の渡り
―古代の対外交流における五島列島―

一　古代の航路と五島列島

七世紀代の中国との通交は、朝鮮半島経由で行われたが、八世紀以降、九州五島列島から直接大陸を目指す南路が、主としてとられるようになったとされる[1]。確かに『続日本紀』によれば、八世紀最初の大宝の遣唐使は楚州（江蘇省）に着岸しており（慶雲元年七月朔条）、この理解は妥当のように見える。しかし『万葉集』巻一には、次のような歌があって、疑問がないわけではない。

　三野連闕名入唐時、春日蔵首老作歌
在根良《ありねよし》　対馬乃渡《つしまのわたり》　渡中爾《わたなかに》　幣取向而《ぬさとりむけて》　早還許年《はやかえりこね》（巻一―六二）

この歌については、西本願寺本の書入れに、

国史云、大宝元年正月、遣唐使民部卿粟田真人朝臣已下百六十人、乗船五隻、小商監従七位下中宮小進美努連岡麿云々。

とあり、三野連（美努連）岡万呂が大宝の遣唐使の一員として渡海するにあたり、餞けとして詠まれたことが判明する。そのような歌に「対馬の渡り」の語があるのは、大宝の遣唐使が対馬経由の航路を

とった可能性を示唆する。そこで従来この歌については、作者の春日蔵首老が大宝度の遣唐使の正しい航路を知らず、北路をとると思いこんで詠んだものとの解釈が行われてきた。(2) しかしこの歌が三野岡万呂に示されたことはほぼ疑いないことと思われるにも拘らず、このような表現のまま伝わったのはいささか不審である。そこで大宝の遣唐使は、現実に南路をとらず、朝鮮半島経由の北路をとったとする論も現れている。(3) いずれの解釈をとるにせよ、春日蔵首老の歌は、南路経由説と矛盾する史料とみなされてきたといえよう。しかし、そのような理解に問題はないであろうか。

この点を検討するについて、まず注意しなければならないのは、五島列島の位置である。いうまでもなく五島は、その古名を値嘉嶋といい、奈良時代以降、遣唐使最後の寄泊地となったところであった。即ち天平十二年（七四〇）以前に成立した『肥前国風土記』(4) 松浦郡の条に左のような記事がある。

値嘉郷〈在二郡西南之海中一、有二烽処三所一。〉（中略）
西有二泊レ船之停二処一〈一処、名曰二相子田停一、応レ泊二廿余船一。一処、名曰二川原浦一。応レ泊二一十余船一〉。遣唐之使、従二此停一発、到二美祢良久之埼一〈即川原浦之西埼是也〉、従レ此発レ船、指レ西度之。（〈　〉内は原文割注）

このうち嶋の西部にあるという船停、相子田停は、相河（あいこ）や青方という遺存地名(5)と地勢から、中通島（上五島町）の相河・青方の湾入であることはまず動かず、(6) もう一つの船停、川原浦も、同様に福江島（岐宿町）の川原の東北に開けた白石浦その他の湾入であることが確実である。(7) また美弥良久之埼が、現在の福江島（三井楽町）の柏であることは、周知のところであろう。(8) 遣唐使の船は、ここを経て西方へと渡海した。このように、いわば南路の起点となったのがこの群島である。しかし五島の役割はそればかりではなく、朝鮮半島や対馬への中継点でもあったことは見逃されるべきではない。まず朝鮮との関係をみると、『日本書紀』敏達十二年(五八三)是歳条に、日羅を日本に送り届けた百済の使節らが帰国する情況を記して左のようにある。

於レ是、恩率・参官、臨二罷レ国時一、(中略)参官等遂発二途於血鹿一、(中略)於レ後、海畔者言、恩率之船、被レ風没レ海、参官之船、漂二泊津嶋一、乃始得レ帰。

これは朝鮮への渡航に当たり、血鹿嶋(値嘉嶋に同じ)を最終寄港地とした例である。このうち参官の船は、遭難した上でのことではあるが、対馬を経由して帰ったことも知られる。

天平十二年(七四〇)、大宰府で反乱を起こして敗れた藤原広嗣は、海路西方に逃亡しようとしたが、そのとき出発点としたのも五島列島であった。『続日本紀』同年十一月戊子条の大野東人の報告には次のようにみえる。

広嗣之船、従二知賀嶋一発、得二東風一往四箇日、行見レ嶋。船上人云、是耽羅嶋也。于レ時、東風猶扇、船留二海中一、不二肯進行一。漂蕩已経二一日一夜一。而西風卒起、更吹還レ船。(中略)然猶風波弥甚、遂着二等保知賀嶋色都嶋一矣。

この場合、広嗣は五島に吹きもどされ、この地で捕えられたが、これは耽羅嶋(済州島)方面を目指していたとみられる点で新羅への逃亡を画したものとも考えられ、そうとすれば、五島が朝鮮への起点であった傍証となろう。

一方、五島が対馬渡航の起点でもあったことは、『万葉集』（巻十六―三八六〇～六九）に収められた志賀白水郎の歌から確かめられる。即ちその左註によれば、神亀年中、筑前国宗像郡の百姓、宗形部津麻呂が、対馬へ米を輸送する舟の柁師に充てられたが、滓屋郡志賀村の白水郎荒雄に交替してくれるよう依頼した。

於レ是、荒雄許諾、遂従二彼事一。自二肥前国松浦県美祢良久埼一発レ船、直射二対馬一渡レ海。登時忽天暗冥、暴風交レ雨、竟無二順風一、沈二没海中一焉。

この左註にみえる美祢良久埼は、『肥前国風土記』の美祢良久之埼であり、のちに「みみらく」に変化する(9)。いずれにせよ、荒雄らが乗りくんだ対馬向けの船は、大宰府をたって一旦五島列島にむかい、福江島西北端の美祢良久の埼から対馬に渡ろうとしたのである。

このように大宰府から北方への航海に当たっても五島を経由する例が珍しくないことからすると、こうしたコースは決してその時限りの特殊なものではなく、恒常的なルートとして存在したと考えられる。ただいうまでもないことながら、これが北方への唯一のルートであったわけではなかろう。現に天平八年（七三六）の遣新羅使については、『万葉集』（巻十五）に対馬までの旅程が詳しくみえているが、五島を経由した形跡がない。いくら良港を擁していたとはいえ、対馬・朝鮮へ向かうのに、一見迂遠ともいえる五島経由のルートが存した理由は定かでないが、考えられるのは当時の航海術との関わりであろう。周知のとおり対馬海峡は、北流する対馬海流の優勢なところであるが(10)、かつて、犬養孝氏が示唆されたように(11)、古代の船で海峡を渡るには、あるいは五島からの渡航が、海流の方向との関係で有利であるというような条件が存在したのかもしれない。

朝鮮・対馬への恒常的ルートとして、五島経由のコースがあったとなれば、春日蔵老の餞別歌に「対馬の渡り」が詠みこまれているのは何ら異とするに及ばなくなる。五島列島は対馬への渡航点であり、そこが「対馬の渡り」とも呼ばれていたとみて不自然ではないであろう。五島列島は、北路・南路双方の起点という性格を備えていた。即ち大宝の遣唐使は、五島列島から華中を目指す南路をとったのであり、北路の可能性を考慮する必要はなくなるというべきである。

二　五島列島と対外交流

五島が中国・朝鮮・対馬のいずれに対しても、基地としての意味をもっていたことは、五島の古代を考える上に重要である。たとえば五島列島の歴史を論ずる場合、常に言及される史料として、貞観十八年(八七六)の大宰権帥在原行平による起請がある(『日本三代実録』同年三月九日条)。この中で在原行平は次のように述べている。

今件二郷、地勢曠遠、戸口殷阜、又土産所レ出、物多二奇異一。而徒委二郡司一、恣令二聚斂一。彼土之民、厭二私求之苛一、切欲レ貢二輸於公家一。惣是国司難二巡検一、郷長少二権勢一之所レ致也。加之、地居二海中一、境隣二異俗一。大唐・新羅人来者、本朝入唐使等、莫レ不レ経二歴此嶋一。府頭人民申云、「去貞観十一年、新羅人掠二奪貢船絹綿等一日、其賊同経二件嶋一来」。以レ此観レ之、此地是当国枢轄之地、宜下択二令長一、以慎中防禦上。又去年或人民等申云、「唐人等必先到二件嶋一、多採二香薬一、以加二貨物一、不レ令三此間人民観二其物□一。又其海浜多二奇石一、或鍛練得レ銀、或琢磨似レ玉。唐人等好取二其石一、不レ暁二土人一」。以レ此言レ之、不三委以二其人一之弊、大都皆如レ此者也。

ここにいう二郷とは松浦郡に属する庇羅郷と値嘉郷をさし、庇羅郷は今日の平戸島を中心とする島々、値嘉郷が五島列島である。[12] 従来全体が五島の記述として扱われがちであるが、全ての記述が五島列島に当てはまるとはいえない。しかし在原行平は、この二郷を合して上近・下近の二郡として、それらを合わせ値嘉嶋という行政区画を新置したいと申請しており、その名称からみて五島列島主体の記述であることは、認めてよいと考えられる。

こうした観点からこの起請をみると、ここに述べられている使節や諸商人の寄港は、上来述べてきたような五島の立地を背景にするとき、極めて自然に理解できることは多言を要しない。この事実は貞観十八年の時点にかけて示されてはいるが、それ以前もそれ以降も同様に存続したと考えねばならないであろう。しかも見落とせないのは、唐の商人がここで香薬を採り、貨物に加えていたという記述である。かつてこの史料をとりあげられた戸田芳実氏は、あわせてあげられた「奇石」と共に、「香薬」も五島の産物と解された。[13] しかし香料や薬物が五島の産物であったという史料は見当たらない。とくに草薬ならばともかく、いかなるものであれ香料が五島に産したとは考えられないであろう。これは外国商人によって五島に持ち込まれた香薬が、彼らの間で転売されていたと考えるべきである。それが「香薬を採る」と表現されているのは、交易が非公式のものであって、大宰府としても公然化を避けたい事情があったのであろう。また唐人等が奇石を好んで取ったということも、単に物珍しさから出たことではあるまい。これらの奇石には交易品としての価値があったとみられる。それを示唆するのが、『杜陽雑編』巻下にみえる日本王子の入朝記事である。そこには唐の大中年間（八四七〜八六〇）、日本国の王子が来朝したという記事があり、王子が囲碁をよくしたこと、本国の東三万里にある島に産する不思議な碁石や碁局を見せたことがみえる。

王子出二楸棊局・冷暖玉棋子一云、本国之東三万里、有二集真島一、島上有二凝霞台一、台上有二手談池一、池中生二玉棋子一。不レ由二製度一、自然黒白分焉。冬温夏冷、故謂二之冷暖玉一。又産二如レ楸玉一。状類二楸木一、琢レ之為二棋局一。光潔可レ鑑。

『冊府元亀』巻九九七（外臣部・技術）にも同様な記事があるものの、左のように集真島その他のことはみえず、人工を加えずして黒白の石をなしているといった記述もない。

日本国以二宣宗大中二年一、遣二王子一来朝。（中略）王子出二本国如レ楸玉局・冷暖玉碁子一。蓋玉之蒼者、如二楸木色一。冷暖者、言二冬温夏涼一。人或過説、非也。

この話は『冊府元亀』のような形が原形に近く、『杜陽雑編』はこれを修飾したものとみるのが正しいとされており、日本王子それ自身も、新羅の反中央勢力が仕立てた偽王子と考えるべきようである[14]。従って右の産出状況などはもとより信を置き難いが[15]、こうした「奇石」が朝貢や交易の中で大きな価値を担ったことは、容易に類推できよう。五島列島などの「奇石」も、当時としては重要な交易対象であり、外国商人がその入手に力を入れた理由も、そこにあったと考えられる。このようにみてくると、五島列島を舞台にした唐商人らの活動の主体は、やはり中継貿易であったと認めるべきであろう。戸田芳実氏は、『安祥寺資財帳』(貞観十三年、八七一年成立)にみえる恵運入唐(承和九年、八四二年)の経緯から、当時五島列島には唐人・新羅人が来住し、一種の国際的基地となっていたことを推定されている。(16) その規模がどれほどであったか問題は残るが、「香薬」交易はこれを具体的に裏付けるものといってよいであろう。もし在原行平の起請にいうように、住民に実態を知らせない形での交易が事実であったとすれば、その規模はあまり大きくなく、交易も小規模な密貿易の段階にとどまったかもしれない。

古代の五島列島に関するまとまった史料としては、『肥前国風土記』や上記の在原行平の起請が主要なもので、今後も新たな文献の出現は期待できそうにない。また令制下の遺構や遺物も、現状ではほぼ皆無である。しかしこれについては、本格的な開発の波がいまだ五島列島に及んでいない以上、未知の部分が残っている。中継貿易拠点の宿命として、いかに繁栄したところでも役割が終われば、その痕跡が地を払って失われるということも考慮されるべきであるが、将来考古学的方面で、五島の機能を明らかにする材料が現れることは期待してよいであろう。

注

(1) 青木和夫『奈良の都』(『日本の歴史』3、中央公論社、一九六五年)、荻原千鶴「六島生み神話の形成と遣唐使」(『国語と国文学』六四二号、一九七七年)。いわゆる南島路の意義については、積極的に評価する山里純一「遣唐使航路「南島路」の存否をめぐって」(『立正史学』七一号、一九九二年)があるが、これについては後考に俟ちたい。

(2) 小島憲之・木下正俊・佐竹昭広『万葉集』1(日本古典文学全集、小学館、一九七一年)。

(3) 市村宏「第七次遣唐船の航路」(『美夫君志』一一号、一九六七年)、山崎馨「四つの船―古代外交裏面史の哀歓―」(『万葉集研究』九、塙書房、一九八〇年)、栄原永遠男「遣唐使と海の神々」(上田正昭編『住吉と宗像の神』筑摩書房、一九八八年)など。

（4）『肥前国風土記』の撰述年代について、遣唐使停止後の十世紀まで下す説もあるが（田中卓「肥前風土記の成立」『日本古典の研究』皇学館大学出版部、一九七三年）、郷里制に則っていることからみて、通説どおり奈良時代前半の成立で、たとえ後代の筆が入っているとしても、おおむね古形を存しているとみるべきであろう。
（5）相河だけでなく、青方もまた相子田の転訛であろうことは、久保清・橋浦泰雄『五島民俗図誌』（一誠社、一九三四年）五四一頁にみえる。アフとアヲは仮名違いになるが、時代の経過とともに混同されたと認めてよかろう。
（6）相子田停は、『続日本紀』宝亀七年閏八月庚寅条に合蚕田浦とあり、古く村尾元融『続日本紀考証』（一八七〇年）巻一〇をはじめ、福江島に面した久賀島の田ノ浦に比定する説がある。このような比定は、邨岡良弼『日本地理志料』（注12後掲）、木宮泰彦『日華文化交流史』（冨山房、一九五五年）、森克己『遣唐使』（至文堂、一九五五年）、戸田芳実注13後掲論文、小野勝年『入唐求法行歴の研究』下（法蔵館、一九八三年、三八三頁）などに踏襲されるが、誤りである。また青木和夫注1前掲書、瀬野精一郎『長崎県の歴史』（山川出版社、一九七二年）のように比定地として相河のみをあげるのもなお不充分で、相河や青方は勿論、場合によっては、これに連接する今里浦も含めて考えるべきであろう。
（7）両地とも地勢については、一九九二年十月六日・七日の両日、直接現地に赴いて確認した。その景観に関しては、東野治之編『遣唐使船』（朝日新聞社「歴史をよみなおす」4、一九九四年）及び末尾の地図参照。
（8）注5前掲書七八頁・五二七頁、犬養孝『万葉の旅』下（社会思想社、一九六四年）。
（9）松田修「みみらく考」（『万葉』七五号、一九七一年）。
（10）日下雅義「ラグーンと渤海外交」（中西進・安田喜憲編『謎の王国・渤海』角川選書、一九九二年）。
（11）注8犬養孝書。
（12）邨岡良弼『日本地理志料』（一九〇二〜三年）巻六三。
（13）戸田芳実「平安初期の五島列島と東アジア」（『初期中世社会史の研究』東京大学出版会、一九九一年。一九八〇年初出）。
（14）池田温「大中入唐日本王子説」（『東アジアの文化交流史』吉川弘文館、二〇〇二年。一九七八年初出）。
（15）屋代弘賢「日本王子弁」（『墨海山筆』六六所収。内閣文庫架蔵の写本に拠る）は、集賀島を豊後国佐賀関に比定するが、従えない。

(16) 注13戸田芳実論文。

（追記）成稿時に見落としていたが、五島列島については、武田佐知子氏に「二つのチカシマに関する覚え書き―古代の国際的交通をめぐって―」と題する論考がある（勝藤猛編『世界史上における人と物の移動・定着をめぐる総合的研究』平成三年度科学研究費補助金研究成果報告書、一九九二年）。本稿の論旨と関わるところが多いので、あわせて参照いただければ幸いである。

（一九九三年五月三日稿）

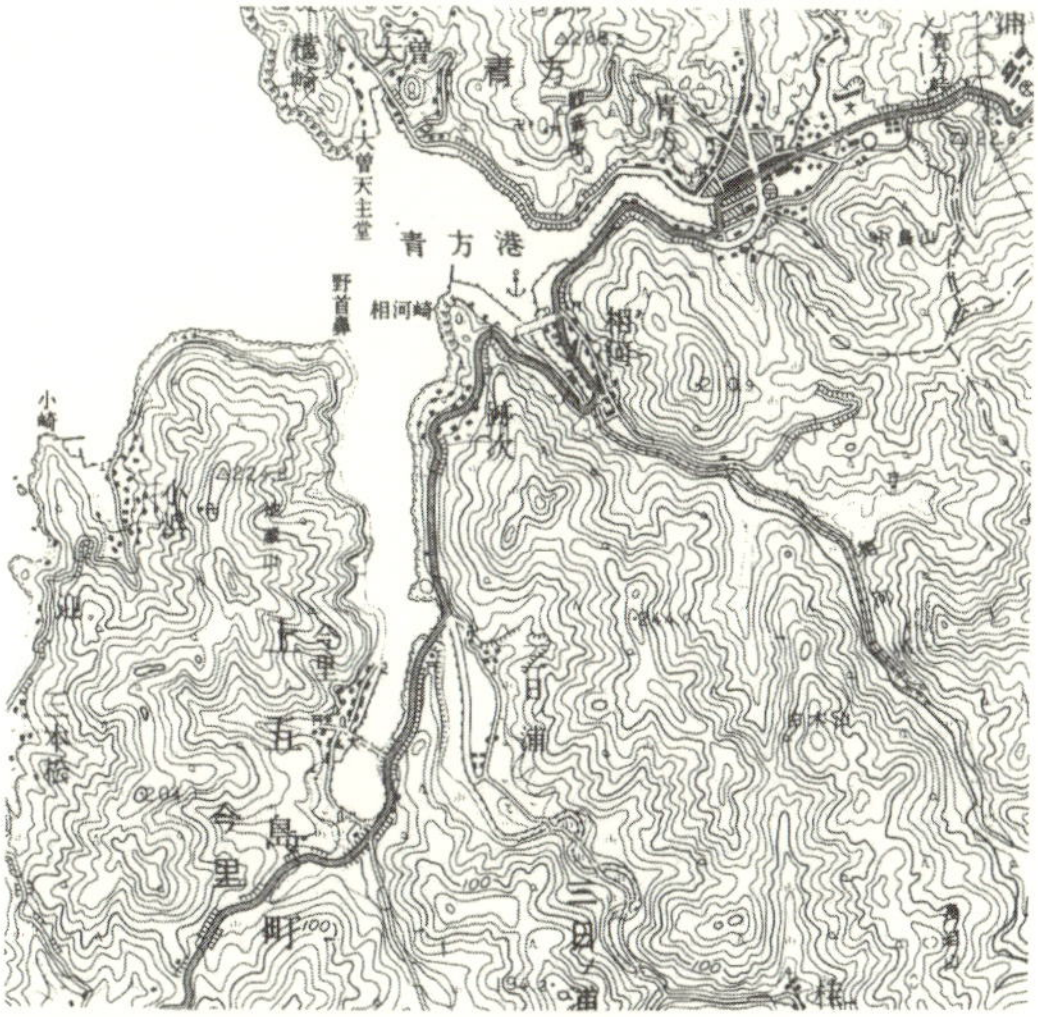

五島列島　中通嶋の青方・相河・今里

福江島の川原・白石

井真成の墓誌を読む

ある報道機関を通じて、中国・西北大学の王建新教授が遣唐留学生の墓誌を新史料として発表されるという情報がもたらされたのは、二〇〇四年九月中旬のことであった。当初、日本人の墓誌が出ても不思議はないにせよ、なぜ留学生と特定できるのか、疑問に思ったが、ほどなく送られてきた釈文を見て、その疑いは氷解した。王氏が発表されたとおり、養老元年(七一七)に遣唐留学生として派遣された人物のものに、まず間違いないといってよい。いまのところ他に類例がないため、意義づけに問題の残るところも多いが、墓誌の文を読み進めれば、現状で確認できることも少なくない。諸氏の見解と重複する点もなくはないであろうが、私見をとりまとめておくこととする。なお本稿で述べるところは、中国での発表直後、共同通信から求められて書いた拙文や、二〇〇五年一月に開催された専修大学でのシンポジウム資料にのせた拙文を踏まえ、同年三月初めの西安での実物調査及び拓本からの所見を加えてまとめたものである。

一　形態の特徴

墓誌本文の検討に入る前に、まず形態と製作の特徴についてみておこう。

蓋と身を一組とする形は、中国墓誌の定式に則ったものである。石材は蓋身とも青石（石灰岩）とされるが、身が灰白色であるのに対し、蓋はやや黒く寸法も一まわり小さい。蓋の上辺の欠損部や、右下隅の欠けについては、身の欠損箇所とほぼ対応するようにみえるが、双方の関係について、さらに詳しい調査、報告に期待したい。

身に刻まれた本文は、まさに秀麗という表現がふさわしい見事な書である。この文字は表面を磨き、全体に縦横の罫線を引いて刻まれている。実物をみれば明らかであるが、文字は罫線の上から彫り込まれている。磨くために生じた線は方向がさまざまで、やや粗雑な印象を与えるかも知れないが、罫線にダブリの認められる点とともに、当時の墓誌や造像銘にはよくみられる現象で、とくに問題とするまでもない。

なお西安の碑林博物館に、西安東郊の史家披村から出土した北周の如来像が蔵されているが、その台座の造像記（大象二年、五八〇年）は、台座四面とも磨き目と縦横の罫線をもつものの、銘文が刻まれているのは正面だけである。これは墓誌の銘文をみる上に参考となる。

またこの墓誌は、末尾に四行余りの空白を残していて、行数と一行の字数を揃える形にはなっていない。しかし当時の小規模な墓誌では、天宝七載（七四八）崔絢夫人李氏墓誌(1)のように、同様な形をとる例は珍しくなく、怪しむにはあたらないであろう。

身に対して蓋の題字の篆書は拙く、筆画の誤りも指摘された（前記シンポジウムにおける専修大学教授仲川恭司氏の発言）。しかし唐代の篆書は、その前半まで、細々と碑額などに用いられる形で使用されてきたにすぎないから、それだけを取り上げて論ずるのは避けるべきであろう。

通観するとこの墓誌は、余白を残した撰文や、装飾文様の欠如など、必ずしも精作とはいえない。ただ本文の書の優れたできばえも考慮すれば、然るべき配慮の下に製作されていることは、認めるべきである。

二　内容の検討

私はこの墓誌の文を、現時点で次のように読むのがよいと考える。

〔原文〕

　贈尚衣奉御井公墓誌文　并序

公姓井、字真成。国号日本、才称天縦。故能
銜命遠邦、馳聘上国。蹈礼楽襲衣冠。束帯
□朝、難与儔矣。豈図、強学不倦、問道未終、
□遇移舟、隙逢奔駟。以開元二十二年正月
□日、乃終于官弟。春秋卅六。　皇上、
□傷、追崇有典。　詔贈尚衣奉御、葬令官
□。即以其年二月四日、窆于万年県滻水
東原。礼也。嗚呼、素車暁引、丹旐行哀。嗟遠

□兮頽暮日、指窮郊兮悲夜台。其辞曰、寂乃天常、哀茲遠方。形既埋於異土、魂庶帰於故郷。

〔書き下し文〕

贈尚衣奉御井公の墓誌の文。序并《あわ》せたり。

公は姓は井、字は真成。国は日本と号し、才は天の縦《ゆる》せるに称《かな》う。故に能く命を遠邦に銜《ふく》み、上国に馳せ聘《むか》えり。礼楽を蹈《ふ》みて衣冠を襲う。束帯して朝《ちょう》に立たば、与《とも》に儔《たぐ》うこと難し。豈図《あにはか》らんや、学に強《つと》めて倦まず、道を問うこと未だ終らざるに、□移舟に遇い、隙、奔駟に逢わんとは。開元二十二年（七三四、天平六）正月□日、乃ち官弟《かんだい》に終わる。春秋三十六。皇上、□傷みて、追崇するに典有り。詔して尚衣奉御を贈り、葬は官を令て□せ《し》しむ。即ち其の年二月四日を以て、万年県の滻水《さんすい》の東原に窆《ほうむ》る。礼なり。嗚呼、素車、暁に引き、丹旐《たんちょう》、哀を行う。遠□を嗟きて暮日に頽《たお》れ、窮郊に指《おもむ》きて夜台に悲しむ。其の辞に曰く、寂《こえな》きは乃ち天常、哀きは茲《こ》れ遠方なること。形は既に異土に埋もれ、魂は故郷に帰らんことを庶《こいねが》うと。

次にその字句を、文章に従ってみてゆく。

本文と蓋の題字の冒頭には、井真成に対する贈官、尚衣奉御がみえるが、通常記される「大唐」「唐」などの王朝名、井真成の極官（その人の最高位）などがみえない。この点については次節に譲るが、基本的には真成が任官しておらず、皇帝の臣下ではなかったことに因があろう。

「墓誌」や「墓誌銘」ではなく、「墓誌の文」とする例は、大業十一年（六一五）尉富娘墓誌[2]などに例がある。

「府君」　本来は亡くなった祖父や父への尊称であるが、墓誌で使う言い回しの通例として記されたものであろう。「公」についても同様である。

「字は真成」　諱がないのは、それが知られていなかったためであろうが、本来日唐の名乗りの習俗に根本的な相違のあることを知らなかった撰者（唐人）が、生前使われていた「真成」を字と解して記したと考えられる。撰者を唐人とみる理由については、後段を参照。

「国は日本と号し」　通常、墓誌では名に続いて故人の出身、系譜などにふれるが、これも撰者に詳しい情報がなく、国名のみ挙げたのであろう。日本の君主は唐に臣下の礼はとっていても、位は与えられず冊封されてはいなかったため、このようにやや異例の表現になったかと思われる。日本国号は、大宝の第八次遣唐使（七〇二年発遣）によって武周朝にもたらされ、則天皇帝の認可するところとなったと考えられる[3]。

「天の縦せる」　『論語』子罕の「固より天の縦せる将聖なり」に基づく表現で、日本の正史などでも用例が珍しくなく、漢魏の時代の古注に基づき「天のゆるせる」と訓ずるのが慣例となっている。ただこの表現は個人の伝に多用されることからしても、もはや『論語』という出典は、さほど意識されずに使われているというべきであろう。

「命を遠邦に銜み」　「銜」は、残画や用例からこう推定する説が有力であり、肯定してよい。真成入唐の契機としては、遣唐使以外の方法も理論上はありえるが、この句によって、朝廷の命によるものであったといえ、他の可能性はほぼ否定できる。真成の入唐が、年齢から判断して八世紀代に入ってのこととすれば、遣唐使派遣の外交的体面上も、新羅経由という線は考えられない。また渤海との国交が始まるのは、七二七年（神亀四）のことで、国交開始以前の時点での経由入唐は、想定の範囲に含めなくてよかろう。

「上国に馳せ聘えり」　中国側の釈文では、「聘」を「騁」と読んでいる。しかしこの字は、明らかに身扁に㱑が書かれた異体字で、「聘」と読まれる。「聘」は問う、訪れるの意で、いま『類聚名義抄』の古訓に従い、「むかう」と読んでおく。ここに真成が渡海したことを言わないのは興味深い。遣唐使の旅程は、日数上は中国国内での陸上旅行が多いが、日本の地理的位置や危険度からすれば、当然海路が注目されてよい。単に「馳聘」としかないのは、撰文者が日本の立地にさほど注意を払っていないことを示し、ひいては唐人であったことを語っているととるべきであろう。

「礼楽を蹈みて衣冠を襲う」　中国的な教養や挙措を身につけたことをいうが、「衣冠を襲う」は、夷狄の人が中華の礼的秩序に同化する表現としても使われる。(4) ここもその例であろう。

「束帯して朝に立たば、与に儔うこと難し」　「立」は現状では筆画を確認できないが、すでに諸氏が推定されているように、『論語』公冶長の、「赤や、束帯して朝に立ち、賓客と言わしむ可き也」による表現とみて、「立」か「而」などを補って考えてよいであろう（「而」ならば訓読は「朝さば」）。「束帯□朝」だけをみると、真成は任官しており、官服を着て正装し朝廷に立つことがあったようにみえる。しかしこの表現は、典拠となったさきの『論語』の例がそうであるように、あくまで仮定のこととみるべきであろう。そう読んでこそ、次に続く「豈図らんや」以下が生きてくる。「もし真成が任官し、正装して朝庭に立ったなら、誰もかなわなかったに違いない」というのである。

「豈図らんや」　これ以下は、前途有為の真成が、勉学途中で急死したことを述べる。中国側釈文の「聞道」は、『論語』里仁の「朝に道を聞かば、夕に死すとも可なり」を意識したものであろうが、字画は「問道」であり、これを指摘した葛継勇氏に従う。因みに右に引いた『論語』の一節は、通常、朝に人の踏み行うべき道の奥義を聞いたなら、夕方に死んでもよい、と解されているが、このような解釈は十二～十三世紀に興った宋学以降のもので、古くは「朝に道の行われていることを聞いたら」と解されていた。[5]その意味でも、この墓誌に「聞道」とあっては、かえって不審である。

「移舟に遇い」　すでに指摘されているとおり、『荘子』大宗師による表現で、山に蔵して安全と信じた舟が一夜にして移動することをいう。「思いがけなく」である。

「隟、奔駟に逢わんとは」　わずかな隙間を四頭立ての馬車が通過する、これもにわかなさまをいう。「隟」と「舟」を対句で用いることは、加地伸行氏が指摘されたように、[6]『駱賓王集』巻八の博昌父老に与うる書にみえ、そこでは「況んや隙を過ぐること留まらず、蔵舟、固め難し」とある。このように真成の死が急であったことはわかるが、死因は示されていない。

「開元二十二年正月□日」　真成が没したこの年は、天平五年（七三三）の第十次遣唐使が唐に着いた翌年にあたる。『冊府元亀』巻九七一は、その長安での拝朝を四月とするが、同年二月八日の日付をもつ、遺教経の奥書（石山寺蔵）の内容から考えて、遣唐使の入京を正月より前とみるべきことは、かつて述べたことがある。[7]後述するように、真成の死がこの遣唐使の滞唐中であったことは注目されよう。

「官弟に終わる」「弟」は「第」に通じ、[8]真成が官舎で没したことを示す。正史などにも、貴族・官僚が「官第」で死んだとする表現がままみられるが、その中に廉潔ぶりを示すとする記述のあるものが含まれることからすると、[9]質素なところというのが、一般的な認識であったかと思われる。しかもその実態としては、かなり多様な性格があったと考えられるふしがある。

たとえば、時代はややさかのぼるが、洛陽からまとまって出土した隋の宮人（女官）の墓誌には、その死亡場所を次のように記す例がみられる。[10]

（イ）大業六年八月十三日を以て、河南県清化里の別第に卒す。

（ロ）大業七年四月十七日を以て、河南郡河南県清化里の別房に卒す。

すなわち死去した年月は違うが、地名は同一で、場所が（イ）では「別第」、（ロ）では「別房」となっている。それは彼女たちが共同生活を送っていたことを物語るであろう。「第」といい「房」といっても実際は同一で、いわば僧房のような共同住居に、分かれて生活していたとみるのが妥当である。「第」にこのような場合があるとすると、真成が最期を迎えた「官弟」も、唐朝から給された共同住居の一区画であった可能性がある。真成が任官して、かなりな第宅に住んでいたとみるよりも、以上のように解する方が、はるかに穏当であろう。少なくとも、任官の証拠とするのは適切でない。

「春秋三十六」　真成が遣唐使の一員として渡航したことは先に述べたとおりで、七一七年（養老元）の入唐時には、十九歳となる。周知のとおり、ともに留学した人物として、下道真備（のちの吉備真備）、阿部仲麻呂があり、それぞれ二十三歳と十七歳[11]であった。

「詔して尚衣奉御を贈り」　尚衣奉御は殿中省（日本の宮内省）に属する尚衣局の長官で、皇帝の衣服を管理する責任者である。この職は職務としてはさして重要でもないが、極めて格式は高く、皇帝、皇后の一族や前王朝の子孫などが任ぜられることが多く、しかも初任官として以後の昇進を約束されることも少なくない[12]。中国の官職についていわれる清官（閑職だが格式は高い）、濁官（実権はあるが格式が低い）という分類に従えば、典型的な清官である。もちろんこれは贈官（名目上の官）であって、実質の伴う職ではないが、ことさらこうした官が選ばれているのは、これまた一定の配慮の結果とみるべきであろう。このような特別待遇が、果たして実行されたかどうかを疑う研究者もあるが、いちがいに否定できないことについては、のちにふれる。

「官を令て□せしむ」　欠字部を「給」と推定する案があり、妥当ではあるが、残画では確かめられない。いずれにせよ、葬儀が官の手で行われたことを示す。

「二月四日」　埋葬の日までの日数は、当時の墓誌でも長短さまざまであり、ここから没日を推定するのはむずかしい。

「滻水東原」　「東」は字画の大部分を欠失するが、第六画の末尾と八画がたどれるので、「東」と推定してよい。第七画ともみえる左下りの線は、磨き目である。この埋葬場所に関しては、亀井明德氏

が類例を集めて詳しく検討し、西安の東部を北流する滻河の東岸、郭家灘のあたりと推定されている。(13)

「素車、暁に引き、丹旐、哀を行う」　素車は柩をのせた白木の車、丹旐は赤いのぼりで、あいまって葬送の行列を表現する。

「遠□を嗟きて暮日に頽れ」　これ以下の二句はいずれも真成を主語として読むべきであろう。窮郊は人気のない町はずれ、夜台は墓である。

「其の辞に曰く」　この句の前までが墓誌の序。それをうけて通常は韻文の銘がくるが、ここは「辞」とある。その内容も真成自身の言葉として書かれている。

「寂きは乃ち天常」　「寂」は字の下半が残るのみである。「別」「死」「命」などを推定する説もあるが、残画をたどるといま少し複雑な文字とみられ、ひとまず「寂」の異体字の下半とみておく。「寂」は『文選』巻二十八、陸士衡の挽歌詩にも「魂輿、寂として響なし」とあり、葬送の詩文や墓誌にしばしば用いられる字である。仏教では死の意味で用いられるが、あるいはここもそのような用法かもしれない。「天常」は天の常道の意である。この辞は「方」「郷」が平声陽韻で押韻している。礪波護氏は、シンポジウムでの発言で、「常」も同韻であることを指摘された。

三　在唐中の井真成

この墓誌は、あまり史料のない遣唐留学生の実態をうかがう上で、まず大きな意味がある。ただこの墓誌を史料として生かすには、あらかじめその性格を見定めておく必要があるだろう。墓誌は故人の悪い所は書かないし、その撰文者や撰文の材料も、可能な限り確かめておく方がよい。

そこで撰文者の問題だが、前節でもみたように、墓誌に渡海のことが見えず、「字」のみ記すのは、これが唐人の手になるためとしてよいであろう。また死因が記されていないのも、撰文者にその材料がなかったからとみられる。すでにこれは、唐朝の著作郎（秘書省に属し、碑文、墓誌などの作製を職掌とする）の作になる墓誌で、内容に具体性が乏しいのは、そのためとする石見清裕氏の説があるが[14]、私も大筋でそのような見方を支持したい。その場合に参考とすべきは、石見氏があげられたような立派な墓誌ではなく、さきにふれた隋の宮人の墓誌である。

そもそも墓誌一般の傾向として、形の大小や文の精粗は、おおむね故人生前の社会的地位に比例する。約四〇センチ四方という真成の墓誌は、南北朝隋唐（五～十世紀）の墓誌中にあって小さい方に属し、文章も簡素な部類であることは、異論のないところであろう。唐代墓誌の規格を調査された亀井明徳氏の成果を参照しても、亀井氏が規格の多様さを強調されるにもかかわらず、むしろ類似規格のものは、位階をもたない官人や女性の墓誌に多いという傾向を否定しがたい。真成の社会的位置付けは、ほぼそれらの人々と等しかったとみるべきだろう。

実際、洛陽の西でかつて出土し、現在西安の碑林博物館蔵となっている隋の宮人たちの墓誌三九点は、真成の墓誌と共通する点が多い[15]。年代は大業二年から十三年（六〇六～六一七）にわたるが、大きさは約三〇～四〇センチ、通常の墓誌と異なり、「大隋」などの王朝名が冠されず、故人の出自にもほとんどふれていない。官職もまま記される程度であって、多くは女性としての美質を述べるだけである。また正方形の誌石を用いても、文が全体を埋めず、余白を残して終わるものが多い。改めていうまでもなく、以上の特徴は、贈官の有無と男女の違いを除けば、真成の墓誌にそのまま当てはまる。

しかもその内の一点、宮人朱氏墓誌の第一行目に、「著作郎諸葛頴製」とあるのは注目されよう。これらの宮人たちは、没した年月日こそちがえ、みな河南県清化里に葬られたとある。「別房」「別第」「別館」などと呼ばれる官舎に、身よりなく共同生活を送って亡くなった彼女たちは、官の手で葬儀を営まれたものとみられる。当然墓誌も、著作郎の筆に委ねられざるをえなかった。そのことを記す墓誌は一点しか現存しないが、他も同様であったと類推して差し支えない。著作郎の把握した故人に関する情報は貧しく、したがって墓誌も画一的で小規模なものになったわけである。真成の墓誌も、規格、形態、内容の特徴からみて、時代はやや下るが、同様な条件のもとに作られたと判断すべきであろう。

こうしてみてくると、真成の墓誌について、一定の価値判断を下すことが可能になる。まずこの墓誌は、著作郎など唐の官人が、官に把握されていた情報を使って撰文したと考えられる。その情報とは、姓名、国籍、死没年月日、死没場所、年齢、没後の待遇などであった。故人の出自や生前の学歴、官歴がみえないのは、それらが知られていなかったことを物語るし、もし日本人が少しでも関与したなら、少なくとも出自についての情報が盛り込まれたにちがいない。

そこで次の問題は、学歴や官歴が記されていない事実をどうみるかである。日本での出自がみえないのは当然としても、学歴や官歴がないのは、記すに足るものがなかったからとするのが自然であろう。真成は、墓誌にあるとおり、学生の地位のまま倒れたのであり、かつて官途についたり、官吏登用試に合格するような事績はなかったと解される。それらがあれば、官に残りやすい情報であり、墓誌に反映されないはずはない。

ただ学歴については、複数の可能性がある。一つは何らかの教育機関に属していたが、それがストレートには書かれなかった可能性と、いま一つは文字どおり、どの教育機関にも属していなかった可能性である。唐の学校には多くの種類があるが(16)、真成は文面からすると儒教を主として学んでいたようであり、国子監、太学、四門学系の学校に入った可能性はある。入唐時の真成は十九歳で、唐の入学年齢の条件、十四～十九歳とも抵触しない。ただこれらには、国子監は三品以上、太学は五品以上、四門学は七品以上と庶民というように、父祖の地位による入学制限がある。真成と同時に入唐留学した阿倍仲麻呂は、太学に入って登用試に合格したが、その父船守は、仲麻呂入唐時に正五位下の位を有する名門貴族だったことが分かっている。この五位が唐で五品に読みかえられて、仲麻呂が太学に入ったことは十分に考えられ、そうとすれば、真成のような名門の出ではない人物(真成の出自についいては次節参照)が、太学に受け入れられたとは考えられないであろう。したがってありえるのは、四門学への入学ということになる。

それを支持する材料としては、やはり同じ時に入唐した下道真備の場合がある。真備が入唐後、鴻臚寺に四門学の助教趙玄黙の出張講義を仰ぎ勉学したのは、『旧唐書』巻一九九上倭国日本国伝にみえる有名な事実だが、真備が入唐当時、十九歳までであったなら(実際は二十三歳)、直接四門学への入学が許されていたのではなかろうか。ただ逆に、留学生のあり方として、真備のような例もあったことが分かるから、墓誌に明記がない以上、真成が四門学に入ったとも断言しかねる。ここは結論を急がず、二つの場合を残しておくのが穏当であろう。

第三に問題となるのは、真成没後の一連の待遇である。本当に玄宗の詔によって、真成に贈官が行われ、葬儀が官の手で行われたのかどうか、墓誌特有の故人讃美として、疑えば疑えないこともない。しかし撰文に官の情報が参照されたとすれば、これを事実とみなすのが素直な解釈であろう。いったいこの墓誌は、出典としても『論語』『荘子』など、きわめて一般的な書をふまえるだけで、ややおざなりの撰文という印象は否めない。しかし完全に慣用的表現の綴り合わせともいえず、定型を敷き写したともいえないであろう。この点でも、唐代の宮人の墓誌が注目される。すなわち唐の墓誌のコレクションで有名な千唐誌斎に所蔵される墓誌中には、開元年間（七一三〜七四一）以前の宮人の墓誌が約五〇点含まれるが、その中には互いに同文のものが多数含まれ、また故人の名も記されず、没日や死没場所が空白となっているものも少なくない。[17]さきの隋の宮人墓誌にくらべ、いっそう形式化の進行していることが分かるが、他に日本人留学生の墓誌がみつかっていないとはいえ、全体的にみて真成の墓誌に、それほどの形式化、空洞化は看取できないのではあるまいか。真成に対する没後の待遇は、事実を伝えているとみておきたい。

これは無名の一留学生に対する待遇として、破格のものであることは確かだが、同様なことは、真成生前の扱いについてもいえる。真成や下道真備らは、留学生として十六年あまりも滞在を許されていたことになるからである。おそらく彼らは特別長期に亘り、学生としての地位を保障されたのであろう。新羅からの留学生については、十年を目途に帰国させられたようであるが[18]、日本と唐の間には二十年一貢の年期制がしかれていたとみられ[19]、実際の派遣も十数年に一度という間遠さであった。したがって通交の頻繁な新羅とは異なり、そのような期間設定は無理であって、次回の遣唐使に引き取られる形が認められていたと考えるべきであろう。八〇六年（元和元）、遣唐判官高階遠成が、さきに留学した学生（橘逸勢と空海）の芸業がほぼ成ったので、連れ帰りたい旨を願いでて許されていることなどは[20]、それを証するものといえる。

そもそも唐のはるか東方にあった日本から来る使いに対しては、唐は格別の好意をもって迎え待遇したふしがみられる。さきにふれた年期制の設定もその一つだが、個別の例では、七五二年（天宝十一、天平勝宝四）の第十二次遣唐使来朝に際し、玄宗が国号の日本に「有義礼儀君子之国」の称を加え、大使・副使にそれぞれ高位高官を与えていることなどは、その好例であろう[21]。真成の死に対する玄宗の配慮も、それらと同類のものとして理解可能といわなければならない。

回りくどい説明になったが、真成の墓誌の性格と、そこから読みとれる事実については、以上のとおりである。その表現にたとえオーバーな要素があるとしても、真成が尚衣奉御という五品相当の清官を贈られたのは、やはり多少とも目にとまる存在であったからとみてよいであろう。遣唐使の人選に周到な考慮が働いていたことは、『懐風藻』に石上乙麻呂が大使に任ぜられた経緯にふれて、「天平年中、詔して入唐使を簡ぶ。元来此の挙、其の人を得ること難し」とあるので明らかである。留学生もそれなりの選考を経て決められたに相違なく、井真成も、もともと粒よりの秀でた人材だったことはまちがいないだろう。

四　井真成の出自

この墓誌について残る大きな問題は、真成がいかなる氏族の出身であったかということである。残念ながら、真成についての日本側史料は見あたらない。ただ「井」は、入唐者の通例として本姓を省略して名乗っていたと考えられ、この字のつく氏族の出身者と分かる。したがって真成が名門の出でなかったことは確かである。

そこで注目されるのは、七世紀末から八世紀前半にかけて、対外関係に活躍した白猪氏（葛井氏）の存在である。この一族は、五世紀後半に来日した王辰爾の子、白猪史胆津を祖とする渡来系氏族で、南河内の藤井寺付近を根拠地としていた。この氏で海外に活躍した人物を挙げると左のとおりである。

白猪史骨　遣唐留学生　六八四年（天武十三）帰国
白猪史阿麻留　遣唐使少録　七〇一年（大宝元）任
白猪史広成　遣新羅使　七一九年（養老三）任
葛井連子老　同右　七三六年（天平八）任

白猪氏の中に、早くから葛井に改姓したものがあったことは、和銅ごろの人として葛井諸会が、『経国集』巻二〇にみえることから知られる。この巻は、対策文（官吏登用試の答案）を集めた部分で、諸会は二つの問いに対して整った漢文で答えており、末尾に「和同四年(七一一)三月五日」の日付がある。和同は和銅のことである。白猪氏の改姓については、『続日本紀』養老四年(七二〇)五月壬戌の記事に、白猪史氏を改め葛井連を賜うとあるので、この年とする見解があり、これまでほぼ定説とされてきた。これに従うと、養老元年(七一七)出発の遣唐使に同行した真成が、葛井姓を名乗ることはありえず、「井」が「葛井」の省略であるはずはない。しかし、一族全体が一挙に改姓されるとは限らず、むしろ一部で始まった改姓が、次第に範囲を広げるのがふつうであって、のちのちまでその恩恵に浴さない家系も残る。七六六年(天平神護二)二月に、遣唐留学僧普照の母として位を上げられた白猪与呂志女などは、その一例であろう。養老四年の改姓記事は、葛井氏への移行の一段階が史料に残されたもので、葛井諸会や真成も早く改姓していたとみられる。

ただ、葛井諸会の名がみえる『経国集』は、八二七年(天長四)の成立であるから、のちの書き換えがあったといえなくもない。しかし同書の目録部分をみると、つぎのようになっている。

駿河介正六位上紀朝臣真象対策文二首
正六位上伊勢大掾栗原連年足対策文二首
正六位上行石見掾道守朝臣宮継対策文二首
散位寮大属正八位上勲十二等大日奉舎人連首名対策二首
百済君倭麻呂対策文二首

刀利宣令対策文二首
主金蘭対策文二首
下野虫麻呂対策文二首
葛井諸会対策文二首
白猪広成対策文二首
船連沙弥麻呂対策文二首
蔵伎美麻呂対策文二首
大神直虫麻呂対策文二首

これをみても、官職・位階・カバネの記載に統一がなく、その有無はまちまちである。目録には反映されていないが、対策に年月日のあるものとないものがある。編者は入手した資料そのままに載録したのであって、特に調査して手を加えることはしなかったと判断すべきであろう。そもそも目録に、葛井諸会と白猪広成が並んであげられていること自体、ここに後人の追記がないことを示している。おそらく朝廷に保管されていた対策文（ないしその写し）がそのまま資料とされたのであろう。

それに対し、本文中の受験者名は、刀宣令、葛諸会、白広成などと三字名で記される場合があり、これは他の巻の体裁と共通するので、編者の手が加わっている可能性がある。ただ目録にはない「文章生大初位上紀朝臣真象」や「文章生正八位上中臣栗原連年足」など、受験当時の肩書や姓氏を記す

ものがあるから、多少の追改はあっても、これはこれで対策文とともに残された情報も伝えていると
みた方がよい。いずれにせよ、葛井姓が早く存したことは確かであろう。

入唐した日本人が、中国風の名を名乗る場合、姓のどの字を取るかは、とくに定めはなかったよう
である。(22)真成が「葛」を取らずに「井」を名乗ったのは、葛邏支のように、入唐した西域人に葛を冠
する例があり、それを意識した結果とも考えられる。(23)また葛洪にみられるような、中国在来の葛姓と
混同されるのを避けたかもしれない。井姓ならば、九世紀唐で編まれた『元和姓纂』巻七をみても、
唐代に実質的には実例がないといってよく、誤解を招くことはなかったであろう。

なお同じく「井」を「葛井」の略と解する立場ながら、渡辺晃宏氏は、養老四年（七二〇）の改姓が
七三三年（天平五）の第十次遣唐使によって唐に伝えられ、真成がそれを同年中に聞いて、「白」姓から
「井」姓に自ら改めていたとする考えを示されている。(24)天平五年の遣唐使が、正月以前に入京していた
らしいことは、さきに述べたとおりである。真成が正月に没しているとはいえ、その前に改姓のこと
を知っていた可能性はあり、渡辺氏の想定もありえないことではない。ただ、すでに述べたように、
真成の墓誌は唐の官人によって官の資料をもとに書かれたとみられる。その場合、官に把握された姓
が、本人の希望によりいち早く改められたかどうか、問題は残るであろう。日本のように改姓が珍し
くなかったのとは異なり、中国社会において姓が持っていた重要性とその永続性を考えるとき、異邦
人とはいっても、簡単な改姓は受けいれられる雰囲気でなかったとみるのが妥当ではなかろうか。や
はり「井」は真成入唐前の姓に基づくものと考えておきたい。

「成」の字のつく人名一覧

「某成」の実例		天平以前	勝宝以後	備考
秋成	あきなり		1	
飯成	いいなり		1	
家成	いえなり		4	
家成女	いえなりめ	2	2	
生成	いくなり		1	
石成	いしなり	1	4	7世紀
磯成	いそなり		1	
魚成	うおなり		2	
氏成	うじなり		2	
大成	おおなり	6	14	
大成女	おおなりめ		1	
乙成	おとなり	1	5	
弟成	おとなり		1	
弟成女	おとなりめ	1		
雄成	おなり	1	1	7世紀
男成	おなり	1	4	
帯成	おびなり		1	
笠成	かさなり		1	
君成	きみなり	1	1	
公成	きみなり		1	
清成	きよなり	1	5	
浄成	きよなり	2	13	
浄成女	きよなりめ		1	
国成	くになり	1		
圀成	くになり		1	
黒成	くろなり		1	
黒成女	くろなりめ		1	
小成	こなり	2	1	
福成	さきなり		2	
嶋成	しまなり	1	3	
関成	せきなり		1	
高成	たかなり		1	
竹成	たけなり		1	
千成女	ちなりめ		1	
継成	つぐなり		5	
年成	としなり	1	1	
戸成	となり		1	
友成	ともなり		1	
豊成	とよなり	5	6	
豊成女	とよなりめ		1	
中成	なかなり		1	
新成	にいなり		2	
根成	ねなり		1	
浜成	はまなり		3	
尚成	ひさなり	1		
人成	ひとなり	14	19	
枚成	ひらなり		1	
広成	ひろなり	7	24	
広成女	ひろなりめ		1	
藤成	ふじなり		1	
文成	ふみなり	1	1	
当成	まさなり	1		
全成	またなり		2	
松成	まつなり		1	
真成	まなり	1	3	
真成女	まなりめ		2	
道成	みちなり	1	5	
御成	みなり	2		
三成	みなり	3	3	うち1は7世紀
宮成	みやなり	1	2	
諸成	もろなり	1	2	
宅成	やかなり		4	
宅成女	やかなりめ		2	
安成	やすなり		2	
吉成	よしなり		6	
能成	よしなり	1		
好成	よしなり		1	
吉成女	よしなりめ		1	
若成	わかなり		1	
□成			1	
槐成			1	
弁成		1		7世紀
昌成		1		7世紀
合計		63	188	

さて以上述べてきたのは、あくまで可能性の一つであって、もちろん「井」が上につく氏でもよい。ただその中に、葛井氏のような対外交流や文化面で活躍する人は出ていない。葛井氏ならば、さきにみたほかにも、『万葉集』に歌を残した葛井連大成、画師となった葛井清成がおり、これらはその事績や職掌の性格からして、中国的な学芸に造詣を有する人物であったとみてよい。

また葛井氏一族に、広成、大成、清成など、「成」で終わる二字名をもつ、奈良時代前半の人物が目立つことも注意される。神代から七八一年(天応元)までの人名を網羅した『日本古代人名辞典』(吉川弘文館)によって、古代の人名を通覧すると、天平末年(七四九)ごろを境に、それより前の「某成」が六三例であるのに対し、それ以降は約三倍の一八八例を数える(次頁表参照)。しかも天平末年ごろまでの「某成」は、ほとんどが対外関係に関連深い氏や、渡来系氏族の出身者である。なかでも七世紀代には、わずか五例しかみられず、うち二人は百済王昌成と同弁成、他は高田首石成、吉士雄成、三家人三成と、いずれも渡来系である。一般人の名を多数のせる八世紀前半の戸籍・計帳の類に、この種の名がきわめて稀なのも特徴的で、「某成」が固有色の少ない、いわばハイカラな名であった証拠であろう。実際その多くは、そのまま「好字」を組み合わせた熟語として、中国文化圏に通用する。葛井(白猪)氏から、七世紀末~八世紀初めという古い時期に、「某成」という人物が目立つ形で出ているのは、この一族の開明的性格を物語るとともに、真成の出自を葛井氏と考える有力な傍証となろう。兄弟に通字を命名することは、当時まだ一般的でないので、広成・大成・清成らが、真成の兄弟であった可能性は低いが、あるいは彼らは、輩行(世代のならび)を同じくするような近親者だったかもしれない。

五　おわりに

最後に、これまで述べてきたことを簡単に要約すると、つぎのようになる。

①井真成の墓誌は、唐の政府が把握していた情報に基づき、唐の官人が書いたと考えられる。

②真成の在唐中の地位は、あくまで留学生であり、唐での官吏登用試への合格や、官人としての任官は考えられない。

③真成は葛井氏の出身で、その一字をとって唐での姓としたとみられる。

すでに書いたとおり、真成が没した開元二十二年（七三四）の年頭には、第十次の遣唐使が入京していたであろう。墓誌では学問半ばで倒れたように表現しているが、それは恐らく修辞であり、同時に入唐した阿倍仲麻呂や下道真備が帰国したように、真成の帰国も予定されていたのではないかと推測される。そう考えると、墓誌末尾の「魂は故郷に帰らんことを庶う」という句も、文飾とは片づけられない現実味を帯びてくる。ただ真成の葬送が、すべて唐側主導のもとに行われたとすれば、当時在唐中の日本人がどこまで関わったかは疑問としなければならない。墓誌の位置づけ全体についていえることであるが、真成の墓誌がまったくの孤立した例であるのが、この場合も解明の妨げになっている。むしろ今回の発見は、在唐日本人の史料が今後もみつかる可能性を示した点で意義深く、将来類例の出現することに期待をつなぎたいと思う。

注

（1）李献奇他編『洛陽新獲墓誌』（文物出版社、一九九六年）。
（2）中田勇次郎編『中国墓誌精華』（中央公論社、一九七五年）。
（3）拙稿「日出処・日本・ワークワーク」（『遣唐使と正倉院』岩波書店、一九九二年）。
（4）陳貞節「請止四夷入侍疏」（『全唐文』巻二八一）。
（5）吉川幸次郎『論語』（中国古典選、朝日選書、一九七八年）。
（6）『産経新聞』平成十七年一月二十四日夕刊。
（7）拙著『遣唐使船』（朝日選書、一九九九年）。
（8）潘重規主編『敦煌俗字譜』（石門図書公司、一九七八年）。
（9）『旧唐書』巻一三五程昇伝など。
（10）趙万里『漢魏南北朝墓誌集釈』。洋装本として復刻されたものには、鼎文書局（台湾）の一九七五年（民国六四年）版その他がある。
（11）仲麻呂の年齢については、増村宏『遣唐使の研究』（同朋舎出版、一九八八年）参照。
（12）『旧唐書』巻九五恵荘太子伝、巻六三蕭瑀伝、『資治通鑑』巻二〇二、上元元年三月条など。
（13）亀井明徳「唐代・長安の墓」（専修大学・西北大学共同プロジェクト編『遣唐使の見た中国と日本』朝日選書、二〇〇五年）。
（14）石見清裕「入唐日本人「井真成墓誌」の性格をめぐって」（『アジア遊学』七〇号、二〇〇四年）。
（15）注10前掲書。
（16）多賀秋五郎『唐代教育史の研究』（不昧堂書店、一九五三年）参照。
（17）上田早苗「九品亡宮入墓誌」（『中国書道全集』三、平凡社、一九八六年）、河南省文物研究所他編『千唐誌斎蔵誌』（文物出版社、一九八四年）。
（18）厳耕望「新羅留唐学生与僧徒」（『唐史研究叢考』新亜研究所、一九六九年）。
（19）拙稿「遣唐使の朝貢年期」（注3前掲書）。

(20)『旧唐書』倭国日本国伝。
(21)『延暦僧録』聖武皇帝菩薩伝。
(22)注7前掲書九七頁の「唐名一覧」参照。
(23)東大寺教学部編『新版　シルクロード往来人物辞典』(昭和堂、二〇〇二年)当該項参照。
(24)渡辺晃宏「遣唐留学生の墓誌発見」(『産経新聞』平成十六年十月三十日夕刊)。

(追記)本稿は二〇〇五年五月初めに入稿したものであるが、その後中国では、井真成の入唐を、死の前年の七三三年とする説が出ていると聞いた。別に石見清裕「唐代長安の外国人」(『東アジアの古代文化』一二三号、二〇〇五年)にも、可能性の一つとして言及があるが、それが成り立たないことについては、拙稿「井真成の墓誌と天平の遣唐使」(東京国立博物館特別展図録『遣唐使と唐の美術』二〇〇五年)や「『唐大和上東征伝』から見た日唐交流―井真成の在唐期間に関連して―」(『大和古寺の研究』塙書房、二〇一一年)でふれたので、あわせて参照されるよう希望する。

飛鳥奈良朝の祥瑞災異思想

一　序　言

我国古代において、祥瑞や災異が、政治上重視された事実、及びこのような現象が漢土の天人相関思想に基づくことは、先学によって既に指摘されてきた[1]。しかし、かかる思想が政治史上に果した役割について、未だ充分な究明がなされているとは言えない。不備であるが敢えて本稿を草し、先学諸賢の御指導御叱正を乞う所以である。

二　漢唐の天人相関思想

天人相関思想が漢土より渡来したものである以上、それが漢土で本来有していた性格や、我国と関係の深い唐代におけるその状況等を抜きにして、漢土と我国の類似点のみを問題としていては、正当な評価を下しえない。従って先ずそれらの点を明らかにすることから始める。

漢土では、戦国時代以来儒教とは無関係に陰陽五行に基づく宇宙観が現われたが、前漢の武帝に重用された儒者董仲舒は、経学に陰陽五行説を結びつけ、天人相関の思想を大成した。即ち宇宙の万象は、陰陽二気とそれより派生する五行から生ずるが、二気が調和を失すると災異が起る。この二気の調和不調和は為政者の徳不徳の反応とする考え方である。前漢の儒教は、天人相関的な帝王観を包含することによって、官学としての地位を確立した訳であるが、董仲舒の示したこの方向は以後益々徹底され、讖緯の学として後漢時代に最盛期を迎える。

讖緯については、字義上の解釈もあるが、形式の差こそあれ、要は神秘主義的な予言であり、思想的には、経書の所説を始め陰陽五行や天人相関の思想、暦数暦運などを、王朝の興亡や社会の変遷に結びつけたものである。儒家の中には、讖緯を退けた人もあったが、それらはあくまで少数であり、むしろ讖緯に通じた儒家として、緯書の注釈を行なった鄭玄を始め、何休・蔡邕など多数を挙げることができる。

しかし讖緯の学は、儒教と一体化して王道を礼讃し、徳化主義を外面的に装飾する役割を演ずる一方、そこに含まれる解釈の恣意性の故に、叛乱を支える思想に転化することが容易であった。三国より魏晋南北朝を通じて、この方面に対する禁圧が行なわれたのはその為である。特に隋の煬帝による焚書の結果、唐代に入ると讖緯の書の散佚が著しい(2)。

けれども、讖緯思想が唐代にすっかり衰えた訳ではない。太宗の命を奉じて編まれた五経の官撰注釈書『五経正義』には、讖緯説による解釈が含まれている、又律令や礼の理念が、主として伝統的な王道政治思想に貫かれているため、個々の条文にも陰陽五行、天人相関、讖緯などの説の影響が著しい(3)。三公の職が「経邦論道、燮理陰陽(4)」とされたこと、日食には朝務を廃したこと(5)、緯書の一部は官府以外にもその所有を許したこと等[6]は、その二、三の例である。前代以来の伝統は、学問や律令制度ひいては政治の中に、基本的理念として生き続けていた。災異を天譴とする具体的な例も、『唐会要』巻四二〜四四所収の天文、地震、水災等の記事に容易に見出せる。ただ、祥瑞に関しては事情が異なっていた。一々の挙例は省略するが、同じく『唐会要』巻二八、二九祥瑞の項から伺うと、太宗以降ほぼ唐代を通じて、形式的な祥瑞よりも良政を重んずる姿勢が基調をなしていた。太宗は、

我嘗笑三隋帝好二祥瑞一。瑞在レ得レ賢。此何足レ賀。（貞観二年〈六二八〉九月）

とし、讖緯や道仏二教を重んじた武后でさえ、

如得二年登歳稔一。此即為レ瑞。雖二麟鳳一亦何用焉。（長寿二年〈六九三〉正月）

と述べているが、これらがその主要な理由であった。献瑞を止めたり、有司に申告せしめるのみとしたことも、貞観から大中の間に屢見する。史料の関係からあまり明らかでないが、祥瑞改元についても、『唐会要』巻二八により確認できる麟徳、儀鳳の他は、武后・韋后の専権時期前後の年号に、同様の事情の想定されるものがある程度で、それ程多くはない。奈良時代、皇位継承とも関係して盛行した瑞亀による改元も、漢土では北魏の神亀以来その例を見ない[7]。

このように見てくると、天人相関思想を考えるに当たって次の二点に注目する必要があろう。

（一）漢代以来この思想は、天文・暦算等と並んで官学としての儒教と密接な関係を持ち、唐代においても、儒教的な徳化主義を理念とする律令政治の中にとりいれられていること。

（二）唐代では、祥瑞は、武后・韋后の専権時代（高宗末年を含む）を除くと、一般に軽視される傾向

にあったこと。

以下ではこれらの点を考慮した上で、我国における祥瑞災異思想の展開をあとづけていくこととしたい。

三　正史に見える祥瑞災異

これから主として対象とするのは、天武朝以後天応年間に至る正史に収めた祥瑞災異関係の記事である。正史にこのような記事が見えるのは推古紀に始まるが、(8)この前後における天人相関思想の評価や後代とのつながりは、記事の信憑性ともからむ複雑な問題なので、別の機会に詳論したい。ただ、五行思想に基づく十二階冠位の制定、一部に潤飾はあるがおおむね信を置けると思われる白雉の改元、(9)作為又は転載と考えられない天文記事(10)の存在などからして、当時における天人相関思想の存在乃至意義を、過少評価できないと考える。

天武紀以降の記事については、唐朝において官府の日録に基づき編纂された実録と性質が等しいと考えられるので、ほぼ信頼してよかろう。しかも、祥瑞・天文祥異・諸種の災害等が、唐代の国史・実録を構成する基本的要件であったことを知るならば、(11)現存の記載は、多少の脱落は考えられるとしても、その当時朝廷に報告せられた祥瑞災異の大部分を含んでいると判断してよいであろう。これらの献瑞の記載には、天武五年四月辛丑条の「倭国飽波郡」、同十二年正月庚寅条の「筑紫大宰」、持統三年八月辛丑条の「伊予総領」、同八年八月己亥条の「国司頭」など、浄御原令もしくはそれ以前からの特殊な名辞を含むものがあり、素材となった原史料が、その当時の報告に基づくことは疑いなく、少なくとも天武朝には、それらが意識的に収積されつつあったことを思わせる。

後の例ではあるが、『日本三代実録』の序に、

祥瑞天之所㆑祚㆓於人主㆒。災異天之所㆑誡㆓於人主㆒。理燭㆓方策㆒。撮而悉載㆑之。

とあるのはその思想的背景を示すものとして参考になる。そこで祥瑞を中心にそれらを整理すると、二、三の特徴的な事実が看取できるので、ほぼ時代順に挙げれば次のようである。

(一) 祥瑞進献の範囲が、持統初年を境に地域的に拡大する。
(二) 祥瑞の種類及び進献の時日が、養老前後から固定する。
(三) 霊亀以後の皇嗣決定には、常に祥瑞が結びついている。
(四) 天平末年以後は、祥瑞を仏教に附会する傾向が現われる。

次に節を分かって順次検討を加える。

四　七世紀後半から八世紀初め

第一に挙げた事実を明らかにする為、祥瑞進献の国名を道別に示すと、白雉元年(六五〇)から天武末年(六八六)までは以下のようになる。

西海道　筑紫
南海道　紀伊・讃岐

山陽道　穴戸・備後・周防
畿　内　山背・大倭・摂津
山陰道　石見・因幡・丹波
東海道　伊勢
東山道　近江
北陸道　――

この他、天武四年(六七五)正月紀に「東国」の名が見えるが、東海・東山両道のいずれかの国と考えられるだけで、具体的な国名は不明である。しかし、全体として西国が多数を占め、北陸道では一国もなく、東山・東海両道では、近江・伊勢など畿内に近い国であることが注意されよう。

これに対して持統朝以後になると、持統六年(六九二)五月に相模、同九月に越前、文武二年(六九八)七月に下野、大宝二年(七〇二)四月に飛驒、慶雲元年(七〇四)七月に下総という如く、ほぼ天武の治世に等しい十三年の間に、その範囲が東国へ著しく拡大していることが知られる。

この理由として、直接には浄御原令の施行が考えられる。大宝儀制令には祥瑞の奏上を規定した祥瑞条、同考課令には国郡司の考課の参考とすべき「祥瑞災蝗」等の報告を規定した殊行異行条があった[12]が、持統三年に班賜された浄御原令にも、これと類似の条文が存したのであろう。天武朝から主として持統在世中にかけて、五行説の立場から赤色の祥瑞が重んぜられたという現象[13]は、この時期における祥瑞の役割が、壬申の乱を勝ちぬいた専制君主を、思想的に正当化し荘厳するにあったことを示しているようである。しかし一方、天武天皇の偉業が律令体制の完成という形で定着せしめられていった時、その役割も当然変化しなければならなかったと思われる。即ち祥瑞の進献は、律令国家の君主である天皇にとって、律令政治の理想たる徳化の及ぶ範囲のひろがりを意味したのである。かくて律令貴族を含めた為政者の施政が正当化され、同時に地方官人にとっては施政評価の資となるという現実的な意味も生じた。上記条文の継受と施行については、このような背景を考える必要があると思う。

このことに関連して、災異の面に見える同様な特徴を指摘しておきたい。それは持統五年に始まる推算された日食の奏上である。即ち、天武紀の日食はすべて当時大和で観測可能なものであったのに対し、持統紀以後には夜食その他の理由で畿内又は日本全土で観測不可能な食が記載されてくる。延暦二年(七八三)以前の日食七十六例の内、観測可能だったことが確認できるのは、結局二十例に過ぎない(14)。持統五年以後のこのような現象は、浄御原令にも、日食の予報を定めた大宝儀制令大陽虧条(15)と同趣旨の条文が存した結果であり、同四年十一月の儀鳳暦採用は、その施行を可能にする為の措置であろう(16)。大宝の同条は、唐令に比して月食に関する規定を全く欠き、日食を重視した形になっている(17)が、天武九年以後大同元年(八〇六)まで正史に月食の記事をみないから(18)、この節略は浄御原令で行なわれたのであろう。おそらくこのような条文の施行は、太陽神の子孫としての天皇の性格を、律令君主の概念に包括せしめる働きをなしたと思われる。

佐藤宗諄氏は、大宝以後における年号継続の意義を、大宝律令での天皇権威の法制的確立と関係づけて評価された(19)。大宝律令の性格についてもなお問題があろうが(20)、前述の経過よりして、少くとも天皇を律令君主に近づけようとする思想上の傾向は、天武崩後に成った浄御原令に現われていたと考えられる。対馬からの産金に基づき大宝建元が行なわれたのは、新令の全面施行以前であり、この建元も、新令との関係からだけでなく、上述のような思想的背景の下に理解すべきではなかろうか。しかも正史の信ずべき記載に自称としての「中国」が見えるのは文武初年であるから[21]、浄御原令制下における律令君主としての天皇の概念の形成は、対外意識とも深い関わりを有していたことが推測される。華夷の意識は、徳化を基調とする王道政治思想の一要素に他ならない。

五　八世紀前半から後半

次に祥瑞の種類とその進献時日をみると、これには養老を境にして変化がある。

先ず種類であるが、白雉以後持統朝以前の主なものは次のようである。

赤烏　朱雀　*赤亀
白雉　白狐　*白鵜　*白鷹　*白鵄　*白巫鳥　*白蛾　*白山鶏　*白蝙蝠
*麟角　*瑞鶏　*三足雀　*鶴　*四足鶏　*十二角犢
*八足鹿　*四足鶏子　*雌鶏化雄
嘉禾　芝艸　*瑞稲
甘露　醴泉

これを『延喜式』（治部省）に載せる祥瑞のリストと照合すると、＊印を附したものは式に見えない。

麟角・白鵲・赤亀・瑞稲は、式の麟（大瑞）、赤亀（上瑞）、神亀（大瑞）、嘉禾（下瑞）に准ずるとすると も、なお半数近くが式のあげる種類を逸脱していることは注意しておく必要がある。しかもこの内、大瑞に当たるものが赤亀・麟角を含めても三例しかないことも特徴的である。

文武朝以後霊亀以前では、右の他に次のような種類が見える。

神馬　慶雲　*瑞雲　霊亀（白亀）　美泉（以上大瑞）
白鹿　白鳩　白烏　*白鷩　*白鴈　*白鴿
黒狐（玄狐）　*八蹄馬
木連理　*嘉稲　*嘉瓜　*嘉蓮
*和銅

瑞雲・白鴈・白鴿・嘉稲は、それぞれ慶雲・朱鴈・白鳩・嘉禾に准ずるとしても、用字の不統一や式にみえない瑞の存在は、前代と傾向を同じくすると考えてよい。ただ、短時日の間に、式では大瑞として位置づけられているものが増加したことは注意される。

養老年間以後は、天平勝宝六年（七五四）頃までを以て一期を画しうる。この間の瑞で前代までに見えないのは、

小鳥生大鳥　白鼠　白雀　玉英

の四種であるが、すべてを通じて式のリストにみえないものは、白鼠・白鵲の二種があるに過ぎない。それに対して大瑞は、亀六回、神馬三回、玉英一回を数え、これに関連する五回の詔勅、宣命[22]

は、いずれもその瑞が大瑞である旨を緯書などを引いて明示している。以上によってこの時期には、祥瑞の種類が『延喜式』(治部省)のそれにほぼ固定し、且つその内の大瑞が重視されてきたことが知られよう。

この理由を考えるに当たって、私は次のことに注意したい。即ち、養老四年(七二〇)以後は、祥瑞進献の時日が年頭に大略固定し、年頭以外に献ぜられた瑞はすべて大瑞である。この事実は、『令集解』儀制令8祥瑞条の次の記載と関連づけて理解すべきであろう。同条所引釈説は、

凡祥瑞応見。若麟鳳亀竜之類。依図有合大瑞者。随即表奏(中略)上瑞以下。並申所司。元日以聞(以下略)。

という同条の令文について、

案大瑞以下皆先申官。官付治部。依図書合大瑞者。随即治部表奏。上瑞以下。元日以聞。

と、注した後、「治部例」をひいて以下のように述べている。

治部例云。養老四年正月一日弁官口宣。依改常例。太政官申符瑞者。大瑞已下。皆悉省加勘当。申送弁官。但上瑞已下、更造奏文。十二月終進太政官[23]。

要は、従来令文では不明確であった祥瑞報告の手続きを細かく規定した措置であり、その結果、先ず治部省がすべての祥瑞を検討し、大瑞・上瑞等のランクに別けた後、大瑞は(恐らく直ちに)太政官に報告し、上瑞以下は年の終わりに纏めて報告することになったと解せられよう。この場合令文に明記のない太政官が、治部省の上にあって瑞の選別を管掌する形になっていることは特に注意される。

後述のように、七世紀末から八世紀初頭へかけてのこの時代は、律令政治の推進に為政者の努力が傾けられ、政治思想の上での儒教的な天人相関思想の盛んな時期に当たっている。従ってこの措置も、為政者の関心が祥瑞の質に向けられた結果と考えてよかろう。「元日以聞」の規定が厳密に実施されたのは、恐らくこの時以後であり、治部式の祥瑞リストも、開元初年の制[24]をそのまま継受して、この時に成立したのではなかろうか。種類の固定化という現象も、評価基準としての「瑞式[25]」の成立によるところが大きいと思われる。

天平勝宝七年以後になると、種類に目立った変化はないが、祥瑞記事の日付は再び分散する。その原因が史料の配列法の相違にあるとは考えられない。例えば神護景雲四年（宝亀元年、七七〇年）五月壬申の勅は、白鹿（上瑞、出現は前年）、白雀（中瑞）に関したもので、中瑞が年終をまたずして聞せられたことになる。むしろこれ以後は、祥瑞が、律令国家の元正の賀を飾るものとしてよりは、現実の政治過程と緊密に結びついた予兆的なものとして意識された為ではないかと思われるが、これについては次節に触れよう。

六　祥瑞と皇権

養老年間に至って、祥瑞に関係する制度が一応完備したことは、天人相関思想が、律令君主とその国家の理念として、確かな地歩を占めた結果であろう。しかし祥瑞と皇嗣決定の関係を検討するとき、この思想に新たな機能の生じたことが看取される。

岸俊男氏は、奈良朝の瑞亀による改元が必ず皇位の継承をともなうことを指摘されている。(26) 事実そのとおりであるが、少しく詳細にみると、元明天皇の譲位以後、即位を含めた皇嗣の決定が、常に出瑞を前提としている事実がある。即ち元明譲位の詔は、新帝の徳が「祥符に叶」うことを述べており、元正譲位の宣命には、神亀について、

今将嗣坐御世名乎記而応来顕来留物尓在良志止所念坐而。今神亀二字御世乃年名止定氏

とあって、いずれも祥瑞が、新帝の即位を必然化する要因とされている。表面には現われていないが、天平十年(七三八)正月に行なわれた阿倍内親王の立太子の場合でも、朔日に信濃より神馬が献ぜられ、十三日の立太子に際して大赦が行なわれると共に、「貢瑞人」と「出瑞郡」に優賞が施されたことから、両者の関係が知られる。阿倍皇太子の即位は、天平勝宝の改元からして、同年の陸奥における産金と無関係ではない。また淳仁天皇の場合も、彼が道祖王にかわって皇嗣と決められた天平勝宝九歳(七五七)四月辛巳の勅によると、

朕窃計。廃レ此立二大炊王一。躬自乞二三宝一。禱二神明一。政之善悪。願示二徴験一。於レ是三月廿日戊辰。朕之住屋承塵帳裏。現二天下太平之字一。灼然昭著。

とあり、この「貴瑞」が大炊王(淳仁天皇)の正統性を示す「徴験」とされた。天平神護二年(七六六)十月、隅寺よりの舎利出現をきっかけに、道鏡は太政大臣禅師から法王とされ、その月料は供御に准ぜられた。これは、彼が皇嗣に准ずる地位についたことを示すと考えてよかろう。この事件は一見仏教的ではあるが、後にも述べるように、儒教的な天人相関思想を下敷にしてしくまれたものと思われ、

上述の諸例の変型と考えるべきである。

岸俊男氏はまた、「八世紀の天皇制はたえず不安動揺を続け、皇権の所在についても複雑なものがあったこと」を論じておられる。(27)この時期の祥瑞は、後述のように仏教色を次第に濃くしながらも、君主の徳の現われとしての性質を失なってはいないが、皇権をめぐる複雑な政治情勢の中で、皇位の継承を安定せしめる役割が、祥瑞に期待されたといえよう。天平元年(七二九)の亀や天平宝字元年(七五七)三月、八月、同二年二月の瑞字の如く、讖文的なものが多いのも、一面武后時代の傾向の反映も考えられるが、基本的には瑞の有していた現実の政治過程との深い関わりを示すものであろう。(28)そして、祥瑞それ自体が果したこのような機能は、それを出現させる天皇の神秘的権威の肯定なくしては考えられないと思われる。

七　祥瑞災異と仏教信仰

一体祥瑞という概念は、神祇や仏教の思想とは直接関係のない、儒教的な天人相関思想独自のものである。従って我国においても、天武朝以後天平頃までは大体本来の概念が保たれていた。この時期に属する祥瑞関係の詔勅や宣命を見ると、祥瑞は、

天瑞(天武十二年〈六八三〉正月詔)

天地之神乃顕奉瑞宝(和銅改元宣命)

天表嘉瑞(霊亀改元詔)

天貺（養老改元詔）

天地霊貺（神亀出現詔）

天地貺大瑞（聖武即位宣命）

天坐神・地坐神乃相宇豆奈比奉福奉事尓依而、顕奉留貴瑞（天平改元宣命）

宗廟所輸。社禝所貺（天平十二年〈七四〇〉十二月詔）

天貺（天平十八年三月詔）

などとされている。この場合の「天地之神」は一概に我国の神祇と関係づけるべきではない。唐代においても、「天神」「地祇」は国家の祭祀の筆頭に挙げられている。[29] しかし藤原宮役民の歌[30]が、「図負留神亀」の出現を、神としての天皇の「新代」と結びつけて歌いあげていること、持統六年（六九二）九月、白蛾の獲瑞に際して、笥飯神に神戸を増していることなどから、この「天地之神」が在来の我国の神々を含んでいることは考えてよかろう。天皇本来の宗教的性格が、漢土の帝王観に融合されたとすれば、用語の類似の上からも、比較的早くから、思想的な混雑を致すことは推測できる。

　ところがこれより時期が下ると、祥瑞の出現を仏に帰する例が現われる。天平二十一年における陸奥よりの産金は、和銅の例に照らして、祥瑞に准ずるべきものと考えられるが、この時東大寺大仏に捧げられた宣命が、この産金を「盧舎那仏乃慈」としているのは、その最初の例である。更に天平勝宝九歳（七五七）四月辛巳の皇嗣決定の勅は、前月の宝字出現を「仏法僧宝。先記国家太平。天地諸神。預示宗社永固」と述べ、天平宝字改元の詔には「帝釈感皇帝皇后之至誠」、神護景雲改元の宣命には

「三宝毛諸天毛天地乃神多知毛共尓示現賜弊流（中略）大瑞乃雲」の語が見える。ここでは、本来仏教とは異質な祥瑞思想が、鎮護国家の思想に混淆されているのを見出す。天平神護二年（七六六）十月、隅寺よりの舎利出現に際しては、宣命に「如此久奇久尊岐験」とあり、全体の趣旨からしても、祥瑞の概念が仏教思想によって巧みに換骨奪胎された例とすることができる。しかし、称徳朝末期でも、神護景雲四年（七七〇）五月壬申の上奏にみるように、律令貴族が純粋な祥瑞思想を述べていることは興味深い。律令政治再建が打ち出された宝亀以後になると、上記の傾向は影をひそめ、宝亀・天応・延暦の改元の場合の如く、祥瑞は本来の儒教的性格をとりもどしている。

一方災異についても、その性質上祥瑞の場合ほど明確ではないが、対応の仕方において同様の傾向を指摘でき、仏教的な除災招福の思想が有力になるのは神亀以後である。天武朝以後養老以前、直接銷災を目的とし誦経設斎などが行なわれた例は天武五年（六七六）夏、持統五年（六九一）六月、同六年閏五月、大宝三年（七〇三）七月、慶雲二年（七〇五）四月、霊亀元年（七一五）六月等に過ぎず、その多くは奉幣や救済の措置をともなっている。特に持統五年六月の場合は、詔によって「夕惕迄レ朝憂懼。思二念厥愆一」との詔があり、大宝三年七月の場合は、詔によって「五位已上挙二賢良方正之士一」げしめており、災異発生は、君主の徳乃至施政に欠けるところがあるとする儒教的な意識がみられる。

天武九年十一月戊寅の、

若有下利二国家一寛二百姓一之術上者。詣レ闕親申。則詞合二於理一。立為二法則一。

という詔、同十年十月庚寅の、

大山位以下。小建以上人等。各述二意見一。

などは、必ずしも令編纂にばかり関わるのではなく、養老・神亀・天平宝字の例[31]に照らすと、それぞれ同月に存した日食・地震に対する対応措置と考えられる。

　養老から神亀に至る長屋王の時代が、儒教的な天人相関思想の稀にみる隆盛期であったことは、川崎庸之氏に詳しい指摘があるのでここには再説しない[32]。ただ、長屋王時代と重なる養老六年(七二二)以後天平二年(七三〇)までの間、『続日本紀』にみえる天文記事(日食を除く)が、ほぼ各年平均二例を数え、奈良朝を通じて、惑星・星座の名称を挙げた詳密な観測記録がこれ程集中して現われる時期がこの外にない[33]ことは注目に値する。長屋王時代にみられる災異重視の傾向に、長屋王の政治態度をみようとする川崎氏の見解が正しいとすると、天文記事の頻出も王と無関係ではあるまい。天文を私に学ぶことが禁ぜられていた[34]事情を考慮するならば、災異思想に発した王のこの方面に対する関心が、「私学左道[35]」とされる直接の理由となったのではあるまいかと憶測される。

　長屋王時代も聖武天皇が即位した神亀以後は、護国経典の転読や得度といった方策が多くとりあげられるようになり、天平九年五月朔の日食には、宮中に僧六〇〇人を請じて大般若経を読ましめている[36]。「経史之中、釈教最上[37]」とした天皇の下で、これ以後とられた仏教的な対策を一々挙げることはさし控えるが、天平九年四月における大安寺大般若経会の官制化をはじめ、国分寺の設置や東大寺造営をみても、災異思想の背景が儒から仏へ移ったことは明らかである。金光明最勝王経の四天王護国品や王法正論品には、随所に気候、天文の調和や王位国土の保全を始め除災の功徳が説かれているから、相つぐ飢疫・内乱の発生につれて、このような現象が現われたとしても不自然ではない。しかし同経の如き所説は、ある程度確立した君主の地位や国家を災異から護るという非積極的な意味を持つにとどまる。儒教的な天人相関思想は、律令政治がいわば守成の時代に入ると共に、現実の政治に対しては消極的な姿勢しか示さない鎮護国家の思想へくみこまれていったのである。

災異の発生を理由に臣下の意見を聞くことは、養老律令を施行し、新暦を行なうなど、一般に律令制の理念を重んじた藤原仲麻呂の時代、天平宝字三年(七五九)五月にも例がある。しかしその対象が、これまでの例とは異なり、官人だけでなく「緇徒」に及んだことは、時代の趨勢を示すものであろう。かくて、為政者の間に災異を真剣にとりあげる姿勢が復活し[38]、その対応策においても、著しい仏教色が緩和されるのは、祥瑞におけると同様、宝亀年間以後にまたねばならなかった。災異における神祇・陰陽思想の進出は、宝亀三年八月甲寅、同七年四月己巳、延暦元年七月庚戌などの詔に伺える。

こうみてくると、祥瑞災異の概念は、各時期の政治や思想の動向を敏感に反映しつつ、その意義を持続したということができる。

八　結　語

以上論旨が多岐に亘ったが、概括すると、祥瑞災異思想の機能はこれを三期にわけて考えることができる。第一は元正朝以前で、律令国家の理念としての色彩が濃厚であった時期、第二は聖武〜称徳朝で、藤原仲麻呂時代はやや異質ながら、全体としては元正朝以前の如き意味が薄れて、仏教に融合された時期、第三は光仁朝以後で律令政治振興の気運の下に本来の性格が回復された時期である。なお第三の時期には、天武系皇統の断絶という新しい事情も加わって、辛酉革命説による天応改元[39]や宝応五紀暦採用の準備等[40]が行なわれ、桓武期における傾向とも合わせて、平安前期に通じる動向がみられるが、これについては他日を期したいと思う。

ともあれこの思想が、律令政治の推移につれてその機能と性格を変えながらも、唐代における消長とは半ば独立して、常に政治上重要な意義を有したことは明らかにしえたと思う。勿論、南北朝、半島諸国や特に武后時代の政治思想の影響を無視することはできないが、それが一時的な流行に終わらなかったことが重要であろう。かかる特徴からすれば、奈良時代前後の祥瑞災異思想は、単なる形式を越えた意味を持って為政者の間に受容されたのであり、さらに憶測すれば、天皇の宗教的性格を認めた上で成り立っていた律令国家において、そのような伝統的要素を律令君主にふさわしい形で保存融合させるところに、その基本的な役割が存したのではないかと思われる。

注

(1) 例えば、斎藤励『王朝時代の陰陽道』（甲寅叢書刊行所、一九一五年）、岡田正之『近江奈良朝の漢文学』（養徳社、一九四六年）、津田左右吉『文学に現われたる国民思想の研究』一（岩波書店、一九五一年）、村山修一「上代の陰陽道」（伊東多三郎編『国民生活史研究』四、吉川弘文館、一九八四年）など。

(2) 以上は、津田左右吉「王道政治思想」（『岩波講座　東洋思潮』第一回、一九三四年）、小柳司気太『東洋思想の研究』（関書院、一九三四年）、藪内清『両漢暦法考』（東方文化研究所、一九三九年）、鈴木由次郎『漢易研究』（明徳出版社、一九六三年）、

竹内照夫『四書五経』（平凡社東洋文庫、一九六四年）などによるところが大きい。
（3）瀧川政次郎「律令制度」（『岩波講座　日本歴史』一九三三年）。
（4）『令集解』職員令2太政官条所引『唐令』。
（5）『大唐六典』巻四、礼部郎中員外郎条。
（6）『唐律疏議』職制律20玄象器物条。
（7）市村瓚次郎「年号に現はれたる時代思想」（『支那史研究』春秋社松柏館、一九三九年。一九二八年初出）。
（8）田村圓澄「陰陽寮成立以前」（『史淵』八二、一九六〇年。「『日本書紀』と陰陽道」と改題して『日本仏教史』4、法蔵館、一九八三年に再録）。
（9）朝鮮半島の先例が引かれているのは注目すべき特徴である。
（10）例えば舒明十二年二月の「星、月に入る」の記事は、新旧『唐書』に記載がないが、推算で確認できる。日本学士院編『明治前日本天文学史』（日本学術振興会、一九六〇年）四四五頁。
（11）『唐会要』巻六三所収、建中元年十一月史館奏。なお玉井是博「唐の実録撰修に関する一考察」（『支那社会経済史研究』岩波書店、一九四二年）。
（12）『令集解』儀制令8祥瑞条、並びに『令集解』考課令65殊功異行条所引『古記』参照。
（13）直木孝次郎「持統天皇と呂太后」（『飛鳥奈良時代の研究』塙書房、一九七五年。一九六四年初出）。
（14）小倉伸吉「我国古代の日月食記録」（『天文月報』九―三、一九一六年）。大谷光男「上古の暦日及び天文に関する諸問題」（『日本歴史』一三一号、一九五九年。のち同『古代の暦日』雄山閣出版株式会社、一九七六年に改編再録）は、天武十年の日食について、食分が小さい故に観測の可能性を疑っているが、当時は占星台などの観測施設も存し（天武四年正月紀）、且つユリウス暦十一月十六日十時頃の食であるから、太陽の高度も比較的低く、食分が〇・二〇とはいえ、観測されえたと考える。因みに『春秋』昭公七年の食は、ユリウス暦三月十八日十四時過ぎの食で、食分は〇・三六である（同論文四〇頁）。
（15）『令集解』儀制令7太陽虧条所引『古記』参照。
（16）儀鳳暦が食の予報に有利な暦であったことは、今井湊「奈良朝前後の暦日」（『科学史研究』四〇号、一九五四年）参照。

（17）大宝令と同文と思われる養老令には、「凡太陽虧、有司預奏、皇帝不視事、百官各守本司、不理務、過時乃罷」（凡そ太陽虧なば、有司預め奏せ。皇帝事を視ず。百官各本司を守り、務めを理めざれ。時を過ごせば乃ち罷めよ）とあり、唐制の「月蝕奏、撃鼓於所司救之」（月蝕えたらば奏せ。鼓を所司に撃ちて之を救え）の規定を欠く。
（18）神田茂『日本天文史料』（一九三五年）。
（19）佐藤宗諄「年号制成立に関する覚書」（『日本史研究』一〇〇号、一九六八年）。
（20）野村忠夫『律令政治の諸様相』（塙書房、一九六八年）第一章第一節参照。
（21）『続日本紀』文武三年七月辛未条。
（22）養老七年十月、天平元年八月、同三年十二月、同十一年三月、同十八年三月。
（23）『古記』にも同じ記載が存したらしい。
（24）『大唐六典』巻四、礼部郎中員外郎条。
（25）この名称は、神護景雲二年九月辛巳の勅（『続日本紀』）に見える。
（26）岸俊男『藤原仲麻呂』（吉川弘文館、一九六九年）四八頁。
（27）同右「元明太上天皇の崩御」（『日本古代政治史研究』塙書房、一九六六年）。
（28）垂拱四年四月の瑞石には、武周革命を促すような文字が刻まれていた。
（29）『大唐六典』巻四、祠部郎中員外郎条。
（30）『万葉集』巻一、五〇番歌。
（31）『続日本紀』養老五年（七二一）正月、同年二月、神亀四年（七二七）二月、天平宝字三年（七五九）五月の各条参照。
（32）川崎庸之「長屋王時代」（『記紀万葉の世界』お茶の水書房、一九五二年）。
（33）注18神田茂書。
（34）佐伯有清「八世紀の日本における禁書と叛乱」（『日本古代の政治と社会』吉川弘文館、一九七〇年。一九五五年初出）。
（35）『続日本紀』天平元年二月辛未条。
（36）新訂増補国史大系本『続日本紀』は、日食と読経を段落で区切るが、両者は一連であろう。鶴岡静夫「続日本紀にあらわれた経典転読記事」（『続日本紀研究』二―六、一九五五年）も一連と解している。
(37) 天平六年書写『観世音菩薩受記経』跋語。
(38) 例えば『続日本紀』宝亀四年正月辛未条の大赦詔。
(39) この改元が辛酉革命説を意識して行われたという明証はないが、暦法上、庚申にあるべき元年（辛酉）正月朔の干支が辛酉に強いて進められていることから、そう推測してよいであろう。なお注16今井湊論文参照。
(40) 『日本三代実録』貞観三年六月十六日条。

（昭和四十四年七月成稿）

第四章

古典籍と歴史

古代人が読んだ漢籍

一　漢籍の孫引き

古代の知識人は、どのような漢籍をいかにして読んだのか、私が漢籍に興味をもつようになった動機は、そこにあった。日本列島の人々が外来の文化をどう受けとめ展開させたかということに終始関心を持ってきた私にとって、書や絵画、彫刻等の造形美術とならび、漢籍は強く興味をひかれた対象であったといえる。今にして思えば、高校時代の初め、小学館の『日本文化史大系』二(一九五七年)に載った小島憲之先生の文にふれたのが、その端緒となったといえようか。この大系の三巻(一九五六年)末尾に付けられた文献解題は、青木和夫氏の筆になるもので(直話による)、そこには小島先生の論文も紹介されていたが、それらを実際に手にとったのは、大学に入ってからのことであった。

小島先生による漢籍研究については今さら改めて述べるには及ばないと思われるが、一九七〇年代ごろまでの業績は、とくに古代史とも縁が深い。『日本書紀』が、唐代の類書『芸文類聚』によって書かれたとする説は、最も有名である。書紀は『古事記』と異なり、正式な漢文体で書かれており、漢籍にみえる故事や表現をふまえた箇所が少なくない。したがって一見すると、多数の漢籍を渉猟して作文したようだが、『文選』やいくつかの史書を除くと、直接見たものはさほど多くない。むしろ唐の欧陽詢によって作文、著述用に編まれた類書『芸文類聚』を参照した場合が多かったというのである。

類書の利用ということは、今日では学界共通の認識となったが、この説の出たころは大きな衝撃を与えたことと思う。書紀の史料批判にとっても大きな指針となった。ただ誤解のないよう補足すれば、類書の利用は、日本古代の中国学が低水準であったことを示すわけではない。こうした著述法は、そもそも中国で長く行われていることであり、南北朝時代以降、『華林編略』『修文殿御覧』『北堂書鈔』『初学記』以下、多数の類書が作られたのも、そのために他ならない。日本にはそのようなやり方が、そのまま受容されたに過ぎないであろう。

もう一つふれておかねばならないのは、書紀が利用した類書が『芸文類聚』と決められるかどうかという点である。小島先生は根本となる論述では、現存する類書の中では、という条件つきで『芸文類聚』を挙げられたが[1]、多くの場合、この条件を強調されていない。今日の辞典編纂でも、先行の辞典の内容が後続の辞典に引き写されるという現象がおこりがちだが、類書の場合もそれがあった。したがって『芸文類聚』とよく似た内容をもち、いまは滅んだ類書が使われたこともありえないわけではない。こうした観点から、『芸文類聚』説には早くから批判があり、現在では『修文殿御覧』が使われたとみるのが妥当であろう[2]。

ともあれ漢籍が直接参照されるばかりでなかったことは、これで明らかになったわけだが、小島先生や森鹿三氏によってクローズアップされた原本系『玉篇』の利用も、同様な例として研究者の共通認識になっている。(3)『玉篇』は、六世紀に梁の顧野王によって編纂された部首引きの辞書であるが、見出し漢字の意味を付けるについて、多くの漢籍の用例が示され、それにまま撰者の見解が「野王案ずるに」という形で加えられている。宋代の改修で、この引用は削られてしまったが、日本には原形を伝える写本が、部分的ではあるが伝存した。ここに引かれる数々の漢籍が、便利に参照・利用されたのである。

この事実が発見される端緒となったのは、令の注釈書に引かれた漢籍であった。早く井上順理氏が、『令集解』にみえる『孟子』の引用をはじめ、多くの漢籍が『玉篇』からの間接引用であることを指摘されていたが、小島・森の両氏はこれとは別に、期せずしてほぼ同じころに同様な事実に気づき、『令集解』の詳しい検討を展開された。私が大阪市立大学で講莚に連なったころの小島先生は、丁度『玉篇』の利用というテーマに打ち込んでおられた。一九七〇年(昭和四十五)五月に京都大学の史学研究会大会で行われた森鹿三氏の講演内容を、聞いてきた私に熱心に訊ねられたのを思い出す。小島・森両氏によって本格的に始まった『令集解』における『玉篇』利用の問題は、その後、林紀昭氏や関西大学令集解研究会の研究に結実していった。(4)

小島先生が『玉篇』のことを口にされるようになる少し前から、法学部の牧英正先生が林紀昭氏や橋本久氏と開いておられた小人数のゼミに、学部生ながら加えていただき、『令集解』賦役令を読んでいた私にとって、『令集解』の引用書の問題は人ごとではない関心事だった。類書といい『玉篇』といい、古代人はどこまでそれらを利用していたのか、本当に読んだのはどのような漢籍であったのかという疑問が、常に強く意識されるようになった。

この問題意識はその後も持続し、研究テーマの一つとなったが、その途中、未完に終わった企画のことが思い浮かぶ。それは小島先生の定年を祝って上代漢籍年表を作るという企てであった。論文集よりも、あとに残る仕事をという先生が、それならば結構、ただし分担執筆されて出来上がった原稿に御自分で目を通した上でと認められたものである。私が割り当てられたのは、他ならぬ『令集解』や正倉院文書の漢籍であり、それを年表化する作業であった。これまで述べたことからもわかるとおり、集解に関しては容易なことではない。集解にみえる漢籍といっても、収録されている諸注釈がそれぞれに引用しているものであるから、おおよその年代は各注釈の成立年代を援用して決めることができる。しかし肝心の引用が孫引きなら、その時点で存在し、参照された証拠にはならず、年表に載せることはできない。孫引きか直接引用かを決めてゆかなければならなくなった。「上代」という年代限定からすると、大宝令の注釈書で、天平十一年(七三九)ごろ成立したとされる『古記』が問題であり、まずその引用書を抽出、『玉篇』からの孫引きとみられるのを落とす。その際すでに主観的判断によらねばならないことがあるが、残った書についても、類書から引かれたかどうかは推論によるしかなかったのである。結局自信のないまま、担当分の原稿を作って提出したが、幸か不幸か、それは日の目を見ることはなかった。集まった全体の原稿について、小島先生は遂に公刊する承認を与えられなかったからである。

二　読まれた漢籍

古い思い出を記すことになったが、その結末はのちに譲るとして、さし当たり注意しておきたいのは、小島先生の類書や『玉篇』に対する研究は、孫引きされた書籍、上代人が実際手に取らなかった書籍を炙り出すものだったことである。高峰として聳え立つ研究を前にして私が考えたのは、逆に実際に読まれた本を確かめることはできないかということであった。たとえば正倉院文書に書写したことが見える漢籍は、少なくともその時点で存在が確認できよう。しかしその方面の調査はすでにやり尽くされており、また実際に読まれたという保証はなかった。

しかし上代人が手にした書物を知る手がかりがないわけではない。彼らが文書や木簡に残した習書や落書がそれである。この方面についても、正倉院文書に関してなら第二次大戦前から手がつけられていたし、木簡については小島先生が、いち早く『千字文』の習書があることを指摘されていた(6)。しかし正倉院文書には、『大日本古文書』に活字化されていないものもあったし、木簡はまだ手つかずの史料が多い。そこで平城宮跡出土の木簡に、『文選』李善注の習書があるのに気づいたのを手はじめに、零細ではあるが未開拓だったこれらの史料を調査していった。その結果は論文集に入れてまとめている(7)。

いまそれをもとに、その後の発掘調査で見つかったものを加え、古代の官人たちが確かに手にしたといえる漢籍をあげてみよう。ただし書名だけしか文面に見えないものや、間接引用の可能性があるものは除いた。

論語・同何晏集解

古文孝経

爾雅

千字文

葛氏方

文選李善注

王勃集

魏徴時務策

杜家立成雑書要略

楽毅論

これらの漢籍のうち、『論語』と『千字文』は、私がはじめて藤原宮木簡の中に習書があることを指摘したころとは比較にならないほど、出土例が増加している。宮跡のみならず、七世紀の地方官衙からの出土もあることを考えに入れれば、早くから相当流布したことは間違いない。この両書は中国では幼学書として学ばれたものであり、我が国でも入門用として広い読者を有したことが、ますます明らかになってきたといえよう。『古事記』応神段に記された王仁による請来の話に関して、これは学問の伝来を語るのに、入門書として普及していた両書を挙げたのであろうと推測したことがあったが、それもさらに裏付けを得たことになる。

それについて、韓国でも興味深い発見があった。二〇〇一年三月初め、訪韓した際、釜山大学校博物館で金海市鳳凰洞遺跡から出土した『論語』習書の木簡を、同校の好意で見ることができた。一緒に出土した遺物によって、六世紀後半から七世紀初めのものとみられる。出土後すぐに保存処理のためソウルに送られ、戻ったばかりという遺物である。ソウルでの検討で、『論語』公冶長篇の一部を記したものであることがすでにわかっていた。上下端とも折損していて、六〇字足らずの文字が墨書されている。この木簡で興味深かったのは、その形が方一・七〜一・八センチの角柱状をしていることである。文字は四面にあって、漢簡にみられる觚の一変形といっていいだろう。觚はふつう六面体をしていて習書用とされるが、これもまさに習書と考えてよい。

これとよく似た木簡が、日本でも徳島県の観音寺遺跡で出土している。長さは現存六三・五センチ、二・五〜一・四センチ角とやや不整形な角柱だが、やはり『論語』の学而篇が書かれている。年代は七世紀前半に遡るともいうが、同時に出た土器の年代観には異論もあり、[8] 七世紀半ば以降のものとしておくのが穏やかであろう。こうした習書のあり方が、古代朝鮮に遡ることをよく示しているといわねばならない。なお韓国の習書は、何晏『論語集解』本(四部叢刊)でいうと巻三「不欲人」云々(一九頁三行目)から、「曰仁矣乎、曰未」(二〇頁一〇行目)までが残る。欠けた文字数を計算すると、もとの長さが九〇センチはあったことになり、長大さも共通する。ただその本文系統が、日本と同じように集解系のものだったかどうかは確証がない。むしろ集解本にある「也」字がない箇所が二つもあるのは、中央アジアのトルファンで見つかった唐の景龍四年（七一〇）の写本と一致し、北朝系のテキストをもとにしていることも考えられるが、これは将来にわたる検討課題であろう。

この木簡は韓国で初めて出土した、漢籍を習書した木簡だという。その内容が『論語』の公冶長篇であると聞き、その実物を調査する日本人はあなたがはじめてだと言われて、私は不思議な因縁を感じずにはおられなかった。私が一九七五年に、藤原宮木簡からはじめて『論語』の習書をみつけたときも、内容は同じ公冶長篇であったからである。韓国の習書とは重ならないが、続き具合からいうとわずかに先立つ部分であり、もしかすると折損した上部には、藤原宮のと同じ「糞土之牆」云々のところが記されていたかも知れない。

それはともあれ、他の木簡の習書に目を転じると、既存の漢籍写本との関係が注目される。既存の漢籍写本といっても、古代のものは決して多くないわけで、正倉院宝物としてのみ残った『杜家立成雑書要略』や『楽毅論』のようなものもある。しかもこれらはともに光明皇后の自筆になる特殊な調度写本である。また『王勃集』も、日本での写本となれば、正倉院蔵の一本しかない。筆者は不明だが、これも貴顕の筆になる調度といってよい。したがってこれらだけしかなければ、当時の漢文作品にみられる影響などを傍証としたところで、皇族や貴族への普及をうかがえるに過ぎないということになろう。

しかし木簡の習書が出てくれば、その読者の広がりを考えねばならなくなるのは、先にも述べたとおりである。この意味で興味深いのが、東北地方で発見された『杜家立成雑書要略』の場合である。

これは木簡の表裏に次のような形で記されている。

(A) 杜家立成雑書要略　雑書略要成　立家

(B) 杜家立成雑書要略一巻雪寒呼知故酒飲書

この木簡の意義については、吉野武氏の執筆された報告に詳しいが[9]、書名と本文冒頭の書簡文例を写した習書であることは間違いない。この書はもともと一巻からなる簡便な書簡文例集（書儀）であるが、これによってその写本が、律令国家の東北経営の拠点だった陸奥国府（多賀城）にまで運ばれ、下級官人によって学ばれていたことが知られるわけである。地方官衙で習書が出土したことにより、この書物の受容の広がりが一挙に確認されたといえる。

この木簡の墨色を眺めていると、官人がどのように習書したかを想像できるのも、この種の史料の強みである。報告書では、書名をいろいろに書く(A)面から、内容に入る(B)面に書いていったと解釈されているが、出土するまでの遺存状況による違いなどを考えるとしても、(A)面の六字目「書」から下と、(B)面の九字目「一」から下は、その前の部分とは墨色や文字の気分が少し異なっているようである。(B)面でいえば、書名の八字がまず謹直に習書され、少し時を置いて「一巻」以下が書き継がれたのではないか。書名の手習いをしていた官人が、ふと筆を休め、やや気楽に内題から本文へ筆を進めてみたというところであろうか。正倉院本をみてもわかるとおり、「杜家立成雑書要略一巻」というのは、本書を繙いて現れる内題である。「一巻」の下にいきなり最初の文例の題が続いているのは、木簡の手習いだからとも解されるが、あるいは手本となった写本が、内題の下からすぐに本文につなげる書き方をしていたのかも知れない。そうした形式の写本は、中国敦煌発見の私的な写本類には、よく見掛けるところである。なお正倉院本と比べると、同本では(B)面の「呼」「酒飲」に当たる箇所が、それぞれ「喚」「飲酒」となっている。報告書にあるように、これは正倉院本とは別系統の本文をもつ写本があり、それを習書の手本にした結果かも知れない。そうなれば、瑣細なことだが、これもまた受容の広さをうかがわせる事実であろう。ただ文をたどり読みしながら習書したとすると、手本の「飲酒」を「酒を飲む」と日本風に書いてしまったとも考えられ、「酒飲」については本文系統の違いとまでは言わない方が穏当かと思う。

木簡などの習書・落書を、既存の漢籍写本と照合して新しい認識が得られることは以上のとおりであるが、同様なことは広く日本に残る漢籍古写本や、古い書物に引用された漢籍についてもいえる。すなわちその渡来が古代にあったこと、典籍の撰者が確かにその写本を見て引用したのであろうというようなことが類推できるわけである。日本に残る漢籍写本は、全体として『論語』や『孝経』を除くと経書が少なく、詩文集や医学・陰陽などの方技書が多いという大まかな特徴があるが、それが習書・落書の傾向と一致するのも偶然ではないであろう。(10) 零細な習書・落書が教えてくれることは、決して少なくない。

三　『古記』の引用書

しかし習書や落書での判断は、今後事例がふえてゆくとしても、自ら限りがあるであろう。あの

『令集解』のような大物を相手にしてどう考えたらよいかという問題は、なお残るのである。その後、長らく放置していた『古記』の漢籍を改めて見直していて、私には一つの見通しが思い浮かんだ。こういう見方をすれば、ある程度『古記』の撰者が実際使った漢籍を絞り込めるのではないかというアイディアである。それを賦役令17孝子順孫条に適用してみた結果の一端は別に述べたことがある[11]が、そのアイディアを検証するにはより広く事例を集めなければいけない。とりわけ出発点として、『古記』撰者の使った書物をもっと厳密に確かめてゆく必要がある。少し面倒な作業になるが、そのあたりから始めてみよう。

はじめに、利用されたことが確実な『玉篇』の場合をみておく。『令集解』における『玉篇』の使われ方を知るには、『古記』ではないがつぎの例が一つのサンプルになる。

伴云、義解、緝者、毛詩、緝続也。国語、緝明也。爾雅、緝光也。野王案、緝摺也。説文、緝続也。方言、所以懸擢、謂之緝也。

伴に云わく、『(令)義解』に「緝」というは、『毛詩』に緝は続なり。『国語』に緝は明なり。『爾雅』に緝は光なり。野王案ずるに、緝は摺なり。『説文』に緝は続なり。『方言』に、懸擢する所以、之を緝と謂うなり。

これは職員令の集解中で、図書頭の職掌につけられた注釈の一つである。伴記は『令義解』の注釈らしく、この場合も令条の「国史を修撰し」という語句に対し、義解が「史書を修緝するなり」といっているのをうけて、「緝」の字を解説している。ただ独自の解釈なのではなく、文中に「野王案」との句がみえるように『玉篇』を利用したもので、実際は『毛詩』以下全部が『玉篇』からの引用である。原本系『玉篇』は先にも書いたとおり一部しか現存しないが、幸い糸部「緝」の項は完存し（高山寺蔵唐鈔本）、逐一対照して確かめることができる。まま節略はあり、引用書の順が入れ換わっているところもあるが、ほぼ『玉篇』どおりである。

ここで注意しておきたいのは、『玉篇』の文は引用に当たって書名のみをこのように挙げることである。『毛詩』の鄭玄による注や『爾雅』の郭璞の注などを挙げるときは、「箋云」「郭璞曰」などと、「云」や「曰」が挿入されるが、書名に「曰」「云」などが付かないのは大きな特色といってよく、これまでも『玉篇』の引用を識別する手がかりの一つとされてきた[12]。

これを応用すると、つぎの『古記』などは全て『玉篇』とみることができる。

古記云、爾雅、幬、謂之帳也。説文、帳帷張也。字書、帳帷。広雅、帷帳也。周礼、幕人掌帷幕幄布之事。注云、在旁曰帷、在上曰幕。幕或在地、展陳於上也。方言、幕覆也。広雅、幕帳也。（職員令33大蔵卿条）

右のうち、「周礼」云々より前は、「帳」の訓詁、それ以後は「幕」の訓詁を引用したものである。後半の「注云」という表現は『玉篇』の体例に合わないとして、その前の「周礼」云々と合わせ、直接『周礼』から参照されたとみる意見もある[13]。たしかに『玉篇』なら、「鄭玄曰」などとあってよいところである。しかし『玉篇』を使うのに、必ずそのとおり引くとは限らないであろう。先の伴記でも、省略や記事の順序の入れ換えがみられた。引用者が「注云」と簡略に引くことも想定しておいた方がよい。ただ『玉篇』の引用書名を「曰」や「云」をつけずに残すことが貫かれているのは、注意してよい。

それでは『玉篇』以外の本を、『古記』はどのように引いているのであろうか。つぎの例はこれを考える手がかりとなるはずである。

古記云、(中略)問、大八州、未知若為。答、日本書紀巻第一云、(下略)。(公式令1詔書式条)

「大八州とは、いまだ知らず、いかん」という問いを立て、これに『日本書紀』神代巻の国生みの記事を引いて答えているところである。この書紀の引用が直接のものであることはまず疑いない。そういう場合、『古記』は「某書に云わく」と「云」を付けて引くということである。数は少ないが、『古記』が和書を引いた例として、『漢語抄』の場合も参考になろう。

古記云、(中略)漢語抄云、輿、母知許之。腰輿、多許之。(宮内省43主殿寮条)

『漢語抄』は、八世紀初めの官人、楊胡史真身が撰したとされる最古の漢和辞書で、漢語を挙げて、その和名を万葉仮名で示す。[14]「もちこし」「たこし」などがそれである。集解諸本の多くは「抄」字を欠くが、あってもなくても書名と判断できよう。ここでも『古記』は「云」を付けて引用している。

したがって、『古記』がある書物を直接見て引用する場合は、書名に「云」を付ける形にしているのではないかと予測できるが、このことは他の日本の書物にもほぼ例外なく当てはまる。一々引用するのは省くが、『古記』に引用の多い『八十一例』は、全て「云」を付けて引かれ(国史大系本集解369 5a、688 5b、714 6a、715 4a、717 1a、718 7b、963 1a。上の数字はページ数、下は行数、abは双行《そうぎょう》の右左を表わす。以下同じ)、一回だけ賦役令に引用のある『苗簿式』も同様である(399 1b)。『八十一例』は、大宝令の付属法令集的な性格の書物、(15)『苗簿式』は単行の式である。双方とも間接に何かから引用する性質のものでないのは明らかであろう。

ならばこれを漢籍の引用に適用してみてはどうかというのが、先に書いた私の着想であった。漢籍の引用を見わたすと、書名に「云」の付く場合もあるが、「曰」で引く場合もある。その違いは、参照の仕方と何か関わりがあるのではないであろうか。

四　「云」で引かれる漢籍

和書の時と同じように、『古記』撰者が直接見たに違いない漢籍でどうなっているかを、まず調べてみる。さしずめ挙げられるのはつぎのような法制書の類である。

開元令
開元式
格後勅
関(開)格私記
垂拱格
律疏議
判集
紀氏傍通

令や格式、律疏などは言うまでもないが、『関格私記』は校注にもあるように『開格私記』の訛で、開元格の注釈、『判集』は模範判例集、[16]『紀氏傍通』も内容からみて唐令の注釈（あるいは邦人の撰か）であって、いずれも『古記』撰者の直接引用であることは疑いないであろう。

このうち『開元令』については、つぎの二つの形式の引用がある。

(イ)古記云、（中略）開元令云、其城居之人、本県无レ田者、聴二隔県受一レ之。

(ロ)古記云、（中略）問、一百之牝、謂有六十、未至遊牝之間、若為作群。答、案本令、至四歳為別群也。開元令、牡馬牝牛、毎三歳別群、准例置尉長、給牧人。

八件中、七件までが(イ)で、一件が(ロ)である。問題は(ロ)をどうみるかであるが、これを読み下せば左のようになろう。

問う、一百の牝、謂《おも》うに六十有り、未だ遊牝するに至らざるの間、いかに群を作るや。答う。本令を案ずるに、四歳に至りて別群と為すなり。開元令に、「牡馬牝牛は、三歳毎に群を別け、例に准じて尉長を置き、牧人を給え」と。

一見して、末尾の令文がその前の「本令」に当たることがわかる。したがって『古記』の文はもともと「開元令」の前までで、令文は追記か、追記の書入れが本文のように書写されたものと見られないこともない。しかしそう厳格に考えるにも及ばないであろう。

『古記』の引用を見わたすと、「某書に依るに」(387 3b)とか、取意文的な「某書を案ずるに」という(260 5b)以外に、全く書名だけを挙げて文を引くことがままある。喪葬令5職事官条の『古記』が引く『治部省令』は、その一例といってよい(963 1b)。漢籍の場合だと『玉篇』の引書との区別が厄介だが、これも『古記』が本を引用するときの体例の一つと認めるべきだろう。

これと別に、法制書の引用を介して知られる『古記』の特色がある。つぎの二つを見ていただきたい。

(A)古記云、(中略)開元式第二巻云、其開荒地、経二年収熟、然後准例。(田令372 3b)

(B)古記云、(中略)謚法、令問通達、曰宣也。開元令云(中略)、開元式四巻云、諸祠祀、若臨時遇雨、霑服失容、則以常服従事。若已行事遇雨者、則不脱参服。(学令445 13a)

どちらも「云」を付けて引用する点では、とくにいうべきことはない。興味深いのは巻第の表示法である。通例、書物の巻第は、もとの本が先にみた『杜家立成』のように、そうなっていないならばとにかく、「巻第幾」と表示される。『古記』も先掲の『日本書紀』ではその挙げ方だったが、(A)のような方式もとっていることがわかる。「其の荒地を開かば、二年を経て収授し(原文の「熟」は引用されている条文や文意からみて「授」の誤りか)、然る後、例に准ぜよ」は、『開元式』巻第二に収録されていたに違いない。

この(A)と比較すれば、(B)の「四巻」は「第」が抜けているものの、当然「巻第四」のことであろう。(B)の書き方は『古記』の他の部分にもみられ、『古記』撰者が本を引用する時の癖ともいえるものである。[17] 考課令50一最以上条の『古記』に、「一案」として「格後勅下帙十四巻云」と、その内容を引くのが適例といえよう。またここに「下帙」とあるが(一帙はおそらく巻子一〇巻を一括したもの)、所在を示す上・中・下などの「帙」を呼称に付けるのも、『古記』のみの特色である。こういう「癖」に着目すると、それはつぎのような引用を判断する武器になる。

古記云、学校者、毛詩上帙四巻、子衿詩云、子衿、刺学校廃也。乱世則学校不修。注、鄭国謂学為校。言可以校正道芸也。

古記に云わく、学校とは、毛詩上帙四巻の子衿の詩に云わく、子衿は学校の廃せるを刺するなり。乱世には則ち学校修らず。注、鄭国、学を謂いて校と為す。言うこころは、以て道芸を校正すべきなり。

（職員令13式部卿条）

これまでもこの『毛詩』と注（鄭箋）の引用は孫引きではないであろうとされてきたが、確かな根拠をもってそう言うことができるわけである。また戸令7目盲条や選叙令23癲狂酗酒条に引かれる「甲乙子巻」も、かつて述べたように、医書『甲乙』の子巻（十二支による巻第）で、同様な表示法のヴァリエーションに違いあるまい（267 3a、500 3b）。

以上をまとめてみると、『古記』は和書、漢籍を問わず、本を直接見て引用する際は「云」を付けて引くこと、巻第まで示すときは「幾巻」と書くことが多いこと、また巻子を分ける「帙」も表示する場合があることなどが明らかになった。簡単に言えば、「某書云」とあったり、「幾巻」「某帙」などと示されたりする書は、直接引用だということである。

五　類書の利用と「曰」

この結論を試すことのできる恰好の例が、以前書いた賦役令17孝子順孫条の場合であった。この条では、孝子や順孫、義夫・節婦に当たるような人物の顕彰と、各種負担の減免が定められているが、ことの性質上、孝子・順孫などが具体的にどのような人物なのかが問題になる。『古記』をはじめ、この条の諸注釈は、漢籍からその実例を示した。したがって集解のこの条は、異例に漢籍引用の目立つ例の一つとなっている。そこでその内の何が直接引用かということになるが、その判別に効果を発揮するのが「云」形式の引用形態である。少々長くなるが、問題の部分を抜き出してみよう。

(1)古記云、孝子、謂、孝経序曰、「顔回・閔子騫・冉伯牛・仲弓、性至孝也。唯曾参躬行二匹夫之孝一。故夫子告二其誼一。於レ是、曾子喟然知二孝之為レ大也」。韓詩外伝曰、「曾子曰、吾嘗仕為レ吏、禄不レ過二鐘釜一。尚猶欣々而喜者、非レ以レ為レ多也。楽二其養レ親也。親没之後、吾嘗南二遊於楚一、得二尊官一焉。堂高九仞、榱題三尺、転レ轂百乗。然猶北面而泣涕者、非レ為レ県也。悲レ不レ見二吾親一也」。格後勅云、「(中略)」。又云、「(中略)」。又云、「(中略)」。

(2)順孫、謂、孝子伝云、「孝孫原谷者楚人也。父不孝之甚、乃厭患之、使下原谷作レ輦、扛二祖父一送中山中上。原谷復将レ輦還。父大怒曰、何故将二此凶物一還。谷曰、阿父後老復棄レ之、不レ能二更作一也。頑父悔悟、更往二山中一、迎レ父還、朝夕供養、更為二孝子一。此乃孝孫之礼也。於レ是閨門孝養、上下无レ怨也」。

(3)孝孫・順孫、其別若為。一種、文異義同。桑案、魏徴時務策云、「義夫彰二於郄缺一、節婦美二於恭姜一。孝子則曾参之従、順孫則伯禽之輩。〔順孫猶承二順於祖考一之孫也。毛詩皇矣篇毛注曰、「(中略)」〕、孝経孔氏注云、「承二順祖考一為レ孝也」〕、周書謚法云、「孝順也」。伯禽、此文王之孫、即周公之元子也。魯頌閟宮篇曰、「（中略）」、箋注云、「（中略）」。又維天之命篇曰、「文王受命、七年五伐之」、箋注云、「（中略）」。尚書大誥曰、「（中略）」、孔氏注云「（中略）」、尚書文侯之命篇曰、「（中略）」、孔氏注曰、「（中略）」。此自二文王武王一至二於周公一、有二継代之道一、即周公之子伯禽、承二順祖考之道一、有二征伐之志一。安二救其人民一、定二安其社稷一。故謂二伯禽一為二順孫一也。又尚書大伝曰、「（中略）」。言康叔伯禽、並二子見二於商子一、而既識二於孝順之礼一也。輩、猶レ徒也。論語先進篇曰、何晏注曰、「先進後進、謂士先後之輩」、皇侃疏曰、「輩、猶レ徒也」」。

(4)古記云、精誠通感者、劉向孝子図曰、「郭巨、河内温人。其家富、父没分二財二千万一、為二両分一与二両弟一。己独取レ母供養、寄二住隣家一。妻産レ男、慮三養レ之則妨二供養一。乃令二妻抱レ児、己掘レ地欲二埋之於土中一。得二金一釜一。上有二鉄券一云、賜二孝子郭巨一。還二宅主一不二敢受一。遂以問官。々依二券題一還レ巨。遂得レ養レ児也」。楚国先賢伝曰、「孟宗母、生時嗜レ筍。冬節将レ至、筍尚未レ生。宗入二竹林一哀歎。而筍為レ之出、供レ祭也」。蔡邕別伝曰、「邕、字伯喈。性篤孝。母卒、廬二乎冢側一、動静以レ礼。木生二連理一也。又有レ菟、馴二擾其室傍一也」。王韶之孝子伝曰、「李陶、交趾人、母終、陶居二墓側一、躬自治レ墓。群巨烏銜レ塊、助レ成レ墳也」。

読み下しを付けると、あまりにスペースをとるので、「 」と句読、返り点にとどめ、内容も省略を加えた。これをみると、『古記』の引用書の中に、「云」で引かれるものと「曰」で引かれるもののあることが知られよう。これまで特に説明は加えなかったが、「云」と「曰」はともに「いう」と読まれても、本来の漢字としては違いがある。「云」は伝聞や引用の場合、「曰」は誰それが言う、の意だという。国語学でもこの違いに関心がもたれ、独自の解釈もある。[18] 本来の用法からいえば、本を引用するなら「云」を使うべきことになろう。しかしこの方面に関して、公文書や実用的な書物の表記に使いわけが厳密になされた形跡は、全く認められないといってよい。先の拙稿でも挙げておいたとおり、奈良時代の文書では、誰かの文書を引用する場合でも、人の発言をのせるときでも、区別なく「云」が使われている。[19] 実用的には、もっぱら「云」が使われたわけである。『古記』が直接引用の書名に「云」を付けたのも、その流れの一環と理解できよう。

そこで再び引用の『古記』をながめてみる。(1)ではまず『孝経』序、『韓詩外伝』が「曰」で引かれ、続く『格後勅』は「云」となっている。『格後勅』の引用は計三回だが、いずれも「云」で変化はない。「云」と「曰」の別がほとんど意識されていなかったことからすると、単なる混用と考えることも可能ではあろう。しかし同じ条文についての一連の記述で、なぜこうした混用が起きるのだろうか。「云」「曰」の別が意識されていないなら、むしろどちらかで通してしまうのが、撰者としてのふつうの感覚であろう。そうかといってこれが伝写の間に生じた異同とみるのもむずかしい。もとは「曰」か「云」で通されていた用字を、よほど気まぐれでない限り、書写した人物がわざわざヴァラエティをつけるとは考えにくいからである。『古記』撰者が漢籍を見たその方法に、差違があったのに違いないだろう。

改めていうまでもないが、「云」の付いている書物が直接参照されたもの、「曰」とあるのは何かを引き写したものと考えるのである。しかし引き写された書は、この場合決して『玉篇』ではない。『玉篇』ならこれほど長い引用にはならないであろう。おそらくこれは何らかの類書からの引用とみるのが妥当と思う。『芸文類聚』でも『初学記』『太平御覧』でも、類書というものを開いてみれば、その引用書がみな「曰」で引用されているのは明らかである。この体例は、我が国で編纂されてその残巻が伝わる『秘府略』でも踏襲されている。先の『孝経』序や『韓詩外伝』は、一連の孝に関わる記事をのせた類書から、抜萃されたものに他ならないであろう。

そうなると(2)の『孝子伝』は、撰者が直接参照したものとなる。この『孝子伝』の文は、現在陽明文庫にある『孝子伝』(中世後期写本)と同系のものだが、『古記』の引用が直接なされたことが押さえられることによって、この系統の『孝子伝』の舶載が八世紀前半以前と確定できるのは意義深い。

逆のことが(4)の劉向《りゅうきょう》『孝子図』以下については言える。ここに並ぶ諸書は、いずれも「曰」で引かれるものばかりである。「劉向孝子図」とか「王韶之孝子伝」といった撰者名+書名という挙げ方も、類書の場合と瓜二つである。全てが類書からの孫引きとみなして誤りない。なお「蔡邕別伝」という書名を、国史大系本は「蔡邕列伝」と改めていて、一般にこれが踏襲されているが、それは正しくないだろう。「列伝」と改めるのは、『後漢書』に蔡邕の伝があるためだが、「何某別伝」という書物は蔡邕に限らずあり、しかも『蔡邕別伝』そのものが『北堂書鈔』など類書に引かれている。この部分が類書の孫引きとわかれば、むしろ『蔡邕別伝』という本文が生きてくるのである。

ではこれまでふれなかった(3)はどうなのであろうか。最初の『魏徴時務策』が直接引用であることは、例の体例に照らしてまちがいない。問題は「曰」と「云」の混在する〔 〕内の諸書である。こういう事例をみると、これまで使ってきた「云」「曰」の基準は、全く無力で単なる思い込みに過ぎないようにも考えられてくる。しかしおそらくそうではないであろう。『玉篇』の利用のところでも書いたが、引用者が全ての記述を完全にそのまま引き写すわけではない。少しぐらいの逸脱はあるだろうし、伝写の過程での変化もやはり考慮に入れる必要はある。

この(3)の「毛詩皇矣篇毛注曰」以下では、特殊な書名の挙げ方が、まず注意されよう。書名＋某篇という呼称が、末尾の『論語』まで一貫している。これはこれらが一連のものであることを示し、現状では「云」の使われている箇所ももとは「曰」で統一されていたのであろう。「云」は二次的な改変とみた方がよい。それならこれらは類書の記事なのかというと、そうではないと考えられる。漢籍の引用の前に「順孫は猶《なお》祖考を承順するの孫なり」とあるばかりでなく、途中にも「伯禽は此れ文王の孫、即《すなわ》ち周公《しゅうこう》の元子《げんし》なり」とあり、また「此自文王武王」から「故謂伯禽為順孫也」までも、一種の地の文である。それよりあとにも「言うこころは、康叔・伯禽、並びに二子、商子に見《まみ》えて、既に孝順の礼を識《し》るなり。輩は猶《なお》徒のごときなり」と同様な文がある（「晋、進見也。喬々、殺上見也」や「払、撫也」などは『尚書大伝』の注であろう）。

すなわちこの一段は、『魏徴時務策』の本文に対し、各種の漢籍を引いてその意味を解説した部分ということになろう。かつて私は大宰府跡出土の木簡に『魏徴時務策』の習書が発見されたのをうけて、『古記』引用のほか他の佚文をも合わせ、『魏徴時務策』の性格について、考えを述べたことがあった。[20] その中で『魏徴時務策』には元来注が付いており、本文と注が一体になって、策文の模範文例集としての役割を果たしたことを明らかにしておいた。そのときは気づかなかったが、多くの引用を含むこの一段こそ、まさに『魏徴時務策』の注であろうと考える。引用の間に挟まる地の文が、『魏徴時務策』本文と密接に対応することからして、それはほぼ疑いない。他の文献に「時務策注」の佚文は三条しかなく、いずれも短い文であるから、これは『魏徴時務策』の原姿を伺う上に、まことに貴重な記事といえよう。

六　五経正義の引用と「曰」

これまでの検討で、「云」による判別が相当の有効性をもつことを確かめられたと思う。そこでこれまで取り上げていない漢籍を、この視点からさらに検討してみる。

『古記』の引用書の中でかなりの部分を占めるものに四部分類による経部の書がある。『礼記』『毛詩』『尚書』『春秋』『孝経』『論語』とその注、『爾雅』『切韻』などである。これらについては様々な引用形態があり、また複数の引用箇所が全て同じ条件で引用されているという保証もないので、これまでのように簡単には判別できないむずかしさがある。したがって全てにわたって引用実態を示すことはできないが、個別に状況を記しておこう。なお以下の記述で扱う引用事例は、『玉篇』や『魏徴時務策』注に拠ったとみられるものを除いてある。

まず問題なく直接引用といえそうなのは、『爾雅』である。計十五例にのぼる引用が、みな「云」でなされている（1828b、3115b、5634b、9714a9a、9722a3a4a〔二箇所〕5a6a7a8a、9732a4a）。長屋王家木簡の習書にも『爾雅』の序を書いたものがあり、ヴォリュームの少なさもあって、かなり普及した書であったとみてよい。『毛詩』も『爾雅』ほど明確ではないが、直接引用の可能性が濃厚である。さきに「上帙四巻」(79 2b)という特徴的な表示についてみたが、他の四箇所の引用も「云」でなされている(63 1a、311 8a、572 4a、957 6b)。『孝経』の場合は、「云」で引くものがあるものの(570 8a、571 1a)、「曰」で引く例(482 6a、959 2a)や単に「孝経」で引く例(955 7a)もあり、引用形式だけでは限界がある。しかし子細にみてゆくと、解決できないことはなさそうである。

『孝経』で注目されるのは、隋の劉炫の撰になる『古文孝経述議』に『古記』が言及していることである(570 8a、571 1a)。なかでも職員令3中務卿条のつぎの引用(63 1a)が重要だろう。

炫孝経題云、拾其滞遺、補其弊漏也。

炫の孝経の題に云わく、其の滞遺を拾い、其の弊漏を補うなり。

これは侍従の職掌の「拾遺補闕」に対して『古記』が注した文中に、「春秋伝」「曲礼下」「毛詩」などと並んで引かれている。従来の研究では「炫」を前段の「曲礼下」に伴う誤字ないし衍字とする見解が行われているが、文の内容は林紀昭氏の指摘どおり、『孝経述議』序に一致するから、撰者名と解すべきである。「題」は発題、すなわち序のことであろう。林氏はこの前後一連の引用を類書から出たとされたが、『孝経述議』を引いた類書は見当たらず、やはりこれは小島憲之先生なども述べられているように、直接参照されているとみてよい。そうなると述議とともに、量的にも簡便な『孝経』があわせ利用されたと考えるのが妥当である。

「云」「曰」といった引用形式で明確には判断が下しにくい点では、『礼記』『尚書』『春秋』『論語』も、似たような状況にある。その場合、右の『孝経』について用いた注釈書からの視角が重要な意味をもってこよう。当時の経書の注釈書は、日本伝存の古写本にも実例があるとおり、本文を略抄して掲げ、それに注を記すという、いわゆる単《たん》疏《そ》本《ぼん》形式であった。本文と注を統合した会本《かいほん》の形ではない。したがって注を学習するには、別に本文を参照する必要があった。注が参照されているなら、当然本文も撰者の手もとに備わっていたとみなければならない。そこで『論語』以外の三書について、注の引用をみてみよう。

(1)古記云、膳羞、醢菹也。(中略)礼記正義曰、膳、食也。(1236b)

(2)古記云、左〔孔〕伝中帙文、納言、喉舌之官也。聴二下言一、納二於上一、受二上言一、宣二於下一。必以レ信。正義曰、詩、「並〔烝〕民詩」、美仲山甫、為二王之喉舌一。喉舌者、宣二出王命一、如三王之動二咽喉口舌一。故納言為二喉舌之官一也。此官主聴二下言一納二於上一。故以二納言一為レ名。亦主受二上言一宣二於下一。故言、出二朕命一。納言不レ納二於下一。朕命有レ出无レ入。官名二納言一、云出二納朕命一、互相見也。(4556)

(3)古記云、暦数。十九年為一章。(中略)春秋正義曰、古今之言暦者、大率皆以周天、為三百六十五度四分度之一。(中略)是一年有余、十日八百廿七歩。少一百一十三分、不成十一日。〈一巻、正義文〉(728a)

(1)は文中にあるように『礼記正義』、(2)は『古文尚書』孔伝と正義、(3)は『春秋正義』の引用である。

(2)の原文「左伝」は、これまでいわれているとおり、内容から孔安国伝《ぐあんごくでん》に相違ない。これらはみなそれぞれの正義からの直接引用であろう。(2)の「中帙」は、先にも述べた『古記』が直接に引用を行う際の用語である。この場合はその下の「文」と同じく、もとは小字での注記であったとみられる。なお正義の文中の「　」内はすでに林紀昭氏の説にあるように、傍書注記が竄入したものであろう。以下の『毛詩』の詩が、大雅の烝民から出ていることを、後人が傍注していたのである。(3)も直接引用を傍証する興味深い例である。この引用は極めて長大で、それだけでも従来から直接引用の証とされてきたのであったが、末尾の注記(〈　〉内は双行注)もこれを裏付ける。この双行注は、(2)に似た「正義文」という表現で、これが『春秋正義』の文であることを示したものだが、その前の「一巻」は、例の『古記』特有の巻第表示をとって、この文が正義の巻第一にあることを注したものとみられる。『春秋正義』の古写本は存在しないので、その巻分けの詳細はわからないが、当然現存する『毛詩正義』秦風残巻(京都市)や『礼記正義』巻五(東洋文庫)と同じく単疏本だったはずで、一巻あたりの収録分量は後代注疏本より多かったに違いない。引用箇所が隠公三年条であることを考えれば、第一巻に収められていておかしくはないであろう。

こうしてみてくると、『礼記』『尚書』『春秋』の各正義が直接参照されたことは疑いないと思われるが、ではなぜそれらが「曰」を付けて引かれるのだろうか。実は正義の引用は『春秋』についてもう一箇所あるが(434 2a)、それも「曰」での引用である。直接引用なら「正義云」とあるべきではないかという疑問が浮かぶ。しかしこの疑問は、前にふれた現存する正義の古写本を見れば氷解する。単疏本の正義は、まず略記した本文の次に「正義曰」として注を展開しているのである。これを見て引用したとすれば、「曰」が付くのはむしろ自然であろう。

この点は、保留しておいた『論語』の引用を考える上にも役に立つ。『論語』の場合は、単独のもの、何晏の集解からのもの、皇侃《おうがん》の疏の引用と三種にわたるが、皇侃疏からの引用で「云」が多い（144 3b、174 3b、183 1a、357 4a、446 8a）他は、「云」も「曰」も付かないか、「曰」の付く例が多い（323 1a 2a 9a、361 4a、446 8a、468 1b、524 4a 4b、568 1a、576 2b、233 4a、322 2a 3b参照）。そもそも『論語』は、第二節でも述べたとおり本文・集解ともに木簡の習書に現れ、流布したことは確かである。皇侃の疏も、何晏の集解に対する再注釈であって、直接参照されたに相違なかろう。引用例の中にかなり自由な取意文や、引用文の自在な接続がみられるのも（468、524、568など）、『古記』撰者が『論語』の文を充分マスターしていたことを示唆する。にもかかわらず、引用の形式として「曰」が目立つのは、何晏集解の体例が「鄭玄曰」「馬融曰」などとして諸家の注を引く形であること、さらには『論語』全篇に頻出する「子曰」等々の句に影響された結果ではなかろうか。何晏集解の古写本や天文本の姿を思い浮かべていただけば、この推定にも全く理由がないわけでないことを了解していただけると思う。

七　直接引用と間接引用

挙例の点で意を尽くさないところはあるが、『古記』の漢籍引用に対する検討をほぼ果たすことができた。「云」と「曰」の違いに着目するアイディアが有効なことは、これで明らかになったと思う。

ただ「云」で引かれるのが直接引用、「曰」の場合が間接引用という単純な分類は問題のあることが、次第に明確になってきたことも事実である。「曰」の場合も撰者は直接見ているのだが、それを敷き写す意識が強かったために、原書の用字が残ったといった方がよいであろう。

ともあれこの判別法を用いて、引例の少ない漢籍にも見当をつけておく。ただ前にもふれたように「云」「曰」の使い分けは厳密なものではなく、一つの目安であることは断っておかねばならない。

〔直接引用〕

漢書師古注云　3622b

同　地理志云　1384a

漢官典職儀云　3194a

葛氏方云　2674a、5004b

白虎通云　3051b

〔間接引用〕

徐広晋紀曰　3238b

『葛氏方』は木簡の習書からみても直接の引用と確言できる。『徐広晋紀』は、撰者名＋書名という形からいっても類書の孫引きであろう。この他「陸詞曰」として『切韻』を引く例が二つあるが（1269b、7069b）、「曰」とあっても林紀昭氏のいわれたように直接引用とみるのがよいと考える。

以上の考察をふまえ、改めて直接利用されたことがほぼ確かな書を挙げると次のようになる。

〔経部〕
尚書
　尚書正義
毛詩
礼記
　礼記正義
春秋
　左伝正義
論語集解
論語皇侃疏
爾雅
白虎通

〔史部〕
漢書顔師古注、地理志
漢官典職儀
開元令
開元式
関(開)格私記
格後勅
律疏議
判集
紀氏傍通
〔子部〕
甲乙
葛氏方
魏徵時務策

全体として、これまで出ている研究の結果と変わりばえしないところが多いかも知れないが、結論に至る方法が異なっており、いくらか新見を示すことができたと思う。

しかし顧ると、昔の宿題に漸く答えを提出したに過ぎない。あまりに遅い歩みと煮つまらない回答に、泉下の小島先生は苦笑されていることであろう。『古記』の引用書から着想したこの方法が、どれだけの普遍妥当性をもつかの検証はこれからの課題であるが、すでにふれた拙稿でも指摘したように、類書の孫引きに「曰」が残り易いことは確かで、ひとまず「云」か「曰」かと眺めてみるだけのメリットはあろう。ただ最後に反省しなければならないのは、初めに考えていた、「読まれなかった漢籍」と「読まれた漢籍」という図式である。『古記』の撰者は、「云」で引く書はもちろん、「曰」で引く書も、それはそれで実地に当たって引用したのであろう。また『論語』や『孝経』などのように、手もとにある本でも、『玉篇』や類書から手っとり早く孫引きすることもあったと思われる。何がどこまで読まれたかという問題は、まだ果てしなく広がっているといわねばならない。

注

（1）小島憲之『上代日本文学と中国文学』（塙書房、一九六二年）一二三頁。
（2）勝村哲也「修文殿御覧天部の復元」（山田慶児編『中国の科学と科学者』京都大学人文科学研究所、一九七八年）、神野志隆光「『日本書紀』「神代」冒頭部と『三五暦記』」（吉井巌編『記紀万葉論叢』塙書房、一九九二年）。
（3）小島憲之『国風暗黒時代の文学』中（上）（塙書房、一九七三年。一九六九年初出）、森鹿三「令集解所引玉篇考」（『東方学報』京都四一冊、一九七〇年）。
（4）林紀昭『令集解漢籍出典試考』上（私家版、一九八〇年）、奥村郁三編著『令集解引用漢籍備考』（関西大学東西学術研究所叢刊十四、関西大学出版部、二〇〇〇年）。
（5）佐佐木信綱・橋本進吉『南京遺文』（一九二一年）、同『南京遺芳』（一九二七年）。
（6）小島憲之『国風暗黒時代の文学』上（序説、一九六八年）。

（7）拙著『正倉院文書と木簡の研究』第二部（塙書房、一九七七年）、同『日本古代木簡の研究』第二部（同上、一九八三年）、同『長屋王家木簡の研究』第一部（同上、一九九六年）。
（8）大林達夫「周防国府の成立期の土器の年代観・序章」（森郁夫先生還暦記念会編『瓦衣千年』一九九九年）。
（9）宮城県教育委員会・宮城県土木部『宮城県文化財調査報告書』一八四集、市川橋遺跡の調査（二〇〇一年）。
（10）拙稿「上代文学と敦煌文献」（『遣唐使と正倉院』岩波書店、一九九二年）。
（11）拙稿「律令と孝子伝」（『日本古代史料学』岩波書店、二〇〇五年）。
（12）注4林紀昭書。
（13）同右。
（14）蔵中進「『楊氏漢語抄』考」（『島田勇雄先生古稀記念ことばの論文集』明治書院、一九八一年）。
（15）虎尾俊哉「「例」の研究」（『古代典籍文書論考』吉川弘文館、一九八二年）。
（16）池田温「敦煌本判集三種」（末松保和博士古稀記念会編『古代東アジア史論集』下、吉川弘文館、一九七八年）。
（17）拙著『日本古代木簡の研究』（注7前掲）二〇一頁。
（18）中田祝夫『日本の漢字』第四章（中央公論社『日本語の世界』4、一九八二年）。
（19）『寧楽遺文』下、六六五頁・六八八頁。
（20）拙稿「大宰府出土木簡にみえる『魏徴時務策』考」（注7前掲『正倉院文書と木簡の研究』）。

（付記）本稿は二〇〇一年に出版社に送付したものであるが、刊行が延引する中で、新たな関連資料の出土例なども出てきている。ただ議論の大筋に影響はないと思われるので当初のままとした。読者の了承をお願いする（二〇〇五年八月二十八日）。また『五経正義』の引用については、その後、水口幹記『日本古代漢籍受容の史的研究』（汲古書院、二〇〇五年）が出た。あわせて参照されたい（二〇〇五年十月九日）。

（追記）一七三頁で言及した『杜家立成雑書要略』については、西一夫氏に新しい研究「『杜家立成雑書要略』の基礎的性格――敦煌書儀の形式・表現・配列の分析を通じて――」（『国語と国文学』九三巻一一号、二〇一六年）がある。

日本古代の『春秋』受容

一　はじめに

古典とは、その書物が単に古いというだけでなく、時代をこえて読みつがれ、生活の規範とされたものでなければならないとされたのは、吉川幸次郎氏であった。[1] その意味で、日本の『古事記』や『日本書紀』を古典というのは当たらないとも言われたという。[2] これはまことにもっともな定義である。『古事記』は、本居宣長が注目するまで、ほとんど忘れられた書であったし、『日本書紀』も、その神代巻のみが神道家に尊重されたものの、それ以外はやはり近世に入るまで、かえりみられることがなかった。この点、日本の伝統社会で真に古典と呼べるのは、漢籍、とりわけ経書であったといってよかろう。

日本における経書の受容は古い。応神天皇の世に『論語』がもたらされたという伝えはさておくとしても、継体朝（六世紀初め）に百済から五経博士が交替上番するころには、すでにかなりの受容がなされていたと考えられよう。とくに経書の中でも初学書ともいうべき『論語』については、早くから木簡などに習書が現れることから、早い段階から地方にまで普及したことが知られる。[3] 徳島県観音寺遺跡から出土した七世紀代の木簡に、『論語』学而篇冒頭の習書が見られるのなどは、その例である。

この木簡は、発掘当局者の発表によると、七世紀も前半のものというが、(4)年代判定の基準となる土器の編年については異論もあり、七世紀後半のものと見ておくのが穏当であろう。また『論語』と同様な性格をもつ『孝経』についても、早くからの普及が想定でき、文武四年(七〇〇)ごろ、関東北部の那須で建立された那須国造碑には、孝子の伝に基づくと見られる措辞が現れている。(5)これなどは『孝経』そのものの影響とはいえないにしても、『孝子伝』の受容を裏づけるもので、その背景には、当然『孝経』への理解の深まりが、都を遠く離れた地域でも達成されつつあったことを示すであろう。

しかし、日本における経書の受容が、古代以来、一本調子に展開したものでないことはいうまでもない。古代は、律令制の思想的支柱として儒教思想が位置づけられていたため、近世以前にあって最も体系的な受容のなされた時代であろうが、その古代においても、さまざまな曲折があった。しかも受容の具体的様相に注目するとき、経書が古代の日本において果たした役割を垣間見ることのできる場合がある。ここではそのような例として、八世紀末における『春秋』公羊伝の受容をとりあげ、その意味を検討してみたい。(6)

二　三伝の受容

日本における『春秋』の受容は、おそくとも前記の五経博士来日まで遡るが、早くから春秋三伝が揃って受容されたわけではなかった。おそらく当初から入ったのは、左氏伝であったろう。周知のとおり、経書の伝統的な習学においては、本文だけが学ばれるということはなく、権威ある注や、さらにその注（疏）と一体の形で学習されるのが原則であり、経書を学ぶことは、注疏の解釈を習得することを意味した。日本における学習方法も例外ではなく、律令制下、大学寮での学習について定めた学令6教授正業条でも、『春秋』左氏伝を挙げ、「服虔・杜預注」と指定されている。我国には、唐鈔本の『春秋経伝集解』が伝わっているから（藤井斉成会蔵）、杜預の集解によって左氏伝が学ばれたのであろう。

しかし『春秋』三伝のうち、左氏伝を除く公羊伝、穀梁伝が、古代の日本に舶載されていなかったわけではあるまい。現に『日本書紀』や『続日本紀』において、この二伝の文に拠ったらしい文も指摘されている。[7] それらが直接この二伝に拠ったという確証はないが、書物としてのこの二書が、律令制の確立するころまで、我国に請来されなかったとは考えにくい。ただ、それらの体系的習学は行われなかったというべきであろう。

この状況に変化をもたらしたのは、伊与部家守の入唐である。家守は、宝亀八年（七七七）出発の遣唐使に従って唐に渡り、公羊・穀梁を学んだ。翌年帰国後、大学寮の教官となり、公羊伝、穀梁伝及び三伝の義を講じたという。『日本紀略』延暦十九年（八〇〇）十月十五日条の伊与部家守卒伝は、『日本後紀』からの抜萃で、伝の詳細を伝えてはいないが、左のように記す。

　庚辰《十五日》、外従五位下伊与部家守卒。宝亀六年、兼補遣唐、習五経大義并切韻説文字躰。帰来之日、任直講、尋転助教。大臣奏、令講公羊穀梁三伝之義云々（下略）。

外従五位下伊与部家守卒す。宝亀六年、兼ねて遣唐に補し、五経の大義并せて『切韻』、『説文』の字躰を習う。帰り来たるの日、直講に任じ、尋いで助教に転ず。大臣奏して『公羊』『穀梁』、三伝の義を講ぜしむ、と云々。

右の文では、公羊・穀梁二伝の学官に立てられた年月や、その経緯の詳細は明らかでないが、それらを示してくれるのが、『令集解』学令5経周易尚書条に引かれた、延暦十七年の太政官符である。すでに有名なものであるが、便宜上、左に引明する。

延暦十七年三月十六日官符云、応以春秋公羊穀梁二伝、各為一経、教授学生事。右、得式部省解称、案学令云、教授正業、左伝、服虔杜預注者。上件二伝、棄而不取。是以古来学者、未習其業。而以去宝亀七年、遣唐使明経請益直講博士正六位上伊与部連家守、読習還来。仍以延暦三年申官、始令家守講受三伝。雖然未有下符、難輙為例。自此厥後、二三学生、有受其業、即以彼伝、冀預出身。今省欲試、恐違令条。将従抑止、還惜業絶。窃検唐令、詩書易三礼三伝、各為一経、広立学官。望請、上件二伝、各准小経、永聴講授、以弘学業。仍請官裁者、大納言従三位神王宣、奉勅依請。

延暦十七年三月十六日の官符に云わく、応に春秋の公羊・穀梁二伝を以て、各一経と為し、学生に教授すべき事。右、式部省の解を得るに称わく、学令を案ずるに云わく、「正業を教授せむに、左伝には服虔・杜預の注」といえり。上件の二伝は、棄てて取らず。是を以て古来の学ぶ者、未だ其の業を習わず。而るに去る宝亀七年を以て、遣唐使明経請益直講博士正六位上の伊与部連家守、読習して還り来たる。仍りて延暦三年を以て官に申し、始めて家守をして三伝を講受せしむ。然りと雖も、未だ符を下すこと有らず、輙く例と為し難し。此れより厥の後、二、三の学生、其の業を受くる有り、即ち彼の伝を以て、出身に預らむことを冀う。今、省試みむと欲れば、恐らくは令条に違わむ。将に抑止に従わむとすれば、還りて業の絶えむことを惜しむ。窃かに唐令を検するに、詩・書・易・三礼・三伝、各一経と為し、広く学官に立つ。望み請うらくは、上件の二伝、各小経に准じ、永く講授するを聴し、以て学業を弘くせむことを。仍りて官裁を請う、てえれば、大納言従三位神王宣す、勅を奉るに請うに依れ、と。

右の官符によれば、二伝が学官に立てられたのは延暦十七年であるが、家守による講義は、延暦三年に許されていたことが判明する。卒伝に言うような大臣の奏は、この官符に見えないから、卒伝が言っているのは、延暦三年の事実で、「大臣」は当時右大臣であった藤原是公であろう。ともあれここに日本古代の春秋学は、ようやく唐と同様な領域を覆うことになったが、単に古代における中国文化受容の一環として、このような制度の整備と拡充が行われたと解すべきかというと、そうではなさそうに思われる。

確かに日本古代における漢籍の受容は、公的な採用ということになると、中国に比してかなりな遅れを看取することができる。たとえば唐の顕慶四年（六五九）に撰上された『新修本草』は、奈良時代の半ばには確実に実用、参照されていたとみられるにも拘らず、実際にこれが公用されたのは、長岡遷都後のことであった。延暦六年五月、次のような典薬寮からの上言によって、それが許可される。

戊戌、典薬寮言。蘇敬注新修本草、与陶隠居集注本草相検、増一百余条。亦今採用草薬、既合敬説。請行用之。許焉。（『続日本紀』）

典薬寮言《もう》す。蘇敬の注せる『新修本草』、陶隠居の『集注本草』と相検するに、一百余条を増す。亦《また》今採り用うる草薬、既に敬の説に合えり。請う、これを行用せむ、と。焉《これ》を許す。

これと同様なことは、『御注孝経』の採用についてもある。それまで長く行われてきた『古文孝経』にかわって、唐の玄宗の注した『御注孝経』が大学寮の教科書とされたのは、貞観二年(八六〇)十月のことであった。

十六日壬辰、制、(中略)即知、一巻孝経、十八篇章、六籍之根源、百王之模範也。然此間学令、孔鄭二註、為教授正業、厥其学徒相沿、盛行於世者、安国之注、劉炫之義也。今案、大唐玄宗開元十年、撰御注孝経、作新疏三巻。(中略)然則孔鄭之注、並廃於時、御注之経、独行於世。而唯伝彼注、未読件経、仮之通論、未為允愜。鄭孔二注、即謂非真。御注一本、理当遵行。宜自今以後、立於学官、教授此経、以充試業。(下略)(『日本三代実録』)

制すらく(中略)、即ち知る、一巻の孝経、十八の篇章は、六籍の根源、百王の模範也。然るに此間の学令、孔鄭の二註、正業を教授すと為すも、厥れ其の学徒相沿いて、盛んに世に行わるるは、安国の注、劉炫の義也。今案ずるに、大唐の玄宗の開元十年、御注孝経を撰し、新疏三巻を作る。(中略)然れば則ち、孔鄭の注、並びに時に廃し、御注の経、独り世に行わる。而るに唯彼の注を伝え、未だ件の経を読まざるは、之を通論に仮りて、未だ允に愜なりと為さず。鄭孔の二注、即ち真に非ずと謂う。御注の一本、理当に遵行すべし。宜しく今より以後、学官に立て、此の経を教授し、以て試業に充つべし。(下略)

ここでは、学令の規定にも拘らず、日本において実際に用いられてきたのは、孔安国の注、劉炫の述義であったことが述べられているが、これらはいずれも古文系テキストに対するものであった。右の文中、二度目の中略箇所では、玄宗が当時存した鄭玄注を偽作とし、孔安国の伝も原撰の姿を伝えていないとしたことが記されていて、後段ではそれをうけ、御注を採用することが述べられる。ただ『古文孝経』を習学するのも差支えなしとする意見が末尾に付加されている。

『御注孝経』が伝来した年代は明記されていないが、同じく玄宗の御注になる『老子道徳経』が、天平八年（開元二十四年、七三六）帰還の遣唐使に託されたらしいことを考えると、(8) 百年以上前に請来されていたと推定してよいのではなかろうか。

このような受容の遅れが、単なる一般的傾向であるのか、独自の背景をもつものであるのかは、それぞれに詳細な検討を要しよう。(9) しかし少なくとも『春秋』の公羊、穀梁伝については、一般論で片付けることはできまいと考えられる。それは、『春秋』公羊伝の習学が認められた直後から、公羊伝によったとみられる政策が見え始めるからである（以下の事例の引用は、いずれも『続日本紀』による）。

その第一は、延暦四年五月丁酉（三日）に出された桓武天皇の詔勅である。

詔曰、春秋之義、祖以子貴。此則典経之垂範、古今之不易也。朕君臨四海、于茲五載、追尊之典、或猶未崇、興言念此、深以懼焉。宜追贈朕外曾祖贈従一位紀朝臣正一位太政大臣、又尊曾祖妣道氏、曰太皇大夫人。仍改公姓、為朝臣（下略）。

詔して曰わく、『春秋』の義は、祖《おや》は子を以て貴し。此れ則ち典経の垂範、古今の不易也。朕、君として四海に臨み、茲《ここ》に五載、追尊の典、或いは猶未だ崇めず、興言《ここに》此れを念い、深く以て懼る。宜しく朕が外曾祖の贈従一位紀朝臣（諸人）に、正一位・太政大臣を追贈すべし。又、曾祖妣の道氏を尊びて、太皇

大夫人と曰わむ。仍りて公の姓を改めて、朝臣と為さむ。（下略）

この詔の冒頭は、公羊伝（隠公元年正月条）に見える「子以母貴、母以子貴」を改変引用したものである。日本では「祖」は「おや」と訓じ、母の意に用いられることが多いので、この場合の「祖」もそれと考えられないことはないが、後段では外曾祖父への追贈も行われているのであるから、やはり「祖」は祖先の意で意識的に改めたものであろう。ともあれ、桓武の外曾祖父母を追尊するのに、公羊伝の語句が典拠として使われているのが注目される。

第二の例は、これと同じ公羊伝の語句を引用した延暦九年十二月壬辰朔の詔である。

詔曰、春秋之義、祖以レ子貴。此則礼経之垂典、帝王之恒範。朕君臨二寓内一、十二年於茲一、追尊之道、猶有二闕如一。興言念レ之、深以懼焉。宜下朕外祖父高野朝臣（乙継）・外祖母土師宿禰、並追二贈正一位一、其改二土師氏一、為中大枝朝臣上。

この場合は外祖父母の追尊に関わる措置であるが、公羊伝を引いて正当化を計っている点では、先の詔と同じである。なおこの詔では左のように、大枝氏への改氏姓を広く土師氏の同族に及ぼすことも命じられている。

夫先秩九族、事彰常典、自近及遠、義存曩籍。亦宜菅原真仲・土師菅麻呂等同為大枝朝臣矣。

夫れ先《まず》九族を秩ずるは、事、常典に彰われ、近きより遠きに及ぼすは、義、曩籍に存す。亦宜しく菅原真仲・土師菅麻呂等も、同じく大枝朝臣と為すべし。

「九族」の概念については、古来やかましい論議があるが、ここに現れる九族は、外祖母の一族への恩典に関わって言及されている以上、外戚の意であることは間違いない。九族をそのような意に解しているのは、左氏伝桓公六年春条に付けられた杜預注である。

〔左氏伝〕

故務其三時、脩其五教、親其九族、以致其禋祀。

故に其の三時を務め、其の五教を脩め、其の九族を親しみ、以て其の禋祀を致す。

〔杜預注〕

九族、謂外祖父・外祖母・従母子及妻父・妻母・姑之子・姉妹之子・女子之子・并己之同族皆外親、有レ服而異レ族者也。

九族については、別に父系の直系親族とする鄭玄や孔安国の解釈もあるが、杜預は外戚や姻族を含んで右のように解する。前引の詔がこの意味で用いていることは明らかであり、公羊伝ではないが広く『春秋』の学との連関が見いだされることに注意すべきであろう。このような左氏伝の杜預注を踏まえた表現は、延暦十年三月癸未（二十三日）の太政官奏にも見いだせる。

太政官奏言、謹案礼記曰、天子七廟。三昭三穆与太祖之廟而七。又曰、舎故而諱新。注曰、舎親尽之祖、而諱新死者。今国忌稍多、親世亦尽。一日万機、行事多滞。請親尽之忌、一従省除。奏可之。

太政官奏して言わく、謹んで『礼記』を案ずるに曰わく、天子は七廟。三昭三穆と太祖の廟とにして七つ、と。又曰わく、故《ふる》きを舎《す》てて新しきを諱む、と。注に曰わく、親尽くるの祖を舎てて、新たに死する者を諱む、と。今、国忌稍多くして、親世も亦尽きたり。一日万機あり、行事多く滞れり。請う、親尽くるの忌は、一に省除に従わむ、と。奏して之を可とす。

この太政官奏は、数の増えた国忌(天皇の忌日)を省き、それにともなう廃務によって生ずる政務の渋滞を除くことを進言している。その際典拠とされたのが、『礼記』王制ならびに檀弓上の二つの文であった。しかしそれに付随して引かれている「注」というのは、『礼記』のいずれの条にも見いだせない。この注は左氏伝桓公六年九月条に付けられた杜預注である。即ち先に関説した「九族」の記事よりやや後に次のように見える。

〔左氏伝〕

周人以諱事神、名終将諱之。

周人は諱を以て神に事え、名は終らば将に之を諱まむとす。

〔杜預注〕

君父之名、固非臣子之所斥。然礼既卒哭、以木鐸徇曰、舎故而諱新。謂舎親尽之祖、而諱新死者。故言、以諱事神、名終諱之。

君父の名、固《もとよ》り臣子の斥くる所に非ず。然れども礼、卒哭を既《お》われば、木鐸を以て徇《とな》えて曰わく、故きを舎てて新しきを諱む、と。謂うこころは、親尽くるの祖を舎てて、新しく死せる者を諱む。故に言わく、諱を以て神に事え、名は終らば将に之を諱む、と。

右の杜預の注は、親等の隔たった祖先を捨てて祭らず、新たに死んだ者を諱み憚るのが例であることを裏付ける意味で引かれたものである。しかし『礼記』檀弓上の文に、こうした注があるならばともかく、ここにふさわしい左氏伝の注を引証するのは、左氏伝によほど通じていなければ出来ないことである。この太政官奏の起草者は、『春秋』学を修めた人物であったと見なければならない。

これらの事例がいかなる背景から出てきたものかを次節で検討してみよう。

三　『春秋』と天智系皇統

前節で見た詔や太政官奏の内容で注目されるのは、それらがいずれも皇統の変化と深く関わることである。周知のとおり、奈良時代の末、それまで続いてきた天武系の皇統が称徳天皇を以て絶え、天智天皇の孫、光仁天皇が即位した。光仁は聖武天皇の娘を皇后としていた点で、わずかに天武系につながっていたが、その子の桓武は父系、母系とも天武系とは全く縁がない。桓武の外戚の顕彰や、天武系天皇を国忌から省き、光仁の父、施基皇子を新たに加えるなどのことは、このような状況のもとで必要とされた施策であった。しかしこうした改革が当時の宮廷の諸勢力に、何ら抵抗なく受けいれられたかといえば、必ずしもそうではなかろう。光仁は天智天皇の孫とはいえ、桓武ともども、それまでは一介の臣下として天武系の皇統に仕えてきた。宮廷内の地位確立には、かなりな困難があったに相違ない。そこでこれを正当化する役割を期待されたのが、王朝交替を当然のこととする儒教思想であったと考えられる。特に王朝の正統性を問題にする『春秋』がとりあげられたのも偶然ではあるまい。

元来『春秋』という書物は、孔子が魯の年代記に手を入れ、独持の筆法によって名分の乱れを正し、事の是非を明らかにしたものであるとされる。『春秋』の三伝は、それぞれに特色はあるものの、孔子が『春秋』にこめた撥乱反正の意を解き明かすことを目指しているといってよいであろう。特に公羊伝は、「一統を貴ぶ」という観点から、王朝の正統性を論ずることに力点を置き、後代まで一種の政治批判の書としても大きな影響力をもった。新しい皇統の正統性を裏づけるには、『春秋』は恰好の書であったといえよう。『春秋』関係からの語句が、これほど明瞭な形で引用されることは、従来の施策になかったことであるが、[10]延暦十年（七九一）の太政官奏にみられた杜預注の引証などを参照しても、よほど春秋学に詳しい人物が立案に参画していたらしいことは先に述べた。この時期そのようなことができたのは、伊与部家守か、その門人を措いてなかったであろう。これらの引用が、『春秋』三伝の学官に立てられた翌年から始まるのも示唆的である。

以上のように推定して大過ないとすれば、問題は単に、伊与部家守が春秋学を深く学んで帰朝したから、その影響が現れたというのではなくなってくる。家守の派遣自体、春秋学の本格的摂取を意図してのことであったと考えるべきであろう。一般的な中国文化の受容拡大ではなく、新皇統の基盤を中国的な理論で固めるという現実的な要請が、明確に意識されていたと見られる。一体、桓武朝における郊祀の採用や長岡遷都をめぐっては、その背後に新王朝の樹立という意識が存在したとみる有力な見解がある。[11]『春秋』に対する上記のような状況を見てくると、少なくとも桓武天皇には、明らかにそうした考えがあったとしてよい。このことは、その後の春秋学の盛衰を見てもうかがわれよう。伊与部家守の息、善道真貞は、承和十二年（八四五）二月丁酉（二十日）に没したが、その晩年のこととして左のような事実がのせられている（『続日本後紀』）。

諸儒言、当代読公羊伝者、只真貞而已。恐斯学墜焉。廼命真貞、於大学講之。
諸儒言す、当代、公羊伝を読む者は、只真貞のみ。恐らくは斯の学墜ちむ、と。廼ち真貞に命じ、大学に於いて之を講ぜしむ。

父が伝えた公羊伝の学も、その息子の代に早くも全く衰えていたことが知られよう。[12] 延暦期における公羊伝をはじめとした『春秋』の学の興隆は、極めて政治的な要請に基づくものであったことが、ここから類推できるはずである。

では新しい皇統を正統化する思想的支柱として、『春秋』の有効性に着目したのは誰であったのか。それはやはり桓武天皇その人であった可能性が強い。

桓武天皇の生い立ちについては、不明の点が少なくないが、即位前の山部王の時代、天平神護二年（七六六）十一月に大学頭となっていることが注意される。宝亀元年（七七〇）八月には吉備泉が大学頭に任ぜられているので、在任期間は足かけ五年に亘った。大学頭は基本的に行政官であり、必ずしも学者である必要はない。しかし任命者に中国の学に詳しい人物や文人が少なくないことも事実である。令において学生に対する試験官となることが定められていることからしても、[13] かなりの儒教、文学の素養が求められたことは推定に難くない。桓武の場合、母方が渡来系氏族ということもあって、早くから中国的な教養を身につけていたと考えるべきであろう。少壮のころから、桓武が『春秋』の性格を知っていたとして何ら不思議はない。伊与部家守を派遣することになる遣唐使は、桓武が父光仁のもとで立太子した翌々年の宝亀六年（七七五）六月に任命されている。その直前の四月には、桓武に対立する井上皇后や他戸親王が幽閉先で没した。春秋学の拡充は、未来の皇位を約束された桓武にとって、一つの課題となったのであろう。家守派遣の人選は、こうした情勢のもとに実現したと考えられる。家守の帰朝後、延暦三年に公羊・穀梁二伝の講義が許された時、これを奏上する労をとったのは、先述のとおり藤原是公であった。是公が桓武の皇太子時代、春宮大夫となり、即位後もその側近となった人物であるのも偶然ではないかも知れない。

四　おわりに

以上によって、奈良時代の末に行われた春秋学の本格的受容が、新たに登場した天智系皇統による皇位継承を正当化するため、意図的になされたものであったことを、ほぼ明らかにできたと思う。延暦四年（七八五）五月丁酉詔の末尾に見えるように、桓武朝では避諱の制が正式に導入され、光仁・桓武の諱である白髪部と山部を避けて、真髪部、山と改められたが(14)、これも一連の動きとして理解できる。

日本古代における経書の受容は、学令などの規定をみる限り、八世紀以降、あまり偏ることなく行われたようにとられやすい。しかし実態は決してそうではなく、経書の全てが直ちに日本人にとっての古典となったわけでもなかった。本稿でとりあげた『春秋』の場合は、それを最もよく示しているといってよいであろう。

注

(1) 吉川幸次郎「支那人の古典とその生活」(全集二、筑摩書房、一九六八年)。
(2) 故小島憲之先生の直話による。吉川氏は、津田左右吉氏の『日本古典の研究』の書名を引き合いに出して、こう言われたと聞いた。ただ注1論文では記紀と万葉は古典としてよいとされている。
(3) 拙稿「『論語』『千字文』と藤原宮木簡」(『正倉院文書と木簡の研究』塙書房、一九七七年)、同「『論語』と『爾雅』」(『長屋王家木簡の研究』塙書房、一九九六年)。
(4) 徳島県埋蔵文化財センター『観音寺木簡』(一九九九年)。
(5) 拙稿「律令と孝子伝―漢籍の直接引用と間接引用―」(『日本古代史科学』岩波書店、二〇〇五年)の追記参照。
(6) このことについては、かつて一般向けの書で簡単にふれたことがあるが(拙著『遣唐使船』朝日選書、一九九九年。一九九四年初出)、意を尽していないので詳論する。
(7) 内野熊一郎『日本漢文学研究』(名著普及会、一九九一年)。
(8) 拙著『遣唐使と正倉院』(岩波書店、一九九二年)二一二頁参照。
(9) 『新修本草』採用の事情については、米田雄介「『種々薬帳』について」(宮内庁正倉院事務所編『図説正倉院薬物』中央公論新社、二〇〇〇年)に解釈がある。
(10) 『続日本紀』天平宝字四年八月甲子条には、「子以レ祖為レ尊、祖以レ子亦貴」の句が見えるが、『春秋』によるとは明記されていない。
(11) 滝川政次郎「革命思想と長岡遷都」(『京制並に都城制の研究』角川書店、一九六七年)。
(12) 『延喜式』(大学寮)には、三伝の講説日数が規定されているが、これは直ちにそれが実施されていたことを意味するものではない。
(13) 職員令14大学寮条、学令8先読経文条。
(14) 避諱の制は、これより先、藤原仲麻呂の政権下でも行われたことがあるが、藤原氏への避諱を含む点で異質である。なお桓武朝の避諱については、齋藤融「日本古代における諱忌避制度について」(『法政史論』一六号、一九八八年)参照。

(二〇〇〇年七月成稿)

『文選集注』所引の『文選鈔』

一　序言

日本に伝存した『文選集注』は、残欠本とはいえ、その中に今は亡佚した『文選』の古注釈を含み、あわせて李善・五臣注の古い姿を伝える書として、文選学上頗る注目される存在となっている。特に近年は、そこに引用された『鈔』『音決』について二、三の論考が公けにされ、両書の性格をめぐる議論が盛んである。(1) それらの議論をみると、『鈔』『音決』の本来の書名が、それぞれ『文選鈔』『文選音決』であることについては異論がないものの、撰者に関しては全く異なった意見が存在する。即ち狩野充徳氏は、『文選鈔』と『文選音決』の撰者を別人とみ、『鈔』を公孫羅撰と考えられるのに対し、斯波六郎・邱棨鐊・森野繁夫・富永一登氏らは、『鈔』が公孫羅の撰であることを疑い、とくに邱・森野・富永氏らにあっては、『音決』こそ公孫羅のものとされる。

この両説は、それぞれに論拠を有し、選学の専家でもない筆者が、よくその当否を論じうるところではない。しかしこれまでの諸研究を見て気づくのは、いずれも『鈔』『音決』の内容的分析に立脚して論がなされていることである。もとより内証よりする研究が、この場合不可欠であることは多言を要しないが、これを外証より検してみることもまた必要ではあるまいかと思う。そこでいささか管見に入った資料をもとに、『鈔』の撰者について私見を記すこととしたい。

二　『文選鈔』の引用

『鈔』の撰者を外証より検討するにあたって、まずとりあげるべきは、院政期の『秘蔵宝鑰鈔』(巻中)にみえる左の記事であろう。

　金科玉条、防其邪逸

　公孫羅文選鈔云、律号金科、令号玉条、并虞舜作之(『真言宗全書』二四頁下段)

この注の撰者は、古来、藤原敦光と伝え、太田次男氏も独自の研究に基づき、この伝えの信憑性を確認されている。(2) 敦光の注には、この他にも単に「文選鈔(抄)云」として、三条の引用がある。

(イ)文選抄云、応龍雄龍也(巻上、『真言宗全書』一一頁下段)

(ロ)文選鈔云、乱世之民、如陥泥塗陥火炭也(巻上、同右一六頁上段)

(ハ)文選鈔云、控止也、馺馳也(巻中、三二頁上段)

前掲の文は、これらと共に公孫羅注の一斑を伝える貴重な逸文といえよう。

ところでこの敦光所引の『文選鈔』は、『文選集注』に引かれる『鈔』と無関係のものであろうか。これらの逸文の付注小箇所に該当する『文選集注』の諸巻が現存しておれば、その確認は容易である。しかし該当巻のほとんどは欠失していて、わずかに比較できるのは、(ロ)の「塗炭」に関連する次の二

条に過ぎない。(3)

(甲)鈔曰、孔安国尚書伝曰、民之危険、若陥泥墜火(巻九四上、三一丁裏)

(乙)鈔曰、(中略)尚書云、民墜塗炭、孔伝云、若陥泥墜火也、但為有毒故、使我晋家百姓、頻数陥墜泥火也(巻百一三上、一九丁裏)

この両条は、いずれも(ロ)とは異なるが、索引によって検すると、「塗炭」の語は『文選』中になお四例存するから、(4)その中に『尚書』孔安国伝をふまえた(ロ)のような注があった可能性は否定できないであろう。しかし『秘蔵宝鑰鈔』のみで『文選鈔』と『鈔』との関係を検証するには、限界のあることも確かである。

そこで同じ藤原敦光の撰になる『三教勘注抄』(5)に眼を転じてみよう。この注にも幸い『文選鈔』の引用がみられる。それらの中に撰者を明示する例はないが、同じ敦光が格別ことわりなく『文選鈔』として引証しているからには、『秘蔵宝鑰鈔』所引の『文選鈔』と同一書と考えるのが妥当であろう。(6)注の形態も、両者とくに異質な点を感じさせない。そこでこれを手掛りに、『文選鈔』と『文選集注』所引の『鈔』との関係を推定してみることとする。

まず『三教勘注抄』における引用例を、二、三掲げよう。

(一)文選蕪城賦曰、四会五達之庄、爾雅曰、六達謂之庄、鈔曰、庄道也(巻一、注5紀要六二頁)

(二)文選鈔曰、梗概壮辨之皃、又歎息也(巻一、同右六三頁)

(三)李善曰、驫駥飍矞、衆□(馬カ)走之皃也、驫音加由也、鈔曰、驫駥、馬行也、陸善経曰、驫駥、驚

走之貌也（巻二、『真言宗全書』三八頁）

㈡は「文選鈔」と明記する例、㈠、㈢は「鈔」とする例である。「鈔」も「文選鈔」の省略形であって、みな同一書をさすと考えてよかろう。

さてここに注意されるのは、㈢の場合である。「鈔」の前後に現れる「李善」「陸善経」が、いずれも『文選』の注者であることは改めて述べるまでもないが、こうした形の引用があるのは、『文選』に関する集解様のものがあり、それが参照されたことを思わせる。事実、問題の『文選集注』巻九には、次のような注が存在する。(7)

李善曰、驫眓飍矞、衆走之皃也（中略）、鈔曰（中略）、驫眓、馬行声、飍矞、風声、言急疾也（中略）、陸善経曰、驫眓飍矞、驚走之皃（下略）

㈢とは字句を異にする箇所もあるが、(8)引用の順も一致しており、㈢が『文選集注』のこの部分を節略して成ったことはほぼ確実と考えられる。ひいては『三教勘注抄』にみえる他の『文選』注の引用も、直接には主として『文選集注』に拠ったとみてよかろう。

これを側面から裏付けるのは、㈢を含め『三教勘注抄』に、『文選』の陸善経注が引かれていることである。陸善経の『文選』注に関しては、中国でも韋述の『集賢注記』逸文に、わずかに関連するらしき記事をみるのみで、他に所見なく、勿論『日本国見在書目録』にも著録されていない。(9)しかしながら『文選集注』に往々その説のみえることは、上にも引いたとおりである。このような特殊な注が『三教勘注抄』に引かれているのは、この注が『文選集注』を参照して付注した何よりの証であろう。

また敦光が『文選集注』を見ていたことについては、実は別に明証もある。それは『三教勘注抄』巻一、「嗜酒酪酊、渇猩懐恥」の注にみえる左の箇所である。

集注文選今安(案)曰、猩々性嗜酒、猟之者将酒往置於傍、見之即啼罵、説其家人往来及見在姓字、然後嘗之罵云、爾来取我、而規我命、置必飲之、即酔縛之而帰、陸善経曰、異物志、猩々好酒糟及革屩(下略)(注5紀要七六頁)

現存の『文選集注』は、この箇所をとどめていないが、『文選集注』に諸家の注釈とならんで、編者の私案らしい「今案」がしばしばみられるのは周知のとおりである。ここに「今案」の語がみえるのは、「集注文選」が即ち『文選集注』であることを物語っているといわねばならない。

このように『文選』の諸注釈を『文選集注』から抄出・注記することは、必ずしも敦光に限ったことではなかった。たとえば『文選』の旧鈔本として有名な九条本には、その鼇頭・行間・紙背等にしばしば「鈔」「音決」「李注」「呂延」(あるいは「済」)「劉良」(あるいは「良」)「周翰」(あるいは「翰」)「呂向」「銑」「陸善経」(あるいは「陸」)などに基づく注記がみられる。それらは「陸善経」注を含むことよりしても、やはり大部分『文選集注』からの抄出であろう。現に九条本巻二九所収、潘安仁「馬汧督誄」の鼇頭に、

鈔作期、集今案、五家・陸本為欺

とあるのは、『文選集注』巻一一三上の左の文を参照、節略したものに他ならない[10]。

鈔曰(中略)期、謂中心所期刻也(中略)今案、五家・陸善経本、期為欺

またかつて紹介された宮内庁書陵部蔵『管見記』紙背の『文選』巻二にも、『文選集注』による注記のあることが指摘されている。[11] 花房英樹氏の所説によるならば、このような抄出・注記は、少なくとも天暦二年(九四八)に加点された旧鈔本『漢書』楊雄伝にまで遡ることになろう。[12]

ともあれ以上の考察によって、『三教勘注抄』にみえる『文選鈔』は、『文選集注』所引の『鈔』であることを明らかにしえたと思う。先にも述べたとおり、『三教勘注抄』所引の『文選鈔』は、『秘蔵宝鑰鈔』所引の『文選鈔』と同一書と考えられるから、[13] 撰者藤原敦光は、『文選集注』所引の『鈔』を公孫羅の『文選鈔』とみなしていたとしてよかろう。実際『秘蔵宝鑰鈔』所引の逸文と、『文選集注』に引く『鈔』とを比較しても、注の態様に差はみられず、むしろその簡潔な内容・形式は、従来から指摘されている『鈔』の特色とよく合致する。従って両者を同一とみなしても、この場合矛盾は生じないといえよう。敦光が院政期の高名な儒者・文人であったことを念頭におけば、[14] 彼の『鈔』に対する理解が全く特異なものであったとは考えがたい。『文選集注』所引の『鈔』が、少なくとも平安時代中期以降、公孫羅の『文選鈔』と意識され来たったことは確実であろう。

なお既に指摘されているとおり、公孫羅の注については、敦光の『秘蔵宝鑰鈔』のみならず、『江吏部集』巻中、人倫部にも関連する記事がある。[15]

執レ巻授二明主一、縦容冕旒褰、尚書十三巻、老子亦五千、文選六十巻、毛詩三百篇、加以二孫羅注一、加以二鄭氏箋一

長徳四年(九九八)、大江匡衡は一条天皇に『文選』『毛詩』を授業するに際して、『文選』には「孫羅

注」（正しくは「羅注」とあるべきところ）、『毛詩』には「鄭氏箋」を加えたという。この「孫羅注」が単行のものか、『文選集注』所引のものかは詳かでないにせよ、これが『文選音決』でなく『文選鈔』をさすことは、その性質からいってまず疑いない。この例よりしても、『文選鈔』といえば通常公孫羅のそれをさしたであろうことが推測されるはずである。

以上のように外証から検討してくると、『文選集注』所引の『鈔』は、正しく公孫羅の『文選鈔』であると結論される。

三　講書と注釈

ここでひるがえって従来の研究に目をむけてみる。これまで『文選集注』所引の『鈔』が公孫羅のそれでないとされている理由は、ほぼ左のようなものである。[16]

(一)『文選集注』所引の『鈔』は、記事内容から三十巻本とみられるが、この点は、『日本国見在書目録』、『旧唐書』経籍志、『新唐書』芸文志に、公孫羅『文選鈔』を六十九巻ないし六十巻とするのと喰違い、『見在書目録』著録の撰者不詳『文選鈔』に合致する。

(二)『鈔』はまた、『文選集注』所引の『音決』と所拠の『文選』本文を異にしており、『音決』と同一の撰者の手になる書とは考えられない。ところが『音決』の撰者は、『日本国見在書目録』によって公孫羅とみなしうる。

これらの理由はいずれも尤な点を含んでいるが、仔細にみると疑問がないとはいえない。まず(一)の場合、一般に漢籍の調巻が必ずしも一定しないことは改めていうまでもなかろう。『文選』を例にとっても、最初三十巻本として撰せられた五臣注[17]が、後に李善注とあわせて六十巻に改組された例がある。従って三十巻の『文選鈔』がある一方、李善注との対照に便利な六十巻本が存したとしても不思議ではない。巻数の相違のみを以て両者を別とすることはできないであろう。この意味では、『鈔』を『文選鈔』とみても問題はないと考える。

ただその場合、公孫羅撰と認められる『音決』との関係はいかに理解すればよいであろうか。これに関して注意すべきことがある。それは『鈔』が、既に明らかにされているとおり、一種の講義録とも解される左のような特色をもっていることである。

㈠相互に矛盾する解釈を並記する箇所がある。

㈡行文に口語的表現がみられる。

㈢注の施されていない巻が存在する。

このような性質を備えている以上、『文選鈔』は、未完成とはいえないまでも、ある時点での研究結果を反映した未精撰の著作と解するのが妥当であろう。従って、別のテキストに拠る『音決』が他の機会に撰ばれたとしても、敢えて異とするには足りないように思われる。

さらに付言するならば、㈠、㈡、㈢のような特色は、漢籍の研究法に学んで作成されたと考えられる『日本書紀』の講書私記[18]や日本律令の注釈にもみられることが注意される。たとえば『日本書紀』講書に関係する私記の一つ、『公望私記』(『釈日本紀』所引)は、㈠の特色を現した好例であろう。この私記は、元慶四年(八八〇)の講書私記に、のちになって矢田部公望が自らの意見を加えたものである。現状では公望の注は、「公望案」と明記して元慶私記本文中に挿入されているが、元来は単に「今案」などの形で私記の問答中に割り込んだ体裁であったと推定されている。[19] 即ち行文のみをみれば、ある問に対する答があり、その直後に別の見解を記した「今案」が来るということが、まま存在したはずである。

異説並記という点で更に典型的なのは、日本令の私記『穴記』(『令集解』所引)の場合であろう。『穴記』の成立時期、撰者については複雑な問題があるものの、『令集解』に引用される時点で、複数の人物による補入・増補を被った形となっていたことは、北條秀樹氏の明らかにされたとおりであろう。[20] 補入・増補された文には、「今案」や問答の形をとるものが少なくない。講書等に関連する私記の類においては、たとえ最終的に一人の手でまとめられたとしても、その性質上、講義時の討論の結果や後人の私案など含むのが、むしろ当然であったと考えられる。

次に前掲の(二)口語的表現の存在については、別に指摘があるので[21]詳説はしない。(三)にあげた注が全巻に及ぶと限らない点は、『令集解』所引の私記『讃記』などにも顕著に認められる。[22]

このように、中国の学問方法の影響のもとに成立した、日本の私記類を参考としてみると、『文選鈔』の場合も、それをとりまとめたのは公孫羅であるにせよ、そこに公孫羅以外の人物の所説が、未整理のままに含まれていて不自然ではない。ひいては、公孫羅の別の著作(いまの場合は『文選音決』)と、所拠のテキストを異にする可能性も大いに存在するといってよかろう。

いずれにしても『鈔』を公孫羅のものでないとする従来の論拠は、決して確実とはいいがたい。そもそも主要な『文選』諸注の集成をめざしたとみられる『文選集注』において、日唐の著録に所見する公孫羅の注が落とされ、かわって無名氏の注が採用されるというようなことは、甚だ理解しにくいところである。既説のように、『秘蔵宝鑰鈔』の引用などから、『鈔』を公孫羅の『文選鈔』とみることを積極的に提唱したい。

四　結　語

私がこの小文で述べようとしたことは以上に尽きる。思えば神田喜一郎先生が「文選のはなし」[23]において、『文選集注』所引の『鈔』『音決』を公孫羅撰とされているのは、夙に上来述べ来ったような事柄をふまえられてのことであったかも知れない。

私事にわたるが、未だ若年であった筆者が先生のお教えを蒙ることとなった機縁は、平城宮跡出土木簡所見の『文選』李善注に関する抽印を拝呈したことにあった。貧しいものではあるが、ここに再び『文選』ゆかりの小文をささげ、亡き先生より賜わった学恩に改めて深甚の謝意をあらわしたいと思う。

注

（1）狩野充徳「文選集注所引音決撰者についての一考察」（小尾博士退休記念論文集編集委員会編『小尾博士退休記念　中国文学論集』第一学習社、一九七六年）、邱棨鐊「文集注所引文選鈔について」（同上）、森野繁夫・富永一登「文選集注所引『鈔』について」（『日本中国学会報』二十九集）。

（2）太田次男「秘蔵宝鑰鈔平安末写零本について」（『成田山仏教研究所紀要』四号、一九七九年）。

（3）京都帝国大学文学部『京都帝国大学影印旧鈔本』第五集（一九三六年）及び第六集（同上）による。

（4）「塗炭」の例を胡克家本李善注によって示せば左のとおりである（㈣、㈥は本文の㈶、㈷に対応する）。

㈠巻十　十四丁裏
㈡巻二十五　十六丁表
㈢巻四十二　二十五丁表
㈣巻四十七　二十五丁裏
㈤巻五十六　十一丁裏
㈥巻五十七　五丁裏

（5）太田次男「尊経閣文庫蔵 三教勘注抄について」（『成田山仏教研究所紀要』五号、一九八〇年）参照。本文後掲の引用も、これによる。

（6）『三教指帰』の注には、敦光の注とほぼ同時期のものとして成安注の存在が知られている（上田正『切韻逸文の研究』汲古書院、一九八四年、四八四頁参照）。従って敦光の『文選鈔』引用が、場合によっては成安注からの孫引きという可能性も考えてみる必要がある。しかし筆者が検することを得た天理図書館架蔵の成安注（巻中、下のみ存）による限り、『文選』の注の引用は、単に「文選注」とするのが体例のようである。巻上を具備する大谷大学本はなお未調査であるので、直接の検証は今後にまちたいが、敦光が成安注より『文選鈔』を引いた可能性は、考慮の外に置いてよいと思う。

（7）注3前掲書第七集、一九三六年所収、『文選集注』巻九、六十七丁裏。

（8）とりわけ㈢の「䴡音加由也」は後の音注であろう。『三教指帰』覚明注にも㈢とほぼ同文を引載するが、この句はみえない。

（9）新美寛「陸善経の事蹟に就いて」（『支那学』九―一、一九三七年）。

（10）注3前掲書第六集所収。二十九丁裏。

（11）山崎誠「文選巻二 宮内庁書陵部蔵「管見記」紙背 影印・翻刻並に解説」（『鎌倉時代語研究』七輯、武蔵野書院、一九八四年）。

（12）花房英樹「『文選巻第九十八』について」（注1前掲『小尾博士退休記念　中国文学論集』）。

（13）『三教勘注抄』の場合と異なり、『秘蔵宝鑰鈔』所引の『文選鈔』が『文選集注』から引用されたかどうかは明らかでない。

(14) 大曽根章介「院政期の一鴻儒—藤原敦光の生涯—」(『日本漢文学論集』二、汲古書院、一九九八年。一九七七年初出)。

(15) 小尾郊一『文選』㈠(『全釈漢文大系』二六、集英社、一九七四年)解説。なおこの史料については、大曽根章介「大江匡衡」(注14前掲書。一九六二年初出)参照。

(16) 注1前掲邱棨鐊、森野繁夫・富永一登論文参照。

(17) 『六臣註文選』所収の呂延祚「進五臣集註文選表」参照。

(18) 『日本書紀』の講書と漢籍の講書との関連については、小林芳規「日本書紀古訓と漢籍の古訓読」(佐伯梅友博士古稀記念国語学論集刊行会編『佐伯梅友博士古稀記念　国語学論集』表現社、一九六九年)参照。

(19) 太田晶二郎「上代に於ける日本書紀講究」(『太田晶二郎著作集』三、吉川弘文館、一九九二年。一九三九年初出)六六〜六八頁。

(20) 北條秀樹「令集解『穴記』の成立」(『日本古代国家の地方支配』吉川弘文館、二〇〇〇年。一九七八年初出)。

(21) 小島憲之『上代日本文学と中国文学』上(塙書房、一九六二年)四二七頁参照。

(22) 井上光貞「日本律令の成立とその注釈書」(『日本古代思想史の研究』岩波書店、一九八二年)七八七頁。

(23) 神田喜一郎『東洋学文献叢説』(二玄社、一九六九年)。

(追記)　本稿は一九八五年六月二十四日に成稿して神田喜一郎博士追悼中国学論集の刊行会に送付したものであるが、その後、編者のお一人である高橋正隆先生の御好意により、注6でふれた大谷大学本『三教指帰』成安注(『三教指帰注集』)の照影を調査することができた。その結果、たとえば二一四頁にあげた三例についていうなら、成安注にはそれぞれ、

㈠爾雅云、道六達謂之庄也

㈡文選云、梗概大略也

㈢玉篇云、驫甫休反、馬皃(ママ)走皃也

とあり、『三教勘注抄』とは合致せず、従って『三教勘注抄』の引く『文選鈔』は、やはり成安注からの孫引きでないことが確かめられる。成安注参照の機会をお与え下さった高橋先生に厚く御礼申し上げたい(一九八六年一月七日、初校校正時に記す)。

平安時代の日常会話の復原

一　言葉と表記

天保十三年(一八四二)九月九日、江戸に下向し幕府の御用絵師狩野晴川院養信を従えて遊覧した智恩院宮は、

　今日は大きに何かと世話、大たのしみ。

と言葉をかけて帰館した。

晴川院自身が日記にとどめたこの言葉は、われわれを一挙に一五〇年前の世界に連れもどす力をもっている。いかにも江戸後期の宮様の雰囲気が伝わってくるではないか。音声言語が復原できるなら、歴史の世界はもっと生々してくることは請け合いである。しかし時代が古くなればなるほど、それはむつかしい。会話は瞬時に消え去るものであり、それを詳しく書きとめた記録など、求める方が無理である。ただいろいろ制約はあっても、古代の会話を部分的によみがえらせることは、全く不可能ではない。

一九七二年に、「平安朝日本語復元による朗読　紫式部源氏物語」と題するLPレコードが出ている

（監修金田一春彦・池田弥三郎、朗読関弘子、日本コロムビア株式会社）。『源氏物語』を、作者紫式部の時代の発音で読んでみようという仕事で、その後改訂版も出たと聞くが、極めて刺激的な試みであった。これは日常会話の復原というのではないものの、音声言語の復原について、われわれにどのような手掛りが残されているかを示してくれる。

まず当時の発音であるが、監修に当たった金田一春彦氏が述べているように、原則的には、あの旧仮名遣のとおりに発音してみればよい。

こういうと簡単なようであるが、実際はなかなか複雑である。旧仮名遣は、現在の文章にも一部生きているが、「私は」は「私わ」、「私を」は「私お」と発音されて「は」「わ」、「を」「お」の区別は発音上なくなっている。しかし平安朝には、これらが発音し分けられていた。現在ア行と一部同化しているワ行の発音は、ウィやウォという具合に、いまの日本語の発音とは異なっていたのである。ジとヂも、zi・diと言いわけられた。

旧仮名遣といえば、漢字の音も現在とは違う。旧仮名遣で「方法」という熟語に読み仮名を付けるとどうなるか、即座に答えられる人はそうはいるまい。正解は「ハウハフ」であって、ホウホウはもちろん、ホフハウでもハフホウでもない。いまはハウもハフもホウに一本化しているが、これも仮名遣どおりハウハフと発音した。実はこれまで仮名遣どおりに、と書いてきたが、本来話しは逆なのであって、仮名遣というのは、古代の日本語を発音に則して書き表わしたものに他ならない。古代の日本語が今日に伝えられたのは、万葉仮名や平仮名・片仮名といった表記手段が発明・開発された結果

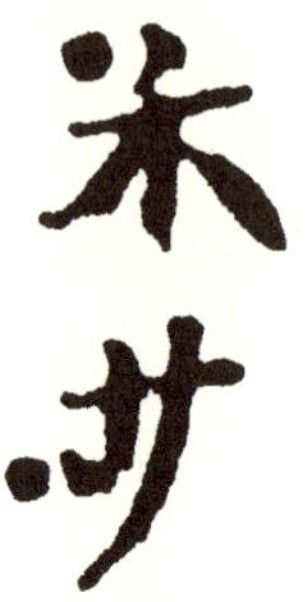
図1『類聚名義抄』の訓

といっていいであろう。

ただ仮名遣からの復原には、まだまだ弱点がある。濁点が考案される以前の古い仮名では、発音の清濁はわからない。それを補う手だてはいくつかある。まず奈良時代以前の万葉仮名では、平仮名と違い漢字そのものを使い、その音で日本語を書き表わしているので、漢字の中国音から濁音や半濁音の見当もつく。平安後期にできた漢和辞書『類聚名義抄』の記載も有益である。

たとえば図1は、漢字「行」(わざ)の読みを記した部分であるが(禾は和の偏をとったものでワを表わす)、左側の点は声点《しょうてん》といって、付く位置によってアクセントを表わし、二つなら濁音であることを示す。ここではワを高くザを低く発音したことがわかる。これで、話し言葉のもう一つの重要な要素であるアクセントも、だいたいの見当が付けられるわけである。

以上で平安朝の発音を復原する原理は、ほぼわかっていただけたと思うが、最後に忘れてならないのは、旧仮名遣で表わしきれていないことも多々あるということであろう。言葉や発音は、時代とともに変化する。現代では「は」と書いてハと読むからといって、平安朝でも同じということはできない。

たとえば現在のハ行音も、平安朝では大きく違っていた。ハ行音は、古くはP音であり、奈良・平安時代にはそれが和いで、F音になっていたが、まだ現在のようなH音にまではなっていない。またチとツは、ti・tuと発音された。

先に書いた『源氏物語』のレコードを聞くと、そういう諸々の違いが総合されて、不思議な日本語が流れてくる。ちょっと聞くと一体何語かという感じもするが、慣れればまごうかたなく日本語である。アクセントなど、当然のことながら、今の関西言葉に似ていることに気づかれることであろう。千年も前の言葉が聞きわけられるというのは、考えてみると大変なことで、日本文化の連続性を改めて認識させられる。

こうみてくると、当時の方言はどうなっていたのか、という疑問もでてくるであろうが、もちろんそれは今より激しい形で存在していたはずである。遣唐使の随員の中には、中国語、朝鮮語の訳語（通訳）の他に、「奄美訳語」がいたが、これは鹿児島南部、沖縄などに漂着したとき、現地の人と話すためである。このあたりの方言は現在でも有名であるが、古代には外国語同然であったらしい。

このほか、平安時代初頭にできた『東大寺諷誦文稿』と通称される書には、「毛人方言、飛弾（騨）方言、東国方言」があげられている。蝦夷や飛騨国、坂東諸国の言葉が都の人たちにとって、わかりにくかった証拠である。奈良時代の半ば、万葉歌人として有名な大伴家持は、東海、関東、中部から徴兵された防人の歌を収集して記録したが（『万葉集』巻二〇）、それによって古代東国の方言を、目のあたりにすることができる。

しかし方言が、地域を完全に分断していたかというと、そうではない。もしそのような状況なら、家持の防人歌収集も不可能なはずである。日本列島では、早くから政治的統一が進んだために、方言はあっても、言葉の壁にはならなかった。とくに奈良時代以降ともなると、都から役人が地方官として赴任するばかりでなく、地方豪族の子弟が都に出仕して、一定期間勤め上げた後、故郷に帰って郡司などに就任するという官僚機構ができる。古代の公務員制度は、言葉に限らず、文化の地方波及や共通化に大きな役割を果たしたことであろう。兵役や労役の徴発、それに納税のため、多数の一般庶民が都や大宰府(福岡県)、多賀城(宮城県)へ旅行しなければならなかったということも忘れてはならない。

二　貴族たちの会話

そこで、こういう日本語で話された会話の中味はということになるが、この点に関しても、仮名で書かれた当時の文学作品が頼りになる。たとえば有名な『紫式部日記』や『枕草子』のような日記・随筆には、さまざまな会話が書きとめられている。

しかしこれらの仮名文学にも欠点がないわけではない。その筆者にとっては会話の内容が問題なのであるから、会話を正確に記録するということは関心の外である。したがって挨拶など不要な表現は省かれるのが普通であるし、中味も圧縮されたことであろう。また会話のテーマも、彼女たちに直接関わるものや、文学的なものが多い。

テーマの制約ということは、この時代に出現した多くの物語類にもあてはまる。現代の小説が現代の世相を映すように、同時代か近い時代をとりあげた物語なら、そこに書きこまれた登場人物たちの会話は当然材料にできるが、『源氏物語』にしても、俗なおしゃべりを知りたいという要求には、あまり応えてくれない。

しかしここに珍しい例外がある。それは『宇津保《うつほ》物語』という作品である。平安朝の長篇物語文学の一つとして有名であるから、名前を御承知の読者も多いと思う。ただ有名なわりに、この作品についての研究は進んでおらず、成立年代や作者についても異説が多い。一般には十世紀の末ごろのもので、当時の大学者、源順の筆になったといわれるが、古く成立したのは一部だけで、平安末期まで増補が繰り返されて今の形になったと考えた研究者もある。なるほどこの物語を通読してみると、前後矛盾している箇所もあり、また文章の重複などかなり混乱もみられる。ただこの物語によく登場する琴の演奏場面など、音楽のすばらしさを文字で表現するという困難があるにも拘らず、筆の冴えはどの場面にも共通しており、息もつかせぬ迫力をみせる。部分的に問題はあっても、全体としてはおそらく同一作者になる長篇物語と考えてよいであろう。

『宇津保物語』が『源氏物語』などと違うのは、いかにも男性作家の手になった作品らしく、平安朝貴族社会のさまざまな側面が書き込まれていることである。それだけに『宇津保物語』にみえる登場人物たちの会話は、当時の貴族たちが交わしたであろう日常のおしゃべりを髣髴とさせるところがある。

たとえばつぎにあげるのは、ある貴族が別の貴族の邸宅を訪問した場面でのやりとりである。

兼雅「ここに、今日いとまにてこもり侍るがむつかしさになむ、さぶらふ（私は、今日休暇で屋敷にこもっているのがつまらなくて、やってまいりました)」

藤原兼雅という右近衛府の大将が左大将の源正頼を訪ねたところである。兼雅は牛車にのって自邸を出発、正頼邸に着くと、車から降りる前に、このように申し入れた。これに対して正頼は、人にこう答えさせる。

正頼も、さなむ思ひ給へむつかりて、そなたにも参り来むと思う給へつるに、いとかしこし(私正頼も、そう思っておりまして、そちらにでも伺おうかと思っておりましたのに、来て下さって恐縮です)

その上で正頼は一族をひきつれて兼雅を出迎え、車を降りた兼雅とともに邸内に入る。重要な客が訪れたときは、こうするのが礼儀であったとみていいであろう。平安時代末に描かれた扇面古写経(国宝、四天王寺蔵)の下絵にも、摂関家の饗応に招かれた貴族が、主人と雪のつもった庭で、挨拶を交わす場面が出てくる。出迎えたときに、当然短いやりとりはあったであろうが、それは書かれていない。最初のフォーマルな挨拶は、人を介した形でというのが一般的であったといえる。

『宇津保物語』の作者は、正頼を順調に栄耀栄華を極める貴族として描く一方、兼雅を家柄には恵まれながら、不遇をかこつ貴族として提示している。兼雅がその子仲忠や北の方を相手に語る言葉は、平安貴族の鬱屈した感情を示したものとして、正頼との優雅なやりとりとは違う面白さがある。

「除目《じもく》侍るなるを、参らせ給はんとやする。」(任官の儀がありますが、おいでになりますか)

と仲忠がたずねたのに答えて、こんな会話が続く。

兼雅「何しにかは参らん(どうして出かけたりしようか)。出《い》でて歩けば、そこにも面伏《おもてぶ》せにて、人の人とも見たらねば、生きたるかひもなきに（出歩けば、おまえにとっても面目つぶれで、人が人間とも見てくれないので、生きてるかいもないのに）」

仲忠「大臣欠《けち》の侍らざらんにはいかでかは（大臣に欠員がないのでは、いたし方もありません）」

兼雅「などかはその欠のなからん（どうして欠員がないことがあろうぞ）。このごろこそ、かく金釘《かねくぎ》のやうに固りためれ（このごろでこそ、このように正頼一族で独占してしまっているが）、そこを御子《みこ》にして、中納言になさるとて、あけられし欠には、親とてある己《おのれ》をこそなされましか（そなたを孫娘の夫にして、中納言に任ずるといって空席にされた後任には、親である私を任ずるべきであったのだ）」

「今度の除目だって、右大臣正頼が思うままにしてしまうであろう」といって、兼雅は正頼一族の繁栄ぶりを次のように口ぎたなくこきおろす。

右の大臣（正頼）、我はと思ひ顔にて、孫の皇子《みこ》達は玉をすぐりて並び居、（正頼の）子供は雲井《くもい》のごと着きて（群がる雲のように着座して）、土を食ひて（土下座して）膝まづきあへり。

兼雅のことばは、ここからさらに過激になる。

いでや（いやもう）、（正頼の孫のよくできた）皇子達を思へば、宿世《すくせ》（自分の運命のほどが）心憂《う》く、いかなる人くぼ付きたる女子持たらんとぞ見ゆるや。

「くぼ」は女陰である。「どんな人が、（あんな皇子達を生む）女陰を付けた娘を持つのかと思えるなあ」。兼雅はさらに言葉をつぐ。

また今一つのくぼありて、蜂巣の如く生みひろぐめり（またもう一つの女陰があって、それが蜂の巣のように子を生み広げているようだ)。

我が身にひきかえ、正頼には藤壺(あて宮)という、貴族たちの羨望の的となった娘があり、それが春宮の妃となって、さかんに皇子を生んでいる。「今一つのくぼ」は、その藤壺のことである。兼雅のぐちはまだ続くが、それをうけて妻が、

などか物もの給はで(ちゃんとおっしゃらずに)、荒々しう、かく悪毒は吐き給ふ。……まだ腰屈まり給はざめれば、人と等しくなり給ふ世もありなん。……世の人の付きたるものをも、けしからぬ者こそ、たはやすくいふなれ(どの人ももっているものでも、はしたない人が簡単に口にするのです)。

「あなたのような人が、くぼがどうのこうのというものではない」とたしなめると、兼雅は「さてそこは、付き給へりや」(さて、そなたにも付いているかな)と、北の方を引きよせてまさぐる。

うたて、たはれ給へる(まあいやだ、冗談ばっかり)

北の方がこうすねて、後を向いてしまう、その髪の毛がまるで磨いたように艶やかで、九尺ほどもあり、いっぱいに広がって美しい、というところで、このやりとりは終っている。

三　フィクションと真実

これでもわかるが、『宇津保物語』の文章はやや訥々としていて、あまり流暢とはいえない。しかしそれがかえって会話の現実味を増しているといえよう。ともあれ王朝貴族の忿懣や夫婦間のあけすけな会話を立ち聞きしているような気にさせる一幕である。

ところで兼雅の一門と、正頼一統との権力争いというこの構図は、当然当時の現実政治に範をとったものであろう。いわゆる摂関政治の全盛期に入ろうというこの時期、貴族社会では陰に陽にいろいろな策謀がめぐらされていた。その様子は貴族の残した日記などから知ることができるが、なにぶんそれらは漢字で書かれたものであり、事態の要約や結末がわかるに過ぎないことが多い。ことの進行が手にとるように知られるとは、とても言えないのである。

この点でも、フィクションとはいえ、『宇津保物語』は迫力にあふれる会話を伝えている。さきの会話からも推察できようが、正頼の娘藤壺は、ときの天皇朱雀院の春宮（皇太子）に嫁して、皇子を三人生んでいる。これに対して兼雅の妹は、その朱雀院の中宮（皇后）であり、かつ兼雅の娘梨壺も、今では春宮に嫁して待望の皇子を一人生んでいた。そこへ朱雀院が、近々春宮に譲位し、新しい春宮を立てるという話が持ち上がる。藤壺の皇子が立太子するか、梨壺の皇子が立つか、これは将来の外戚の地位を、どちらの勢力がおさえるかという正念場である。しかし藤壺は、人望も春宮の寵愛も大きく、おまけに正頼という強力な後盾もいて、この競争に一歩リードしていることは否めない。

この状況を口惜しい思いで見ていたのが、朱雀院の中宮であった。中宮は、すでに右大臣になっていた兼雅、子の仲忠、兼雅の兄で太政大臣の忠雅、その二人の息子、大納言忠俊、参議清正らをひそかに呼びよせる。人払いをした中宮は、自分達の家系には、自分の他に太政大臣、右大臣以下が揃っているのに、相手方は、もと皇族の源氏とはいえ正頼一人、藤壺の子が立太子しては、「この筋（家系）の恥とある大いなる事」と力説し、一族協力して梨壺の子を春宮にするよう画策せねばと焚きつけた。

しかし長兄の太政大臣忠雅は逃げ腰である。

忠雅らは、ともかくもいかでかは申さん（自分達が、とやかくどちらがよいなどとは、どうして申せましょう）。臣下といふ物は、君（天皇）の若くおはします御心の、疎《おろ》かにおはします（行き届かない）時こそ侍れ、

「明君がいらっしゃるのに、決めることはできません。春宮自身が次の太子を決められるなら別ですが」と反対する。中宮は兄たちに敬語を使っているが、兄も中宮に同様なしゃべり方をしている。これは妹が中宮という高い地位にあるからである。

中宮は、忠雅の言うことなど百も承知である。

それはさばかり（それはそうですが）、このごろ、里なりとてだに恋ひ悲しび、物も参らず（藤壺が宿下りしているというだけで恋い悲しみ、食事ものどを通らず）、影のごとなり給はむ人（春宮）は、まいてかけても聞き給ひなば（梨壺の皇子を立てる話など、少しでも聞かれたら）、いたづら人（死人）になり給ひなむものを（なってしまわれるでしょうよ）。

さきと同じ理窟で、中宮も義理の息子の春宮に敬語を使う。これからあと、中宮が兄を説きつける論法は、平安貴族の皇室と外戚に対する考え方や力関係を言いえて妙である。

人の国（中国）にも、大臣・公卿定めてこそは、万《よろず》の事をもしけれ。これかれ（みんな）心を一にて、この事（立太子）をかくなむ有るべき（こうしましょう）。この筋のむげになくばこそ（我々の家系に全

く人がなければ）、異筋《こと》の交らめ。かくさるべき人（こんなにしかるべき皇子）を措きては、いかでか（どうして他系の皇子を立てられましょう）。……（春宮は）さすがに道理失ひ給はず、賢《さか》しくおはする人なれば、心には飽かず悲しと思《おぼ》すとも、世を保たむ（世を平和に保とう）と思ほす御心あらば、許し給ふやうあらめ（お許しになるでしょう）。己れ一人「かうなむ思ふ」（こう取り計りたい）とは申さじ（申しますまい）。

しかし忠雅はあい変わらず消極的である。

忠雅は、うけ給はり侍りぬべし（うけ給わりました）。（ただ）公卿・大臣、定め申し侍りなん（決定するでしょう）。（また）近《ちこ》うは（兼雅の）御女《むすめ》の事なれば、ここ（兼雅）にこそは、先づかかる事はしも、依りなん（第一こういうことは兼雅次第でしょう）。いかなるべき事ぞ、男子《おのこ》ども（どうすればよいか、息子たち）。

こう言葉をむけられても、二人の息子は「決定に従います」というばかり、そこで兼雅の出番となる。兼雅は、自分たちがなぜ逃げ腰かをまず説きはじめる。「ここに五人候ふ人は、四人は皆、犬に侍り」。呼ばれた五人のうち、自分を除けば、みな正頼の言いなりであるという。忠雅や忠俊・清正は正頼の婿であり、仲忠も正頼の孫の内親王（女一の宮）を妻にしている。しかも男たちはみな、妻にぞっこんであると兼雅は説明した上で、こう述べる。

かくのごと、手を組みたるやうにゆき交り、この中にいささか疎かならず命を限りて侍るに（間柄も少しも疎遠なところがなく命をかけていますのに）、かかる事（梨壺の子の擁立）をなん相定むると（正頼が）聞き侍りなば、この女《め》ども（妻たち）をも（夫から）取り放ちて、帝にも、かれこれにも（誰であろうと）、また相見せ奉るべきにも侍らず（二度と会わせはしますまい）。（正頼は）いとよき人なれど、いと急に剛《こわ》き人（気が短かく強い人）になむ侍る。また（正頼が）しか思はん、道理になむ（そう思うのも当然です）。家の尊き事は（正頼は皇室の出身）、かやうの折りの用意なり（こんなときに役立ちます）。

中宮は、これを聞いて激怒した。

仁寿殿の女《め》の子どもも侍るは（仁寿殿の娘たちもいましたね）。など（なぜ）、すべてこの女の子どもは、いかなるつびか付きたらむ。付きと付きぬる物は、皆吸ひつきて、大いなる事の妨げもし居り。

「つび」は、さきの「くぼ」と同じく、女陰である。仁寿殿とは正頼の娘で、朱雀院の女御、その長女の内親王は、前にふれたとおり仲忠の妻である。「正頼の系統の娘たちには、いったいどんな女陰が付いているのか。くっ付いたら最後、みな吸いついて、大事を妨げる」。兼雅に劣らぬ毒舌を中宮がふるう。そんなことをおっしゃっては、ここにいる仲忠が気の毒です、と太政大臣がとりなせば、中宮はさらに言いつのって、

女なる己《おの》らだにこそ、筋の絶えん事は思へ（女である自分でも、血筋の絶えることを気づかっているのだ）。主《ぬし》たちは何のなり給へればか（何が生まれ変わったのか知らぬが）、その妻子《めこ》の悲し（可愛い）とて、かかる大いなる事の妨げをばなさるる。世の中に（他の）女はなきか。それに勝《まさ》りたらむ人をも己奉らん。

男まさりの中宮と、威勢のあがらない男たち。さきの兼雅の繰り言でもそうであるが、ここには読

者の笑いを誘おうとする作者のサービスが見てとれる。はたして中宮が本当にこんな物言いをするのかという疑問も湧いてこないではない。しかしこれを全くの作りごととも片付けられないのではないか。現代の風俗小説でも、誇張や現実離れがあるにせよ、完全に現実から離れては、読者の支持が得られない。むしろ完璧に現実そのままでないことが、かえって現実らしさに通じるという面がある。さきのような場面も、実際の権力争いの中で起こって不思議はなく、だからこそ、読者も喜んだに違いない。歴史の表面に現れない密議が、こういう形で書き残されたのは、貴重といってよいであろう。

おそらく読者の中には、こんな会話がみられるなら、『宇津保物語』を少しのぞいてみたいと思われた方もあろう。しかし『源氏物語』に、あれほど至れり尽くせりの注釈や訳があるのにひきかえ、この作品はそうではない。これまで紹介してきた会話や訳も、二、三の活字本を参照し、私自身の判断も加えて載せたものである。『宇津保物語』の世界が、単なる恋愛小説とは異なる広大さを備えていることや、よい写本に恵まれないことなどが、研究を停滞させているのであろうが、この平安朝そのもののような作品を放っておく手はない。文学と歴史の双方から、もっと読みこんでゆきたいものである。

日記にみる藤原頼長の男色関係
―王朝貴族のウィタ・セクスアリス―

一　頼長と『台記』

日本の歴史を研究しようとする時、見逃すことのできない史料として公卿の書き残した日記がある。これらは各公卿が、伝統・先例を重んずる公家社会にたちまじわってゆく必要上、しきたりや儀式の次第を書き記して遺忘にそなえると同時に、これを子孫に伝えるのが目的だったから、内容は公的で無味乾燥なものが多い。専門の研究者でも、公卿日記を丹念に読み通すのは相当な難儀である。しかし日記という性格上、そこに多かれ少なかれ個人的な感慨や行動も記録される。中には近代の文学者の日記と較べても遜色ない内面性豊かな日記も現れた。藤原頼長の残した『台記』もそのような名記の一つといえる。(1)頼長は、平安時代末、摂関家の嫡流に生まれ、左大臣にまで至った人物であるが、その名は何よりもまず保元の乱の張本人として有名である。源平合戦に興味をもつ人なら、鎮西八郎為朝と、夜討の是非をめぐってわたりあった高慢な頼長を思いうかべる人が少なくあるまい。従って彼の日記は、第一に保元の乱の直接原因となった皇室や摂関家の内紛をうかがう重要な史料である。しかし頼長が類い稀な個性の持主であったために、『台記』には当時の世相や人物に対する精彩に富んだ記述がちりばめられ、ひいては巧まずして頼長の人物像を描き出すことになった。

一体この当時の史料で、頼長の人柄に言及したものとしては、甥にあたる僧正慈円の著した『愚管抄』がある。

この頼長の公、日本第一の大学生、和漢の才《ざえ》に富みて、はら悪しくよろづにきはどき人なりけるが…

この慈円の評は、頼長の人柄をよく要約している。第一に抜群の学才、第二に非妥協的で万事に極端な姓格である。しかしこのような人柄は、やはり日記に最もよくあらわれているといってよい。『台記』の記事をみてゆくと、彼が京と宇治を往返する舟中で書物を読んだことや、中国の『修文殿御覧』という百科事典を暗記しようとしたことが知られる。また自邸に儒者を招いて漢籍の勉強会を催したことも再三であった。頼長の学問とくに漢学に対する造詣は、この前後に比をみないといってもいいすぎではない。

一方、彼の理非を峻別する性格は、日記の次の記事からもうかがえよう。

伝え聞く、藤原卿実能、疾と称して賭弓《のりゆみ》に参ぜず、夜中参入、春日行幸の事を定む。若し疾病ならば行幸の行事を辞すべし。疾を扶けて行幸の事を行うべくば、必ず賭弓に参ずべし。疾と称して賭弓に参ぜず、一階を貪り、日を改めずして参内し、行幸の事を定む。私を顧み公を忘れ、忠なく礼なし。臣道において然るべからず。『詩』に云わずや、「鼠を相《み》るに体あり、人にして礼なかるべけんや」。これこれを謂うか（久安三年〈一一四七〉正月十八日）。

頼長の岳父実能は、賭弓の儀に欠席しながら加階にあずかり、しかもその同じ日の夜におこなわれた春日社行幸の行事役を定める合議には顔を出してその役に任ぜられた。頼長は実能のずるがしこい行動を手厳しく批判している。

こうした態度が表面化するとき、それは伝統的な仕来たりや考え方にとらわれない行動となって現れる。『台記』には、あちこちに因襲的な貴族社会への鋭い非難があふれている。たとえば頼長は、いままで親の推挙で決められてきた儒者の後任を公開の場で決めるよう鳥羽法皇に進言した。

範家来たり、学問料の密試を奉ずべき人々を申す。先日、余、法皇に奏して曰わく「近代の儒士、才なきもの多し。これ父の挙に依りてその子を優し、才・不才を論ぜず学問料を給するの故なり。所望の輩、試を奉ずれば、無才の子を挙するものも無からん。すべからく禁中にてこれを試すべし。しかれども上は幼年にいまし、いまだ政事に勤めず。院にて密かに試せらるる宜しかるべきか」と。仰せて曰わく「朕、久しく政を親るといえども、いまだかつて学を好まず。豈、詩の得失を知らんや。宜しく公家にてこれを試みよ」と。儒らこれを聞きて大いに恐懼すと云々

(仁平三年〈一一五三〉六月八日)。

父の推薦さえあれば学問料を与えて将来を約束するというやり方をやめ、試験を実施すれば、才のないものが宮廷学者になることもなくなるだろうというのである。法皇もこれを認めたため、儒者たちは恐慌をきたした。

これなどは一例に過ぎないが、頼長の「きはど」しといわれた厳しい一面がよく現れている。何事

も言わず語らずの慣例によりかかってきた一般貴族の眼には、こうした頼長の態度は異様な理解の粋をこえたものとして映ったことであろう。頼長のこのような面が貴族層の反撥を招き、最終的にその失脚につながっていったことはこれまでも言われてきた。これは中国古典によって培われた深い識見もさることながら、幼時から父忠実の寵を一身にあつめて育ったことからくる我儘な性格と無関係ではないだろう。しかし頼長のこのような才と資質の故に、『台記』に記された見聞や思考は、はじめにもふれたように通り一遍の記録や感想とは全く異なる趣きをそなえることとなった。頼長が、『台記』の中に、自身の男色関係をことこまかに書きとどめているのもその一つといってよい。記事の内容は後に詳しく述べるように極めて具体的で、頼長の人物像は勿論、広く平安時代の風俗・文化などを考える上にまたとない史料といえる。

『台記』にみえる男色関係記事に注目した文献としては、高田与清の『松屋筆記』が早い方であろう。与清は同書巻六六（国書刊行会本四八四頁）に、『台記』には陰陽頭の祈禱で男色のかなったことがみえているとして、暗に久安二年五月三日条の記事を指摘した。明治以後になっては、『古事類苑』がその存在に注意し、人部（三三）、遊女の項に七条の記事を抜録している。しかしそれ以降、この種の記事の存在はほとんどとりあげられるに至らなかった。ただその間にあって見のがすことができないのは、岩田準一氏の業績である。氏は渋沢敬三氏の主催するアチックミュージアムの会員として活躍した民俗学者で、志摩の民俗に関する研究もあるが、一方我国における男色の歴史に関心をもち、『男色文献書誌』『本朝男色考』の二著をあらわした。(2) 南方熊楠がその蘊蓄を傾けて男色を論じた相手がこの人であったことは、その学殖を語って余りがある。[3] 氏の『台記』に対する言及は前記二著にみえているが、そこに指摘された記事は数の上であまりかわらないものの、『古事類苑』に引かれていないものを含んでいる。

私はたまたま『台記』を読み進むうちに、男色関係記事の存在に気づき、改めて前記のような諸書をさぐったところ、それらに指摘されていないものがなお多数あることを知った。しかも頼長の相手となった人物をみてゆくと、上は貴族から下は雑色や楽人に及ぶ多数の人があり、当時の貴族社会や主従関係を考えるにも見逃せない意味がある。先に概要を口頭で発表したこともあるが(一九七七年度大阪歴史学会個別報告)、ここにそれらを整理・集成してみようと思う(なお『台記』に基づく記述は特に断わらない。また『台記』の引用中〈　〉を付した字句は、原文に細注となっている字句である)。

二　花山院忠雅の周辺

現存の『台記』に男色のことがみえるのは、康治元年(一一四二)からである。この年頼長は二十三才、父忠実の庇護のもと、既に正二位内大臣の地位にあった。忠実は白河上皇の勘気を蒙って、保安元年(一一二〇)以来宇治に籠居していたが、上皇の死後、鳥羽上皇と結んで政界に返り咲き、次の摂関は頼長にという心づもりで摂関家の勢威回復をめざす政策をうちだしていた。忠実の不遇時代、摂政の地位を保ってきた忠通は、忠実の長子とはいえ、忠実回復後は形ばかりの存在である。父の後盾を得た頼長にとって、この前後は思うままに政治をきりまわせた時であった。家庭においても正妻藤原幸子（徳大寺実能の女）との間に子はなかったが、妾源信雅の女と源師俊の女との間に、それぞれ師長（五才）、兼長（五才）があり、この前年には、同じ師俊女との間に更に男子（隆長）の出生をみたばかり、四十七才でまだ男子を得ない兄忠通とは違い、嗣子の点でも恵まれていた。

この年の二月七日、頼長は不審な行動を日記に記している。

深更、下人の狩衣を借り着て、或る羽林に向かう。門外に語り具に遊放す。尤も軽々なり。

頼長自身、軽々しいことだといいながら、変装して訪問したこの「羽林」こそ、頼長の男色の対象となった人物の一人である。当時の貴族社会において男色は決して特異な行為ではなかった。頼長も仁和寺法親王（高野御室）が美貌の童を寵愛していると聞いて、日記に記している位であり（康治元年三月四日条）、また保元の乱後にわかに出世した藤原信頼が後白河天皇の寵童あがりだったことは有名である。彼もまた日頃からこのような対象を求めていた。『台記』によると「羽林」は「三品羽林」とも呼ばれている。三品は三位、羽林は近衛府の別称で、この人が近衛府の官職をもつ三位の貴族だったことがわかる。康治元年の時点でこの条件に合うのは、正月五日に従三位に叙されたばかりの藤原忠雅の他にない（『公卿補任』）。忠雅は花山院流藤原氏の出で、忠宗の子、当時十九才の貴公子であった。十二月十二日、賀茂臨時祭の使者として出立する忠雅を、頼長は一条京極でこっそり見物したほどであるから、容姿もよほどすぐれていたのであろう[4]。

頼長は、七月五日になって望みを遂げた。

今夜、内辺において或三品〈件の三品は衛府を兼ぬ〉と会交、年来の本意、遂げ了《おわ》んぬ。

「本意を遂げる」（宿願がかなった）、即ち情交があったのである（彼はしばしば情交があったことをこう表現している）。

頼長と忠雅の密会は、彼らが高官であるだけに、あくまで人目をさけねばならない。十月三日には、頼長がやはり雁衣・水干姿で花山院（忠雅の邸）を訪れている。それだけに会った時の喜びは大きかった。

二十三日《（十一月）》（中略）次に新院に参る。見参の後、或人〈彼《か》の三位衛府なり〉に謁す。本意を遂ぐ。喜ぶべしく。為す所を知らず。更闌帰宅し、或る四品羽林と会交す。

深夜に忠雅のもとから帰った頼長は、更に「四品羽林」と会交している。四品羽林というのは、頼長の男色の相手として久安六年（一一五〇）八月十五日条などにもでてくる源成雅であろうか。成雅は村上源氏信雅の子で、この時四位の右近衛少将だったとみられる（康治元年正月十四日、同三年三月十九日、久安二年正月七日条など）。のち久寿二年（一一五五）の六月から七月にかけて、しばしば「今夜、成雅朝臣、奇怪の事あり」などと記されているのも、こうした行為のことかも知れない。彼は「家臣」（久寿二年五月三日）といわれ、『今鏡』巻七に「知足院《（忠実）》の入道おとど、寵し給ふ人におはすときこえき」（武蔵野の草）とあるように、忠実とも関係のある近臣だった。その妹は頼長の妾で師長の母であり、成雅自身、保元の乱後、越後に配流となる。

これ以後久安元年頃にかけて頼長は折々忠雅と会交している。たとえば康治二年（一一四三）二月五日条には、

五日癸亥、或羽林卿来、亥終、良久言談、有濫吹、人不知

五日癸亥、或る羽林〈卿なり〉来たる〈亥の終わり〉。良久《やや》しく言談す。濫吹あり。人知らず。

とある。「濫吹」は一般に乱暴・狼藉の意にも使われるが、以下にとりあげる日記からも明らかなように、頼長は男色行為そのものをさして、よくこれを用いた。人の知らないこのような秘事を日記に書きつけることに対して、頼長は一種得意げな気持をいだいていたあとがみえる。

頼長にとって忠雅は、所詮猟色の一対象でしかなかった。彼が忠雅以外の男に目を向けていたことは先にもふれたが、彼は忠雅をなかだちにして別の男を自分のものにしようとした形跡がある。康治三年（天養元年）四月三日の晩、頼長は水干姿に身をやつし、忠雅と同車して讃という受領（国司）の宅に行き、暁に帰宅した。

三日甲申、戌の終わり、或る卿三と同車し〈余は水干〉、或る受領讃の宅に泊す。天明に及びて皈《かえ》る。去年より書を通ずと雖も、全く返報せず。今夕始めて会合す。如意輪供已に以て成就するなり。

頼長はこの前年から讃に手紙を送っていたのであるが、一向に返事がない。遂に三月二十九日からは僧を呼んで如意輪供をし、「会合」を祈禱していた程であった。しかし三日のようすからすると、この対面を実現するには同行した忠雅の尽力があったとみられる。頼長と讃との間に実際の関係が生じるのは、なお一年余り後のことであるが、その橋渡しをしたのはこれも忠雅であった。忠雅は保延五年（一一三九）に讃岐守に任ぜられたことがあり（『公卿補任』）、「受領讃」はあるいはこの時の下僚であったかも知れない。忠雅がどういう意図で二人の間をとりもったのかは不明であり、単に頼長との間に

新しい刺激を提供するためかとも考えられる。しかし一方、頼長との関係にこれ以上深入りするのを避け、機会をみて頼長から遠ざかろうとした可能性もある。一体頼長は、道長時代のような摂関政治の全盛期をもう一度とりもどそうという理想を抱いており、院の側近に権勢を誇り院政を推進しようとする院の近臣達を快くは思っていない。後のことだが、仁平元年（一一五一）九月には、頼長の従者が鳥羽法皇の近臣藤原家成の邸を襲撃し、世間の不評を買ったこともある（『本朝世紀』『愚管抄』）。これに対して忠雅は、早く十才のときに家成に望まれて娘婿に迎えられていた。花山院流藤原氏がここまでになったのも、家成の庇護に負うところが大きいのであるから、忠雅がこの間の事情を慮ったとしても不自然ではなかったと思われる。

しかし忠雅との関係がにわかに疎遠になったということはない。それどころか十一月二十三日になって、二人の密事は頼長も予期しなかった新たな進展をみせた。

　深更、或る所[三]に向かう。かの人始めて余を犯す。不敵不敵。

二十一才の忠雅が頼長とはじめて攻守ところを変えたのである。快くはなかったが、初めてのことだけに新鮮である。十二月六日には再び同じ行為がくりかえされ、頼長も忠雅に挑んだ。

　六日壬午、或る人来たる。相互に濫吹を行なう。

翌天養二年（久安元）、頼長は二十六才、忠雅は二十二才である。年頭早々、我子菖蒲丸（兼長）の童殿上を済ませた頼長は、正月六日に忠雅を招いた。

　夜闌けて或る卿[三]来たる。濫吹有り。

しかし日記でみる限り、忠雅との肉体的な交渉はこれが最後となった。四月五日、忠雅発熱と伝え聞いた頼長は、その邸に出向いて面会するが、八日夜に再び訪れたときには、病篤しとの理由で門前払にされている。

これ以降、朝廷の公事を記した記事に「忠雅」「花山相公」の名はみえても、「或卿」「或人三」という私的な呼称は日記から姿を消す。ただその後も、自邸での毛詩講に忠雅を招いたり(久安四年二月十一日)、岳父家成死後の忠雅の態度をほめる(久寿元年六月五日)など、忠雅には終始好意をもち続けたようである。

忠雅は、頼長の敗死した保元元年(一一五六)に正三位・権中納言・左兵衛督・検非違使別当の地位にあり、その後も順調に昇進して、平氏政権下、仁安三年(一一六八)には従一位太政大臣に進んだ。建久四年(一一九三)、六十九才で歿している。その間嘉応二年(一一七〇)、平氏政権の没落による政変の中で太政大臣の職を辞しているが、時勢の激動期に比較的波乱のない生涯を全うしたといってよい。院の近臣を敵にまわし、遂に敗死した頼長と、院の近臣や平氏と結んで激動の時代をきりぬけた忠雅(その子兼雅は平清盛の女婿)との明暗の差は、性格の違いにもよるとはいえ、あまりに大きかったといわなければならない。

三　受領「讃」

忠雅という恒常的な相手を失った天養二年正月以後は、頼長にとって模索の時期であった。後の日記からみると受領讃に執心していたようであるが、讃は言を通じない。頼長は他の人物との交渉に憂悶を晴らすことがあった。

十一月一日（中略）、夜に入りて権中納言と同車し、鳥羽宿所に向かう。濫吹あり。

当時権中納言の地位にある人は数人いて、誰ということはむずかしい。あるいは頼長の正室幸子の兄弟で三十一才だった徳大寺公能であろうか。

久安二年正月四日の日記に、年賀をすませて「次に或る所に向かいおわんぬ」とあるのもこの種の情事であろう。時には人から仕掛けられたこともある。

（二月）一日（中略）、戌の刻、車駕宮に還る。（中略）御輿帰るの後、宗明朝臣に逢いて雑談す。無礼に及ぶも具さには記さず。

この間にも頼長の讃に対する執心はつのっていった。二月八日には、今日春日社に幣を奉つるべきところ、「不浄」を夢にみたので取りやめたと記すが、何か彼の不満を物語るようでもある。三月になって頼長は、遂に日頃目をかけている陰陽師賀茂泰親を呼んで祈禱符を手に入れた。讃との「会合」が実現するようにというのである。その甲斐あってか、五月三日の深夜に望みは実現した。

子刻、会合或人讃〈於華山有此事〉。遂本意了。依泰親符術也〈彼人年来固辞。而三月泰親進符。其後未通言。今月一日、彼人送示可蓬由〉。因之宝剣一腰賜泰親、加褒美泰親之書。

子の刻、或る人〈讃〉と会合す〈華山において此の事有り〉。本意を遂げ了んぬ。泰親の符術に依る也〈彼の人年来固辞す。而して三月に泰親符を進む。其の後未だ言を通ぜず。今月一日、彼の人蓬うべき由を送り示す〉。これに因りて、宝剣一腰を泰親に賜い、泰親を褒美するの書を加う。

「華山」というのは「花山院」で、密会の場所を提供したのは、この場合も忠雅である。一度は頼長に対面しながら一年以上も固辞してきた讃が、ここに至ってその意向を変えたのは、忠雅の勧奨によるところが大きかったであろう。讃自身にも個人的な思わくがあったらしいが、それは後にふれることにしよう。

やがて頼長と讃は、忠雅を介さず直接往来するようになる。久安二年七月十一日夜、讃が頼長を訪ねたのはその始まりであった。しかしその矢先、一つの事件がもちあがった。八月十二日、讃の妻が難産がもとで死亡したのである。

今朝、或人〈讃妻〉欲産死〈不得生〉。深更、乗馬向其所〈不問日吉凶〉、不相逢帰〈但使人告来由〉。

今朝、或る人〈讃の妻〉産死せんとす〈生くることを得ず〉。深更、馬に乗りて其の所に向かう〈日の吉凶を問わず〉。相逢わずして帰る〈但し人をして来たりし由を告げしむ〉。

その朝、危篤の報を得た頼長は、夜のふけるのをまって取るものも取りあえず讃の宅にかけつけた。讃には逢わなかったが、このとき彼の妻の死を知らされたのであろう。頼長は、自らの親昵する人に対しては極めて情誼の厚い人であり、これも讃に対する厚情からでた行為と思われる。

讃の妻の死から五十余日を経た十月七日深更、頼長は久かたぶりに忠雅と同車して讃の宅を訪れた。

戌刻、向華山、同車向讃第。人不知。無彼事。凶事後今日始逢。

戌の刻、華山に向かい、同車して讃の第に向かう。人知らず。彼の事無し。凶事の後、今日始めて逢う。

さすがに頼長もこの日ばかりは例の事を控えた。忠雅を同道したことといい、深く配偶の死を悼むところがあったのであろう。

しかしその抑止も暫くのことで、中一日おいた九日夜には、頼長が早速讃の宅を訪れている。

九日(中略)、今夜讃の第に向かう。彼の事有り。

しかも讃は別の企てを抱いていた。十九日の日記をみると、

今夜、讃通申、余為媒、依先約也

今夜、讃通じ申す。余、媒を為す。先約に依るなり。

とある。頼長は讃にたのまれて情事のとりもちをしたのである。相手が男か女かは不明であるが、「通じ申す」と読んでよいなら、身分の高い人であったことは確かである。もっともここは「申」が何かの誤字で、人名の略称と考える余地もある。

翌久安三年は、頼長二十八才である。旧年十二月二十九日から病臥した頼長は、この年の正月、坐ったままで四方拝に臨んだ。しかしほどなく回復したとみえて、十五日には讃と密会している。翌十六日にも、

夜半、為来有

夜半、為来たる〈有り〉。

とある。このあとの日記では「夜半、尋来有」という記事がみられるから、この「為」も「尋」の誤

写で、讃がたずねてきたことをいうのであろう。小字の「有」は「彼の事有り」の意である。この日の日記は、その讃との房事を赤裸々に描く点で特に興味深い。

彼朝臣漏精、足動感情、先々常有如此之事、於此道、不恥于往古之人也
彼の朝臣、精を漏らす。感情を動かすに足る。先々も常にかくの如き事有り。此の道において往古に恥じざるの人なり。

讃は頼長を受け入れながら射精するのが常であった。それが頼長を更に喜ばせたのである。この月は、二十七日と三十日にも讃との交歓がなされている。

三月十五日、頼長は春日祭に参ずべく、南都に下ったが、その宿所に讃の詩歌各一首が届けられた。二月に賀茂社へ詣で、願うところがあって百度参詣の願を立てたが、その苦行のいとまに思いを述べてみたというふれ込みである。

仲春拝賀茂之社壇、企百度之参詣、苦行隙偸、述懐〈加和歌〉　大僕卿孝標
上下往来百度功、誓心引歩鴨堤中
苦行日積何攸憶、素願偸祈古栢風
いはばこれ　みたらしがはのはやきせに　はやくねがひを　みつのやしろか
仲春、賀茂の社壇を拝し、百度の参詣を企て、苦行の隙を偸み懐を述ぶ〈和歌を加う〉　大僕卿孝標
上下往来す百度の功、心に誓い歩を引く鴨堤の中
苦行日に積むは何の憶《おも》う攸《ところ》、素願偸に祈る古栢の風

いわばこれ、御手洗川《みたらし》の早き瀬に、速く願いを満つの社か

これによって讃の本名が孝標であり、この時左右いずれかの馬寮の頭だったことがわかる。頼長は詩を作ってこれに答えた。韻字は「中」「風」と讃のものを踏襲している。

吾如南土汝参北、素願共通神意中
鴨御祖神垂恵速　今冬定聴羽林風

吾は南土に如《ゆ》き、汝は北に参る　素願共に通ず、神意の中《うち》
鴨御祖《かものみおや》の神、恵みを垂ること速し　今冬定めて聴かん、羽林の風

起句は自らが南都に下向し、讃が鴨社に参詣したことをいう。頼長はこの詩によって、讃の願いは速やかに神のきくところとなり、今冬には羽林（近衛府）の職につけるだろうとほのめかしたのであった。讃が頼長の弄び物となったのは、なんといってもこのような下心に負うところが大きかったであろう。こういう例はこの時代にも珍しくはなかったと思われる。讃の望みが実現したかどうかは確かめられない。私がみた限りでは、この讃（大僕卿孝標）という人物自身が諸氏の系図に現れない。しかし讃と頼長の関係はこの後も続いており、やはり頼長が讃の望みを容れていたと考えた方がよいであろう。

四　随身と舞人

人は日記に、常と異なった出来事は記すけれども、日常茶飯事を書き留めることはないとよくいわ

れる。この伝でゆけば、いままでみてきたような密会は、アヴァンチュールとしての緊張もあって日記にとどめられたとみられよう。事実頼長には、別に日常的な男色の世界があった。偶然の事情からその一端は日記に影を落としている。

前に述べたような讃とのやりとりがあった翌月、四月七日を期して頼長は女犯・男犯を断って百三日に及ぶ精進禁欲に入った。彼はその間の様子を結願の日、七月二十日に次のとおり記している。

二十日壬午、今日、千手供三壇〈静経、覚仁〉結願なり。其の中、僧装束一具、覚仁に給う。四月七日より始めて今日に至る一百三日、其の間、余、千手陀羅尼五千遍、礼拝三千三百三十遍を満たす。魚を食らわず、女・男を犯さず。是、八三の除病〈水を飲み疲れ瘦す〉・延命〈五十を過ぐるを祈る〉を祈るなり。又、今夜より仁俊をして千手に供せしむること百日〈同じ祈りなり〉。

これは八三の除病・延命を祈っての作善・精進であった。「八三」というのは頼長の考案した隠語のようなもので、頼長幼少のころよりその身辺に仕えてきた随身秦公春をさす。四月二十二日の日記に頼長自身「此の記、八三と書くは是れ公春なり」といっている。八・三がそれぞれ公・春の省画であることはいうまでもあるまい。とても全部をあげることはできないが、結願の日に至るまでの作善は並み大抵のものではなかった。

(四月)十四日丁未、七日より今日に至る、毎日千手の御前にて陀羅尼百八遍を満たす。又礼拝百八度。
廿二日乙卯(中略)今夜千手供二壇を始む〈八三祈なり〉。又、持仏堂千手の御前にて、余、礼拝千八十遍〈同じき祈り〉。此の記、八三と書くは是れ公春なり。

（五月）十九日辛巳（中略）、夜に入りて千手を礼すること百八度。

頼長が秦公春のために仏事を行うのはこれが最初ではない。公春が飲水の病[5]を発したのは天養元年（一一四四）冬のことだったが（同二年正月二十日条）、この時も北斗を拝したり、観音経を読んだりしている。彼がそれほどまで公春の病に心を砕いたのはなぜか。その問に答える前に、平安末期の随身というものについて一言説明しておいた方がよいだろう。

随身とは、近衛府などの下級官人や舎人で、太上天皇をはじめ摂関・大臣・納言・参議といった貴顕の警固にあてられるものをいい（『北山抄』巻八）、本来律令国家の官人であった。しかし平安時代も後期になると、随身が特定の貴家に代々仕えるような傾向があらわれ、そこに公的な関係をこえて主従関係を形成することも珍しくなくなった[6]。秦公春は左近衛府の府生であり（保延三年〈一一三七〉三月二十日条他）、彼と頼長との関係はまさにそれに当たる。たとえば久安元年（天養二年を改元）十二月十七日の日記には、こんなエピソードが記されている。

召使国貞を殺す所の庁の下部、去る七日の非常の赦に免ぜらる。今夜、件の下部殺さると云々。国貞は忠を以て君に事えたり。今其の仇殺さる。天の然らしむるか。太政官の大慶なり。いまだ何人の所為なるかを知らず。或いは曰う、国貞の子の召使いの為す所と云々〈其の実、余、左近府生秦公春に命じ、これを殺さしむ。天に代りてこれを誅す、猶《なお》武王の紂を誅せしがごとし。人敢えてこれを知る無し〉。

これは頼長の度を過ぎた厳しさ、酷薄さを示す事件として有名であるが、公春がその実行者に選ばれたことは、頼長がいかに腹心として公春を信頼していたかを示している。公春は頼長家で雑色長をつとめ（仁平元年〈一一五一〉二月二十二日条）、また頼長の庄園を預けられている。

（久安三年〈一一四七〉六月）四日（中略）、先年、源義賢に預けし所の薗庄、改めて秦公春に預く。料物を済まさざるに依るなり〈年貢〉。

頼長はまた公春を湯殿に奉仕させることもあった。

（康治元年〈一一四二〉五月）十三日乙巳、公春、湯殿に奉仕す〈背を摩す〉。

頼長・公春の交情は衆目の認めるところともなっていたらしい。鎌倉初期の説話集『古今著聞集』には、二人の関係をテーマとした話柄がある。

宇治左府、随身公春を不便《ふびん》なる物に思召したる事めだたしき程の事也。或時いかなる事か有りけん、みづから公春打たんとせさせ給ひけるに、公春、おとどの御手をとりて、「もし打たせ給はば御手を折るべし。君といふとも、いかでか打たせ給ふべき」と申ければ、おとど罪を請はせ給ひにけり。（中略）公春は大力にてなん侍る（巻一〇、相撲強力）。

公春が大力のもち主で、しかも前述のように糖尿病という持病があったことからすると、力士のように肥満した人物ではなかったろうか。ただ随身は、晴れの儀式になくてはならぬ存在であり、その任用には武芸や騎馬の能力の他に、容貌の好し悪しが大きな比重を占めた[7]。公春も頼長の随身を勤めた以上、相応に容姿の立派な男であったに違いない。

男性二人の間に親密な交友がある場合、往々にしてその背後に男色関係がひそむ。頼長と公春の二人もその例にもれなかった。頼長は後年（仁平二年〈一一五二〉八月二十五日）公春との房事を書きとめた際、久安四年以来情交はたえてなかったと述懐している。これは何よりの証拠であろう。頼長は八三の祈りの間、「魚を食らわず、女・男を犯さず」、結願翌日の七月二十一日に「始めて魚を食らい、男・女を犯」した。

　巳刻、帰家、始食魚犯男女

精進中になまぐさ物をとらず、女犯を慎しむのは当然であるが、普通の精進とはちがってことさら「男犯」を特記しているのも、公春との男色関係を念頭においてのことであろう。頼長にとって公春は、少年時代から頼りにしてきた従者であると同時に、日常的な男色の相手でもあったのである。

頼長は、この精進のあいだ今まで親交のあった讃と全く会わなかったわけではない。

　十三日（五月）乙亥、或る所〈讃〉に向かう。左近曹将狛則助、弓箭を帯び剣を横たえて車後に在り。武勇に堪えたるに依るなり。

これは強力な警固を従えての訪問である。ただ頼長の潔癖で情誼に厚い性格から考えれば、何事も無かったと信じてよいように思う。頼長の努力にも拘らず、公春の病は完全には癒えなかったらしい。七月二十日以後も頼長はしばしば八三祈・公春祈と称して千手供や弥陀百万遍などを行ない、翌久安四年八月頃に至っている。公春がなくなったのは、それから数年を経た仁平三年（一一五三）正月十九日であった。この公春病歿のことは後で再びとりあげることにしよう。

さて百日余りにわたる精進をおえた頼長は、七月二十八日、二十九日と二晩続けて随身秦兼任と関係をもった。ここにも随身と主との関係が顔をのぞかせる。

二十九日（中略）、昨今両夜、秦兼任〈随身〉を召して内寝に引き入る。

この兼任は、現存の随身庭騎絵巻に描かれていて、中年以後のものではあるが、その容姿をみることができる。(8) 絵巻は一一七〇年前後の姿を描いているらしいから、二十年以上のへだたりがあり、この時はまだ十代か二十代の初めであったろう。一方讃との往来も頻繁になり、

二十三日《（八月）》（中略）、黄昏、宿所《（鳥羽）》に帰る。讃又来たる。例の事を遂げ了んぬ。

というような記事もみえる。しかしこの時期で目をひくのは四天王寺の舞人との交渉である。

久安三年九月十二日、頼長は鳥羽法皇に扈従して難波の四天王寺に参詣した。法皇にはもともと男色の趣味があり、四天王寺の舞人に美少年のあることを知っていた。

十二日（中略）、依召候簾中、語曰、奏舞日、最初令奏無面形之舞、見舞人容貌之後、令奏有面形之舞、是古説也、又仰曰、此寺舞人之中、有容貌壮麗者、今日有其人乎〈法皇為人好美人、故有此言〉、対曰、所候也〈名公方〉

十二日（中略）、召に依り簾中に候う。語《（法皇）》りて曰わく「舞を奏する日、最初は面形《おもて》なきの舞を奏せしめ、舞人の容貌を見るの後、面形あるの舞を奏せしむ。是れ古説なり」と。また仰せて曰わく「此の寺の舞人の中、容貌壮麗の者あり。今日その人有りや」と〈法皇、人となり美人を好む。故にこの言あり〉。対えて曰わく「候うところなり」〈名は公方〉と。

四天王寺に到着早々、その舞人の存在を確かめた法皇は、翌日仏事のあいまをぬって頼長をそその

かした。

十三日（中略）、及暗幸念仏所（中略）、無言間、法皇忘《（妄カ）》語予、々咲不対、法皇大咲、事訖還御、余下宿所、召舞人公方、引入臥内、深更、微行西門、逢讃、

十三日（中略）、暗《（法皇）》に及んで念仏所に幸す（中略）。無言の間、法皇、予に妄語す。予、咲いて対えず。法皇大いに咲う。事訖りて還御。余、宿所に下り、舞人公方を召して臥内に引き入る。深更、西門に微行して讃に逢う。

頼長も、康治元年の日記に、

一日《（三月）》（中略）、深更、或る舞人を召して懐抱す。寵甚し。

と記しているとおり、美貌の舞人には関心がある。彼は早速公方を試みた。深更、讃と逢びきした頼長は、その結果を語ったに違いない。公方が頼長の気に入ったことは、翌十四日もまた公方と同衾したことからわかる。頼長はその快味を忘れることができず、翌久安四年三月の四天王寺参詣に際しても公方に通じようとした。

十九日丁丑、経雄山着天王寺、今夜、召舞人公方欲通、夢明日可入堂、男犯猶以不浄、因之不通、可謂奇異事

十九日丁丑、雄山《おとこ》を経て天王寺に着く。今夜、舞人公方を召して通ぜんと欲す。夢に、明日堂に入るべくば、男犯猶《なお》以て不浄なるをみる。これに因りて通ぜず。奇異の事と謂うべし。

あくる日、四天王寺をたって帰路についた頼長は、その不満を江口の遊女との歓楽に慰めている。

廿一日己卯、柱本のあたりに宿す。今夜密かに江口の遊女を舟中に召して、これに通ず。
廿二日庚辰、遊女を返し遣し、米を給う。又纒頭《かづけもの》の事あり。鶏鳴の後、鴨の河尻に着く。

久安三年の年末にかけても頼長は折りにふれて讃その他との交渉を記しているが、ここには相手不詳の一件をあげておこう。

十八日（十二月）（中略）、於左仗座、与或人家密言談〈下南幕〉、雖及解脱、未遂本意
十八日（中略）、左の仗座において或る人〈家〉と密かに言談〈南の幕に下る〉、解脱に及ぶといえども、いまだ本意を遂げず。

「家」とあるだけで名前はわからないが、着衣をぬがせて弄んだものの、場所も場所だけに交合までには至らなかった。

五　源義賢と佐伯貞俊

久安四年（一一四八）、二十九才になった頼長は、この年早々、次のような房事を記す。

五日（正月）（中略）、今夜、入義賢於臥内、及無礼有景味〈不快後、初有此事〉
五日（中略）、今夜、義賢を臥内に入る。無礼に及ぶも景味あり〈不快の後、初めてこの事あり〉。

相手は、彼が手兵として側近に伺候させていた源義賢である。頼長はいままでも忠雅や讃に対して受身の立場になることがあった。しかしそれは遊びの一幕ではあっても、そこに快感を感じていたのではない。この日義賢を受け入れた頼長は、はじめて意外な「景味」におそわれた。この義賢は、為

義の弟、有名な木曽義仲の父である。これより先、康治二年(一一四三)十一月二十五日には頼長から能登庄の管理をまかせられるというように、彼も頼長家の家政に深く入りこんでいた一人だった。

久安四年の日記は年頭にこういう記事があるが、概して男色関係の記載に乏しい。八月十七日に雑色の弥里という男に通じたこと、十一月十五日に讃の宅へ出向いたことがあるくらいである。弥里は久安六年正月二十二日に何物かに殺されたが、頼長はそれを日記に書きとどめており、おそらくこれ以外にも交渉はあったのだろう。ただ十月も末近くなって新たな相手が現れてくる。

十月二十日、頼長は鳥羽法皇の推挙により、鳥羽院庁の官人で主税頭だった佐伯貞俊という人物を養女多子の年預・知家事(家政をあずかる役職)とした。頼長はこの前後、外戚の地位を獲るのに懸命であり、多子はその手段として近衛天皇の室にいれようと用意した養女である(実父は徳大寺公能。頼長の義理の姪)。貞俊は多子の入内・立后へ向けてその家政をとりしきることとなった。貞俊の父貞仲は若宮年預・知家事、祖父義保は春宮属、曽祖父貞義は皇后宮属というように、代々下級の官人として仕えてきた家柄である。貞俊もこの方面に才のある人物だったのだろう。しかし法皇がこの人を推挙したについては、もう一つ別の理由があった。翌二十一日、頼長は貞俊を直接引見し、その美貌に感歎するのである。

廿一日乙亥、雖去夜召貞俊、今日来(中略)、戌刻、貞俊初参〈平礼、著白平貫狩襖・袴〉、召入西壺地見之、侍一人取松明照之、容貌甚麗、潘岳之輩也

廿一日乙亥、去夜貞俊を召すといえども、今日来たる。(中略)戌の刻、貞俊初めて参ず(中略)。

西の壺地に召し入れてこれを見る。侍一人、松明《たいまつ》を取りてこれを照らす。容貌甚だ麗し。潘岳の輩なり。

頼長はいかにも彼らしく、中国の有名な美男子潘岳を引き合いに出すのを忘れなかった。松明の光を近づけさせて、貞俊の顔をのぞきこむ頼長の姿が目に浮かぶようである。法皇が頼長同様、男色の趣味をもっていたことは前にも述べた。法皇が貞俊を送り込んだ裏には、自らの息のかかった人物を推挙するという以外に、この男を試してみてはという戯れの気持も含まれていたに違いない。法皇は頼長への手紙で、貞俊は「幼年より宮中に成長し、朕深く慈を加う」といっているほどである。頼長は早速この男を弄んだ。

一日（十一月）（中略）、戌の刻、貞俊を臥内に引き入る。

四日にも同文の記事がある。その後貞俊との情交は記されていないが、十一月二十七日には女院（高陽院、頼長の姉）に拝謁させ、彼をひきたてようとしている。翌々久安六年正月、頼長の努力が実り、多子は入内を遂げた。貞俊は正月十九日の入内の儀に奉仕している。三月に多子が皇后に冊立されて後、貞俊は皇后宮の少属の地位を得たらしく、九月一日には昇堂を許され、以後仁平元年二月十六日の隆長元服や八月十一日の頼長春日詣にも出仕した。法皇・頼長との交情関係が貞俊の前途を開いたのである。

六　晩年の頼長と公春・讃

久安五年(一一四九)、頼長三十才の日記は、今日全く欠けて伝わらない。この年七月、彼は従一位・左大臣となった。

翌久安六年以降、頼長をめぐる政治状勢は保元の乱へ向かって徐々に暗転していった。藤原忠実が頼長の兄忠通を義絶し、忠実・頼長と忠通の仲が完全に決裂したのは、この年九月のことである。そういった点からいうと、以後の日記は、頼長の眼を通してみた保元の乱前史になるわけだが、反面男性との交渉記事は日記からほとんど姿を消してしまう。これは一見頼長をとりまく環境の変化によるようであるが、私はそうではなかろうと思う。というのは、これより二年のち仁平二年(一一五二)の日記には、その種のことが書かれてあり、克明な描写までみられるからである。『台記』に限らず、公卿の日記が今日に伝わっているのは、後人が公事に対する関心をもって書き写していったためである。当然そこでは、写す側の関心によって記事の省略なども行われる。久安六年以降の日記は、不幸にしてそういう選択を蒙ったのであろう。

その中にあって、辛くも残ったのは、公春死歿の記事である。久安四年以来、しばらく小康を得ていた公春の持病は、仁平元年二月頃からまたぶりかえした。ただ症状はそれほどひどくはなかったようで、三月初めの大饗など、頼長家の行事には姿をみせているが、頼長は早速公春の寿命が五十を越えることを願って祈禱を始めさせた。自筆の写経を思いたったのもこのころである。しかし、公春の病は徐々に悪化していった。翌仁平二年七月十三日から、南都の浄行の僧六人を選んで大般若経を読ませた目的は、やはり公春の病気平癒にあったと思われる。結願の八月二十五日夜、久安四年以来、本当に久方ぶりに頼長は公春との情交をもった。

今夜、召入公春於臥内、去久安四年有彼事、其後絶無其事、今夜、余強請之企、喜悦無極

今夜、公春を臥内に召し入る。去る久安四年、かの事あり。その後絶えてその事なし。今夜、余、強いてこれを請いて企つ。喜悦極まりなし。

平癒を確信する気持が、「喜悦」を一層かきたてたであろう。

頼長が前年三月に発願した自筆写経は、この年九月二十七日に完成し、興福寺の南円堂で供養された。しかしそれから四箇月たつかたたぬうちに、公春は不帰の人となった。仁平三年正月十九日のことである。この日の日記は、次のような皮肉な形で残った。

十九日己酉(中略)、以下、左近衛府生秦公春逝去愁嘆事、及数十丁、仍私今略之

十九日己酉(中略)、以下、左近衛府生秦公春逝去愁嘆の事、数十丁に及ぶ。よりて私に今これを略す。

頼長は公春を失なったなげきを縷々数十丁(一丁は二頁分)も書き連ねていたのであるが、『台記』の抄録者は無用の記事として省略してしまった。これはその断り書きである。もしこの部分が残っていたなら、或いは幼少時からの関係などを含め、詳しいことが知られたかもしれないが、今となっては、頼長が公春の死に対して数十丁分に及ぶ感慨を書き記したという、その事実を知るだけで満足し

なければならない。

この日、鳥羽では尊勝陀羅尼供養のことがとり行われ、主だった公卿はみな出仕した。しかし頼長は、『本朝世紀』によると、病と称して参上しなかった。『本朝世紀』の編者（入道信西）は「今日、左近府生秦公春死す。左府大いにこれを歎息す。殆んど謗議ありと云々」と付け加えている。愁嘆のあまりとはいえ、頼長の公私を弁えない行動に非難の声のあったことがわかる。

頼長は、公春なきあとも密かにその遺族を気づかい、また墓参を忘れなかった。墓の側に夜を明かしたのも一再ではない。

（久寿元年〈一一五四〉四月）三十日（中略）、深更、公春の京極（の家）に向かい、妻の尼と言談、鶏鳴の後に帰る。

（同五月十五日）深更、公春の墓に向かい、平明に帰る。

（同八月）廿四日乙巳、一昨夕より咳病の気あり。亥の時、公春の墓に向かい、寝に就く。鐘動に帰る。

出家した妻を訪れて夜を過ごしたことは、十月二十九日、十二月十一日両日の記にもあらわれている。この間、十月十三日の明け方には、「卯の刻、夢中に公春に謁す」というようなこともあった。

公春の病状が一進一退を重ねていた仁平の頃、古くからの念友である讃との交渉もなお続いていた。仁平二年八月二十四日の日記には、その一齣が記されている。前にも書いたように久安六年以後、この種の記事はいたって少ない。しかしこの二十四日の記事は、ただ一箇所ながら極めて詳細である。

亥時許、讃丸来、気味甚切、遂倶漏精、希有事也、此人常有此事、感歎尤深

亥の時ばかり、讃丸来たる。気味甚だ切なり。遂に倶に精を漏らす。希有の事なり。この人常にこの事あり。感歎尤も深し。

讃という人物は、房事のたびに相手を受け入れながら射精に至るのが普通だった。頼長は既にこのことを久安三年正月十五日にも記している。この夜、激しい快味におそわれた頼長は、讃が射精すると同時に、自らも頂上に達したのである。めったにないことだけに頼長の満足感は大きかった。その感動が、この赤裸々な描写を生んだのであろう。この日は、頼長が久安四年以来久しぶりで公春に挑んだ日の前日である。この両日の日記にみられる即物的な力強い記述は、『台記』全巻中でも出色のものといってよかろう。

公春死歿の翌々年は久寿二年(一一五五)である。三十六才を迎えた頼長にとって、この年は破局につながる年となった。七月におこった近衛天皇の病歿は、忠実・頼長父子による天皇呪咀のうわさを呼び、これを機に新帝後白河天皇をたてた鳥羽法皇・美福門院・忠通による忠実・頼長父子の封じ込めが進行してゆく。忠実・頼長父子が、院政への望みを絶たれた崇徳上皇と結びつき、翌年(保元元年)鳥羽法皇が崩御すると直ちに兵を挙げたのも、当然のなりゆきであった。『台記』はその直前、久寿二年末をもって断絶している。

七　男色記事の意味するもの

以上、時の経過に従って頼長の男色生活をたどってきた。こうした関係が成立した背景としては、当時一般に、男色をあたりまえのこととする自由な考え方のあったことをあげねばならない。これには、猪熊兼繁氏の示唆されたように、(9)貴顕の家では子女の数をあまり増やすまいとする政治的・経済的な要請が働いていたことも考えられる。それだけに男色が、婚姻に劣らない重要な社会的意味をもっていたことも見のがせないところである。花山院忠雅や舞人たちとの関係のように、単なる享楽を求めての交渉があった反面、それと同時に地位・利権の獲得や主従関係の強化に一役買うような男色関係も存在した。双方がはっきり意識していたかどうかは別にして、讃・佐伯貞俊・源義賢・秦公春・源成雅らとの交渉はその例である。公春の場合、その子を元服させ、兼長の随身とし、あるいは滝口の武士に推挙するなど(久安四年〈一一四八〉十月二十日、二十三日、同十一月十日、久安六年六月二十八日)、その関係は少なくとも父子二代に影響を及ぼした。義賢、成雅らにとっても、忠実・頼長家との関わりは父祖以来のものであり、成雅の場合のように男色関係も早くからそうした主従のつながりと表裏をなしていたことが考えられる。女性を媒介とする婚姻とは違い、より直接的な意味がここには認められよう。既にいったとおり、このような風潮は当時の社会に広く深くゆきわたっていた。頼長が書きのこしたことによって、我々はその現実を生々しくみることができるのである。

頼長がなぜこの行為をこれほど詳しく記す気になったかはわからない。しかしこれが、世の常識に頓着しない彼の性格とかかわりがあることは確かであろう。あるいは読者の中には、永井荷風の『断腸亭日乗』を想起された方も少なくないのではなかろうかと思う。頼長と荷風では時代も環境も全く違い、二人を対等に比較するのは勿論適当でない。また荷風の日記には、既に周知のとおり創作的要素も含まれている。しかし人の目にふれることを予想した日記（当時の公卿の日記はみなそれを前提に執筆されており頼長も子孫への訓戒を日記に記している。また荷風日記の大部分は荷風生前に公刊されていた）に具体的な情交の記録を残した点は共通しており、のみならず孤高をまもり反社会的な態度で世の中をみつめ続けたところもよく似ている。頼長は、この時代の人としては珍しく、明確な自己の価値観と主張をもって生きた人であった。荷風において創作活動や情事が、彼の生き方と深く関わっていたように、頼長においても、異常なまでの研学や男色関係といったものが、その生を証明する役割を果たしていたのではあるまいか。他の人にとってあるいは義務であったり、あるいは日常生活の一部であることが、頼長にはそれをこえた意味をもっていたのである。貴族社会の慣行に批判の目を向け、日食の日に「日月星宿を信ぜず、身命を惜し」まない故に普段どおり家の格子をあげておくという頼長をみると（久寿元年〈一一五四〉五月一日）、当時彼のおかれていた閉塞的な状況を考慮するとしても、なお強固な自我をもつ近代的な人間像が浮かんでくるのを禁じえない。

しかし男色記事の書かれた原因を頼長の人柄だけに帰するならば、やはりそれは片手落ちであろう。平安末期に至って人間の存在を厳しくありのままにみつめた『今昔物語集』や病草紙のような文学・美術があらわれてくることは何かその背景に共通するところがあるようにも思われる。この時期の文学や美術は、主題の面においても新興の武士や庶民・賤民を正面からとりあげるなど、大きな変化をみせはじめるが、頼長がしばしば庶民信仰の寺、皮堂（革堂）・六角堂に参詣したことや、雑色・随身・舞人・武士など広く下賤の人々と交渉をもったことも思い合わされる。その意味で男色記事を含めた『台記』全体が、頼長という特殊な個性と平安末期という時代背景から生まれた独自の日記文学といってもいいすぎではない。『台記』に対し、単なる史料としての扱いを離れ更に広い見地からの検討が加えられることを願いつつ、筆をおくこととしたい。

注

（1）本稿での引用は、増補「史料大成」刊行会『台記』（臨川書店、一九六六年）により、あわせて『史料纂集』本の『台記』（続群書類従完成会、一九七六年）を参照した。
（2）岩田準一『男色文献書誌』（岩田貞雄、一九七三年）、同『本朝男色考』（同上）。
（3）『南方熊楠全集』九巻（平凡社、一九七三年）。
（4）『台記』同日条。壮年期の忠雅の相貌は、頼長のそれとともに天子摂関御影、公家列影図（宮次男編『新修日本絵巻物全集』二六巻、角川書店、一九七八年）に見える。
（5）現在の糖尿病。富士川游『科学随筆医史叢談』（書物展望社、一九四三年）参照。
（6）中原俊章「中世随身の存在形態―随身家下毛野氏を中心にして―」（『ヒストリア』六七号、一九七五年）。
（7）櫻井秀『平安朝史』下一（綜合日本史大系七、内外書籍株式会社、一九二六年）。
（8）随身庭騎絵巻（注4前掲書所収）。
（9）猪熊兼繁・伊丹十三「天皇日常」（伊丹十三『日本世間噺大系』文芸春秋、一九七六年）。

（昭和五十四年三月三十日成稿）

（追記）新しい研究として、三橋順子「『台記』に見る頼長のセクシャリティの再検討」（倉本一宏『日記・古記録の世界』思文閣出版、二〇一五年）があるが、頼長という特異な性格の記主を得て、王朝貴族社会の常態が明るみに出たと考える私には、頼長の男色関係を特殊なものとする三橋氏の見解には、にわかに同感できない。

明治初年の国立銀行紙幣をめぐる菊池容斎と石井鼎湖
―『前賢故実』を手がかりとして―

一　はじめに

一般に近現代の紙幣は、直接間接に国家の権威を背景として発行されるところから、その図案にも、発行当時の政治理念の反映されることが少なくない。その状況の一斑は、神功皇后や聖徳太子の肖像入り紙幣を例に、かつて述べたことがあった。(1)その場合、図案がどのようにして考案され、原画が何に拠って、いかに描かれたかを知ることができれば、さらに考察を深められることは言うまでもない。また明治初期の紙幣となれば、西洋画の技法で描かれた原図は、本格の絵画ではないものの、洋風画の受容を考える手がかりにもなるはずである。しかし、これらの点については、多くの場合、確実な史料がなく、あまり関心が持たれていないのが実情である。

その中にあって珍しく、明治初年にアメリカの印刷会社に発注された国立銀行一円紙幣に関し、原画作者の名を伝える史料がある。ここにそれを紹介し、若干の私見を記してみたい。

二　国立銀行紙幣と菊池容斎

問題の史料は、長年に亘り東京美術学校の校長を勤め、美術行政に大きな影響力を持っていた正木直彦氏の日記中にある。それは次のようなものである。

十二月十三日(昭和十三年)　晴(中略)午後四時、逓信大臣官邸に開かれたる郵便切手図案調査会に出席(中略)右了て晩餐あり、(中略)席上、印刷局(校訂注　原文数字空白)博士の談に、我邦の紙幣は、太政官・民部省札の後に、明治四年か五年かと思ふ、アメリカのContinental Bank Note Co.に依頼して作りたるものにて、図様は蒙古襲来、田道真守の絵にて、菊池容斎の筆に成れるものなり。次に双龍文の紙幣は、ゼルマン紙幣と云はるゝものにて、明治五年に独乙に委嘱したるものにて、Bernhard Dondorf 会社に托したり。此時、印刷後には、其機械全部を買受の約束条件付なりしを以て、之を買受けて、印刷局の前身紙幣寮にて紙幣を作ることゝなりたり。此時、技師の必要あるにより、ドンドルフに従事したる技師キヨソネの、月給八百両にて招聘したるなり。キヨソネは以太利人なりしも、本国にては機を得さりしを以て、独乙に客遊し居たるなりといふ。

(正木直彦『十三松堂日記』四、中央公論美術出版、一九六六年)

この記述に現れる印刷局の某博士は、おそらく印刷学の草分けとして知られた矢野道也氏であろう。[2]矢野氏は、前年から開かれた郵便切手図案調査会の委員に印刷局技師として参加していた。[3]最終の会となった当日の議事録に発言は見られないが、出席していたと見て不自然ではない。この時、印刷局からは、やはり技師の山上謙一氏が加わっていたが、この場合、工学博士の学位を有した古参の矢野氏がふさわしいことは言うまでもなかろう。

正木氏が聞いた話は、その内容の全てが未知のものではない。ゼルマン紙幣（ゲルマン紙幣）と呼ばれた明治通宝札がドイツのドンドルフ・ナウマン社に発注して印刷されたこと、その時ドンドルフ・ナウマン社に勤務していたE．キヨッソーネがお雇い外国人として招聘され、紙幣の国産印刷に尽力したことなどは、よく知られた事実である。もっとも、明治通宝札の印刷を委託する契約が結ばれたのは、明治五年ではなく明治三年のことである。[4]またキヨッソーネを「月給八百両にて招聘」（一両は一円の意）[5]というのは正しくなく、明治八年に行なわれた最初の契約では、月給四五四円余りであった。[6]確認はできないが、「月給八百両」は彼の後年の俸給を伝えている可能性が高い。さらにキヨッソーネが、「本国にては機を得さりしを以て」ドイツに来ていたというのは、今日の研究結果からは認められず、紙幣製作の技術を習得する熱意に燃えてのドイツ行きであったことが明らかにされている。[7]

このように多少の訂正は必要としても、大筋で事実が語られている中で、これまで未言及のこととして注目されるのが、アメリカに発注された紙幣に関するくだりである。ここで取り上げられている紙幣は、明治六年に発行された国立銀行紙幣の旧札を指す。

明治新政府は、王政復古の当初、財政上の理由から太政官札や民部省札を発行して急場をしのいだが、これらの紙幣は形態が江戸時代以来の縦型であったのみならず、印刷も在来の銅版彫刻であったところから、偽造紙幣の頻出に悩まされることとなった。そこで政府は、明治五年に国立銀行条例を施行して、発券機能を持った国立銀行の設立を各地に認めるに先立ち、精巧な紙幣の発行を企図し、各国立銀行に共通する新紙幣の印刷を、アメリカ・ニューヨークのコンチネンタル・バンクノート・カンパニーに委託したのであった[8]。後に国立銀行紙幣の国産化が図られた結果、明治十年以降、キヨッソーネ図案の新紙幣が出たため、それらの紙幣は旧国立銀行紙幣と呼ばれる。その券種は一円・二円・五円・十円・二十円の五種であった。国立銀行紙幣は、明治四年に発行を見た本位金貨との兌換をうたっていたので、本位金貨の額面ごとに券種が

図1　一円紙幣　表裏（瀬戸浩平監修『日本近代紙幣総覧』より）

定まっている。
　この五種の紙幣は、寸法が共通で、デザインも似通ったものが採用された(図1)。即ち表面は中央上部に「大日本帝国通用紙幣」の文字を入れ、その下には、この紙幣が法的根拠に基づく兌換紙幣であることを、縦書きに上下に分けて記す。紙幣の左右両端には、日本の歴史、神話、風俗に基づく絵画が配せられている。一方裏面上部には、この紙幣が全ての支払いに有効であることを述べた文言を、下部には偽造禁止の文言を、それぞれ縦書きとし、左右両端に額面相当の本位金貨の図を載せて、中央に大きく歴史、神話、風俗にちなむ絵画が入れられる。こうした紙幣の様式は、アメリカの国立銀行紙幣に酷似し、それに範をとったものであることが指摘されている。なお以上の文字・図様はアメリカで刷られ、それを輸入して、国内で銀行名・地名・頭取名・支配人名・印章・番号などが加刷された。今、公的記録を参考に、各紙幣の絵画主題を挙げれば、次のとおりである(9)。

一円紙幣　(表右)奥羽地方で戦う田道　(表左)兵船　(裏)蒙古襲来
二円紙幣　(表右)稲村ヶ崎の新田義貞　(表左)船上山の児島高徳　(裏)宮城(旧江戸城)の門と櫓
五円紙幣　(表右)田植風景　(表左)稲刈風景　(裏)日本橋から富士山を望む風景
十円紙幣　(表左右)雅楽演奏風景　(裏)神功皇后の三韓征伐
二十円紙幣　(表右)斐伊川の畔のスサノオノミコト　(表左)八岐大蛇
　(裏)オオクニヌシノミコトの国譲り

十円紙幣の雅楽演奏風景については、天の岩戸開きという説もあるが、それに関しては後にふれる。さてこの内、矢野氏の言にみえるのは、表裏の順は逆であるものの、一円紙幣の図柄に相当するであろう。矢野氏の発言の後半部分を検討した先の結果からすると、これも頭から信用するのは問題かもしれない。少なくともその内容には、次の二つの問題がある。まず第一は、表面右の人物（図2）を「田道真守」としている点である。タジマモリは記紀にみえる伝説上の人物で、垂仁朝に常世国に使いし、非時香菓（橘）を持ち帰ったとされる（垂仁紀九十年二月条など）。しかしこの絵に見られるような、武将としての活躍は伝えられていない。これはやはり、公文書の記載に従って、田道と見るべきで、「田道真守」は、名前の類似から来た記憶の誤りと考えられる。この田道もまた『日本書紀』に見える人物である。同書の仁徳天皇五十三年五月と五十五年の条に、次のような記事がある。

五十三年、新羅不㆓朝貢㆒。夏五月、遣㆓上毛野君祖竹葉瀬㆒、令㆑問㆓其闕貢㆒。是道路之間獲㆓白鹿㆒、乃還之献㆓于天皇㆒、更改㆑日而行。俄且重遣㆓竹葉瀬之弟田道㆒。則詔之曰、若新羅距者、挙㆑兵撃㆑之。仍授㆓精兵㆒。新羅起㆑兵而距之。爰新羅人日々挑㆑戦、田道固㆑塞而不㆑出。時新羅軍卒一人、有㆑放㆓于営外㆒。則掠俘之、因問㆓消息㆒。対曰、有㆓強力者㆒、曰㆓百衝㆒。軽捷猛幹、毎為㆓軍右前鋒㆒。故伺之撃㆑左則敗也。時新羅空㆑左備㆑右。於㆑是田道連㆓精騎㆒撃㆓其左㆒。新羅軍潰之。因縦㆑兵、乗㆑之殺㆓数百人㆒、即虜㆓四邑之人民㆒以帰焉。

五十五年、蝦夷叛之。遣㆓田道㆒令㆑撃。則為㆓蝦夷㆒所㆑敗、以死㆓于伊寺水門㆒。時有㆓従者㆒、取得㆓田道之手纏㆒、与㆓其妻㆒。乃抱㆓手纏㆒而縊死。時人聞之流涕矣。是後蝦夷亦襲之略㆓人民㆒。因以掘㆓田道墓㆒。則有㆓大蛇㆒。発㆓瞋目㆒自㆑墓出以咋。蝦夷悉被㆓蛇毒㆒、而多死亡、唯一二人得㆑免耳。故時人云、田道雖㆓既亡㆒、遂報㆑讎。何死人之無㆑知耶。

これによると田道は、上毛野氏の祖、竹葉瀬の弟で、新羅に遠征して武勲を立てたが、のちに蝦夷が反乱を起こした時、攻められて伊寺の水門で敗死した。その後、蝦夷がもう一度襲ってきて、田道の墓を発いたところ、怒った大蛇が現れて多くの蝦夷を噛み、毒死させて復讐を果たしたという。因みにその墓碑と伝えるものが、石巻市の禅昌寺にあり、江戸時代から知られているが[10]、もとより信を置くに足りない。田道については『古事記』に記事がなく、同じく仁徳紀にしか出ない両面宿儺と同様、実態は不明である。それ以外の情報としては、『新撰姓氏録』(河内皇別)に、百済の国に遣わされ、そこで残した子孫が欽明朝に来日、止美連の姓を賜ったとあるが、直接事績内容には結びつかない。しかしいずれにしても、書紀に描かれた人物像からすると、紙幣の人物が田道であることは確実であろう。

図2　一円紙幣の人物

第二の問題点は、その田道や蒙古襲来の絵が、菊池容斎によって描かれたとあることである。このことは管見の限り他に所見がなく、最も注目すべき発言であることは言うまでもない。次に節を改めて検証することとしよう。

三　『前賢故実』との関係

一円紙幣の図様が菊池容斎の筆になるというのは、果たして事実であろうか。それを証明する文献史料は見当たらないが、重要な手がかりが、菊池容斎の著作『前賢故実』に見出される(11)。同書は容斎が、童蒙の教育に資するため、上古から南北朝時代に至る歴史の中で、忠孝の観点から範とすべき人物を抽出し、その姿を絵で示し解説を付したものである。天保七年(一八三六)に完成したが、刊行されたのは慶応四年(一八六八)であった。全十巻から成る。その巻之一には、仁徳天皇朝から三名の人物が採られているが、内一人が田道である。その図を挿図に示す(図3)。

図3　田道像(『前賢故実』より)

背景は全く描かれないが、この図が一円紙幣の田道像と密接に関わることは一目瞭然であろう。全体の姿勢が共通することは言うまでもないが、細部では鎧の上半身部分の形制がよく一致しており、弓も処々に節を描く点が類似する。異なるのは、草摺や沓の細部と、両足の先が土坡に隠れる点であるが、これらは原画にない細部を更に描き込んだものといってよい。また紙幣では左腰に帯剣があるが、『前賢故実』の方では鞘のみが見え、剣身は折れて左足元に横たわる。紙幣は足元を描かない代わりに、剣を帯びさせて形姿を整えたのであろう。何より両図の親近性を物語るのは、左腰に突き立った二本の矢である。紙幣ではより目立たない形になっているが、『前賢故実』の図を参照すると、それが戦闘の激しさを表す役割を持っていることが知られるであろう。

このように比較してみると、少なくとも田道像を菊池容斎の筆とする発言が、全く荒唐無稽なものでないことがわかる。この像の原画は、『前賢故実』の田道像にあると言って差し支えない。菊池容斎は明治十一年に九十一歳で没するが、その点だけから言えば、容斎が紙幣の原画に筆を執ったこともありえないことではない。しかし、そのように結論するのは、やはり早計であろう。ここで考えてみなければならないのは、容斎との関係が明らかなのは田道像に限られ、その他の兵船や蒙古襲来図については、現状では関係がたどれないことである。紙幣の蒙古襲来図と、容斎の描いた同主題の日本画[12]を比べても、共通点を見出すのは困難である。各紙幣を通じて画風の共通性が強いので、あるいは全て同一筆者か、同一人の主導の下に描かれた可能性を否定できないが、新田義貞や児島高徳の場合は、『前賢故実』との関係は全く見出せない。しかもそれにもまして重要なのは、そもそも容斎が、明治の新政府に出仕したり、その仕事を請負ったりした形跡がないことである。また、紙幣の図様が日本画の技法でなく、陰影を付け、遠近感を出す洋画の技法で描かれていることもうなずけない。確かに容斎は、晩年、西洋画の技法も試みてはいるが、紙幣に見るように複雑な絵は、容斎のような日本画を本筋とする画家の、能くするところではなかったであろう。こうみてくると、一円紙幣の図様が菊池容斎の筆になったとする矢野氏の発言は、そのまま事実と認めることは困難で、田道像が容斎の『前賢故実』に基づくというだけに改められるべきである。

それでは、原画を描いたのは誰であったのか。先述のとおり画風は似通っているので、全てにわたって指導的役割を演じた画家がいたはずである。直接の史料がない以上、もとより推測の域を出るものではないが、ことのついでに、その画家について見通しを述べておきたい。そのためには、国立銀行紙幣の発注経過を今少し立ち入ってみておく必要がある。公的な記録によると、アメリカへの紙幣印刷発注は、明治三年に渡米した伊藤博文の意見に端を発する。在米中の伊藤の建議を受けた大蔵省は、翌年四月、太政官に図案や製造額を伺い出た。太政官の裁可を経て、コンチネンタル・バンクノート・カンパニーと契約が結ばれたのは、九月である。この時すでに紙幣の図様の下絵は送られていて、宮城、三韓征伐、天の岩戸開き、蒙古襲来、楠公迎輦などの図様があったらしい。日本銀行調査局の『図録日本の貨幣』七(三二四頁)は、この間の事情を次のように述べている。

> 紙幣図柄の下絵は、早くからアメリカへ送付してあったが、三韓征伐と天の岩戸開きのほかは粗雑であったので再送付の依頼があった。アメリカ在留中の中島信行からは、わが国古来の英雄豪傑の肖像が偽造防止上、有効であるとの連絡があったけれども、技術的に優れたものがなかったので、画工に命じ蒙古襲来覆没および楠公迎輦の図ほか数種の古画六、七枚を模写させて、アメリカへ送

った。この古画採用は初期のアメリカ銀行券と同種のものであり、このほか全券種が縦二寸七分、横六寸三分の同寸法、着色は欄緑色、図画を薄墨色にした同一様式で、アメリカ国法銀行券に類似のものとなった。

図様の内、宮城、三韓征伐、蒙古襲来は言を要さない。ただ、この時点で発行が決まっていたのは、一円・五円・十円・二十円の四種で、二円紙幣の発行が正式に決まり、追加発注されたのは、翌明治五年五月であった。従ってなお図様の入替え等、多少の変更があった可能性はあろう。例えば楠公迎輦は、相当する図様が見られない。二円紙幣の児島高徳の図は無関係ではないが、これを楠公迎輦図というのは到底無理であろう。やや後に石版画の作例で楠公迎輦図が見られるが、全く異なっている(13)。天の岩戸開きは十円紙幣の雅楽演奏図を指したものとも考えられるが、それにしてはわずかに描かれた背景が、全くそれらしくはない。これも石版画で流布した図様とは異なっていて(14)、別案に換えられたのであろう

ともあれ、ここで確認しておきたいのは、紙幣の図案の下絵は、以上の経過からして、明治四年にはおおむね整えられていたことである。修正や差替えを考慮しても、明治五年の前半には完成していた。即ち原画の描き手は、明治四年の早い段階で西洋画をある程度マスターしており、しかも大蔵省の仕事を請けるような、当局に近い立場の人物であったと見なければならない。この条件に当てはまる人物として想起されるのは、本来日本画家であった石井鼎湖（名は重賢、一八四八年〜

図4　石井鼎湖　弘安四年鏖元兵於筑海図

一八九七年)である。[15]

石井鼎湖は、明治三年十月に大蔵省の度量衡改正掛に出仕した。同四年、度量衡改正掛は記録寮の下に入り、同寮で昇任した鼎湖は、明治五年と七年の二回に亘って紙幣寮に出張し、七年の出張の際、紙幣寮への転任を希望して認められ、その後身である印刷局を明治二十八年に退官するまで、そこで活躍する。これまで鼎湖は、紙幣寮、印刷局における石版技術の導入と発展に尽力した人物として注目されてきた。[16]しかし注意すべきは、鼎湖が大蔵省における履歴の初期に職務としたのは、画図を描くことであり、改正掛長渋沢栄一(のち紙幣寮頭)のもとで第一国立銀行の画(木版)を描いたり、紙幣寮への出張では、五年に新旧公債証書の下図を描き、七年に秩禄公債証書の下図を描いたりしていることであろう。現存する公債証書は歴史画をデザインしたもので、画風は和洋折衷である。[17]明治三年ごろ西洋画を描けた人物の中で、鼎湖には本格的な油彩画などはないため、さほど著名で

図5　一円紙幣の蒙古襲来図

はないが、紙幣図案の下絵作成となれば、その官歴からいって、鼎湖以外の人物は想定しにくいと言うべきである。明治八年頃、石版で刊行された、鼎湖の原画による蒙古襲来図（「弘安四年鏖元兵於筑海図」、図4）があるが[18]、図様は同一でないにせよ、その構図や作風は一円紙幣の蒙古襲来図（図5）に酷似すると言っても過言ではなかろう。

四　おわりに

正木直彦氏の日記に見える矢野道也氏の発言から出発して、国立銀行旧紙幣の原画とその筆者について考えてみた。その結果、一円紙幣の田道像は、菊池容斎の『前賢故実』に基づくが、容斎の筆になったとは考えられず、それを洋画の技法で書き改めた下絵画家が別にいること、その人物はおそらく他の額面の紙幣の下図作成にも関わったと見られ、当時大蔵省に勤めていた石井鼎湖の可能性が濃厚であるとの結論に達した。その点、矢野氏の言は事実そのものを伝えてはおらず修正を要するが、決して無意味ではない。

まずそれは国立銀行紙幣の図様のイデオロギッシュな性格を考える上に有益である。旧紙幣の図案全体を通じて、対外遠征、外敵の克服、蝦夷の討伐、勤皇といった主題が目立つが、田道像が採られた『前賢故実』は、先述のとおり、忠孝を顕彰する意味を持った著作であった。幕末期以降、ナショナリズムの高揚の中で、この書物が人気を博したことは、それが明治三十六年七月に一括して復刻されたことにも窺える（翻刻発行者は桜井庄吉）。また、明治期の歴史画にとって、『前賢故実』が一種の種本として機能したことは、夙に指摘されているとおりである。[19] こうした図案の採用には、ナショナリズムの流布を図る政府の意図が底流にあったと理解されよう。

第二の意義として、明治初年の洋風画研究に貴重な一石を投ずる点が、注目に値する。

そもそも明治初年の洋風画に関しては、近年、銅版画や石版画の分野から意欲的な研究が多く現れ、油彩や水彩などの作例からは究明できなかった新たな動向が明らかにされている。[20] しかし、紙幣の図案が正面から取り上げられることは、従来なかった。オリジナルな作品とはいえないまでも、挿絵・切手・政府刊行物などが脚光を浴びる中、紙幣図案の検討が放置されてよいとは思われない。特に本稿で問題とした国立銀行の旧紙幣は、その下絵の作成年代が明治三年〜四年に限定され、しかも洋風画の特徴がよく出た作例である。洋風画とはいえ、蒙古襲来や三韓征伐のように、あたかも西欧の歴史画風のものがある一方、日本橋から富士を望む景のように、幕末の松田玄々堂や岡田春燈斎らの微塵銅版画を思わせる画風のものもある。[21] まさに過渡期の様相を表しており、その内、歴史画的画風は、明治十年代以降の各種歴史画に継承されていったと見てよいであろう。小稿が機縁となって、この方面の研究が進展することを願ってやまない。

注

（1）拙著『貨幣の日本史』（朝日選書、一九九七年）、拙稿「紙幣の聖徳太子」（『大和古寺の研究』塙書房、二〇一一年。二〇〇九年初出）。
（2）大蔵省印刷局編『矢野道也伝記並論文集』（一九五六年）。
（3）日本郵趣出版制作『昭和切手発行資料集』（郵趣サービス社、一九八一年）。
（4）「エドアルト・キヨッソーネ関連年譜」（明治美術学会・印刷局朝陽会編『お雇い外国人　キヨッソーネ研究』中央公論美術出版、一九九九年）。
（5）注1前掲拙著二四二頁参照。本書には書き漏らしたが、明治四年に発行された本邦最初の円建て紙幣である大蔵省兌換証券や開拓使兌換証券の兌換文言に、新貨幣が発行され次第、本位金貨との兌換を保証するとした上で、「至急入用と候は、通用弐分判を以何時にても」相渡す旨の記載があるのは、一円が弐分判二枚＝一両相当であった一証である。
（6）注4に同じ。
（7）リア・ベレッタ「キヨッソーネとイタリア王国国立銀行」（注4前掲書）。
（8）日本銀行調査局編『図録日本の貨幣』七（東洋経済新報社、一九七三年）三一四頁。
（9）同右三一六頁、表五―二四。同書は一円紙幣の表の図に関し、備考欄において『法規分類大全』の説明を否定し、伊豆大島で工藤茂光の軍勢を迎え撃つ源為朝を描いたものとするが、根拠が挙げられておらずにわかに従えない。
（10）石巻市史編さん委員会編『石巻の歴史』八、資料編2、古代・中世編（石巻市、一九九二年）一一三頁所載。狩谷棭斎は、その著『古京遺文』の目録で、「後人為託」の一例に「田道碑」を挙げる。なおこの碑の存在については、平川南氏より教示を受けた。
（11）菊池容斎については、佐藤道信『河鍋暁斎と菊池容斎』（日本の美術三三五号、至文堂、一九九三年）参照。
（12）同右、第一六図参照。
（13）神戸市立博物館編『描かれた明治ニッポン』研究編（描かれた明治ニッポン展実行委員会、二〇〇二年）二六五頁。
（14）同右、二五〇頁。
（15）石井鼎湖については、益井邦夫「クロモ石版の創始者　石井重賢の事蹟考」（『国学院大学紀要』二六号、一九八八年）参照。

（16）森登「《石画試験》から《玉堂富貴》へ」（注13前掲書）。
（17）同右一五頁及び大蔵省印刷局編『印刷局沿革録』（明治四十年）三四頁参照。
（18）河野実・森登・大島寛子編『描かれた明治ニッポン～石版画〔リトグラフ〕の時代～展図録』（描かれた明治ニッポン展実行委員会・毎日新聞社、二〇〇二年）図四〇五。
（19）山梨俊夫「「描かれた歴史」―明治のなかの「歴史画」の位置」（兵庫県立近代美術館・神奈川県立近代美術館編『描かれた歴史』一九九三年）。
（20）たとえば、町田市立国際版画美術館（河野実・高木幸枝）編『版画　80年の軌跡―明治初年から昭和20年まで』（一九九六年）、注13前掲書など。
（21）具体的な作例は、小野忠重編『日本の銅版画と石版画』（双林社、一九四一年）、西村貞『日本銅版画志』（全国書房、一九四一年）、神奈川県立近代美術館編『玄々堂とその一派展図録』（一九九八年）など参照。

挿図出典　図1：瀬戸浩平監修『日本近代紙幣総覧』（株式会社ボナンザ、一九八四年）

書後

今年の春、たまたま雄山閣の桑門智亜紀氏と会って、来年三月で大学を定年になるという話になったところ、それを機に本を出されませんかというありがたい提案をいただき、それが本書として結実した。『史料学遍歴』という書名は、昨年、古稀自祝の思いで出した『史料学探訪』(岩波書店、二〇一五年)と対にする意味もあるが、本書に収めた文章は、生来の雑多な関心のもと、時間的にはほぼ半世紀に亘り、近年の分には回想めいた記述も見えていて、「遍歴」の名にふさわしいと思ったからである。所収の文章の初出は左のとおりである(副題は省略)。

第一章　金石文と木簡

一　法隆寺金堂薬師像の光背銘と天寿国繡帳の銘文　奈良県立橿原考古学研究所編『橿原考古学研究所論集』第十六、八木書店、二〇一三年

二　長谷寺法華説相図銅板銘と則天皇帝の尊号　『文化財学報』三一集、二〇一三年

三　多胡碑再考　東野治之・佐藤信編『古代多胡碑と東アジア』山川出版社、二〇〇五年

四　陽劔・陰劔の象嵌銘とその書風　元興寺文化財研究所編『国宝東大寺金堂鎮壇具保存修理報告書』東大寺、二〇一五年

五　飛鳥時代木簡と上代語　奈良県立橿原考古学研究所編『橿原考古学研究所論集』第十五、八

木書店、二〇〇八年
第二章　寺院と仏教
一　法隆寺と聖徳太子　奈良国立博物館・法隆寺監修『法隆寺展―聖徳太子と平和の祈り―』
読売新聞社、二〇一四年
二　文献史料から見た中宮寺　斑鳩町教育委員会編『史跡中宮寺跡発掘調査報告書』二〇一三年
三　夏身寺の創建と『薬師寺縁起』　『文化財学報』三三集、二〇一四年
四　称徳天皇による法王・法臣の任命と鑑真の請来仏典　同右三三集、二〇一五年
第三章　日本と東アジア
一　白鳳時代論　『文化財学報』三四集、二〇一六年
二　ありねよし　対馬の渡り　続日本紀研究会編『続日本紀の時代』塙書房、一九九四年
三　井真成の墓誌を読む　専修大学・西北大学共同プロジェクト編『遣唐使の見た中国と日本』
朝日選書、二〇〇五年
四　飛鳥奈良朝の祥瑞災異思想　『日本歴史』二五九号、一九六九年
第四章　古典籍と歴史
一　古代人が読んだ漢籍　池田温編『日本古代史を学ぶための漢文入門』吉川弘文館、
二〇〇六年
二　日本古代の『春秋』受容　『文学』一―四、二〇〇〇年

三　『文選集注』所引の『文選鈔』　故神田喜一郎博士追悼中国学論集刊行会編『神田喜一郎博士追悼中国学論集』二玄社、一九八六年
四　平安時代の日常会話の復原　『新潮45』一三－五（通巻一四五号）、一九九四年
五　日記に見る藤原頼長の男色関係　『ヒストリア』八四号、一九七九年
六　明治初年の国立銀行紙幣をめぐる菊池容斎と石井鼎湖　『文化財学報』二九集、二〇一一年

全ての文章について訂補を加え、一部体裁を統一したが、執筆年代の極めて古いものや、すでに元の形で引用されているものもあり、基本的に発表時の姿を尊重して、論旨に亘る加筆は行わなかった。この点は読者の了解をお願いする。以下、いくつかの文について若干付言しておきたい。

「法隆寺金堂薬師像の光背銘と天寿国繡帳の銘文」（第一章の二）では、最後に聖徳太子の考えた浄土についてふれた。これに関しては、一般向けの書ではあるが、近く刊行予定の『ほんとうの聖徳太子（仮題）』（岩波書店、ジュニア新書）にやや詳しく述べたので、あわせて参照いただきたい。

「法隆寺と聖徳太子」（第二章の二）は、展覧会図録に書いた概説で、収録するにも及ばないものであるが、現時点での法隆寺に関する私見を総合的に述べているものとして採った。

「飛鳥奈良朝の祥瑞災異思想」（第三章の四）は、大学卒業論文を節略したものである。何とかストーリーを作ろうとする未熟さが目に付き、いまや私的な記念の意味しかないであろうが、祥瑞災異や暦法は、当時ほとんど取り組む人のないテーマであった。近年では新たに小塩慶「古代日本における唐

風化政策と祥瑞思想の受容」(『史林』九九―二、二〇一六年)のような研究が出ている。

第四章の諸篇は、楽しみながら『令集解』『宇津保物語』『台記』『十三松堂日記』を通読して得た副産物である。「古代人が読んだ漢籍」(第四章の一)については、高田宗平『日本古代『論語義疏』受容史の研究』(塙書房、二〇一五年)が新しく出ている。

「『文選集注』所引の『文選鈔』」(第四章の三)に関しては、富永一登氏の反論があったが、岡村繁氏は『文選の研究』(岩波書店、一九九九年)において、拙見を全面的に支持して下さった。

「平安時代の日常会話の復原」(第四章の四)で扱った『宇津保物語』は、当時信頼できる注釈としては原田芳起氏の角川文庫本(一九六九~七〇年)があったぐらいである。その後、小学館の『日本古典文学全集』に中野幸一氏による現代語訳付きの校注本(一九九九~二〇〇二年)が備わり、状況は変化した。ただ日本史の側からの注目度は、例の神南備種松邸の段を除くと相変わらず高いとはいえない。

「日記に見る藤原頼長の男色関係」(第四章の五)は、おそらく私の書いた中で最も広い読者を持つ文章であろう。意外な人が読んでおられて驚くことがある。文中に記したように、学会での口頭発表が元になっているが、発表前、すでに「男色関係」を「交友関係」に改題してほしいとの要請があり、発表後は、恒例となっていた機関誌への掲載が認められなかった。のちに一転してそれは認められたが、当初一般誌への発表を考えて執筆したため、文体も注の付け方も、意識していわゆる論文スタイルを避けた。いま注を文末にまとめた以外は、ほぼ初出のままに収録した。登場する「孝標」が藤原隆季であることに気づかなかった過ちなどもあるが、詳細は「頼長と隆季」(前掲『史料学探訪』)に譲る。この拙文で忘れられないのは、当時岩波書店の新書編集部におられた伊藤修氏が、石井進先生による拙文への過分な評を見て、木簡で新書を書いてほしいと依頼に見えたことである。それが四年後の『木簡が語る日本の古代』につながったことを思うと、縁の不思議さを思わないではいられない。

縁といえば、本書の編集に当たられた桑門氏は、私が大阪大学で卒業論文を指導した人である。阪大では教養部での在任が長く、年長の長山泰孝先生がおられたこともあり、桑門氏は、私が本当に卒論指導をした稀な一人と言ってよい。しかも私が示唆したわけではないのに、桑門氏が選んだテーマは奈良時代の災異記事であった。その卒論の要点は「藤原広嗣の乱と災異記事」(『日本歴史』六一六号、一九九九年)として公表されている。桑門氏が雄山閣で活躍されているのを知ったのは随分あとのことになるが、大学での出会いがなかったら、この本もなかったであろう。多忙の中、刊行を急いで下さった桑門氏と、綿密な配慮をもって校正に尽力された奈良大学非常勤講師の谷本啓氏に、改めて御礼申し上げたい。

またこの人生の節目に当たり、私の勝手な歩みを、これまで忍耐強く理解してくれた妻美穂子をはじめ私の家族に対し、深い感謝の意を表したいと思う。

二〇一六年十二月二十日　満七十歳を迎えて

東野治之

■著者略歴

東野治之（とうの　はるゆき）

1946年生まれ。大阪市立大学大学院修士課程修了。奈良国立文化財研究所文部技官、大阪大学教授など経て、1999年より奈良大学文学部文化財学科教授（2017年3月定年退職予定）。東京大学博士（文学）、日本学士院会員。

おもな著書に『正倉院文書と木簡の研究』『日本古代木簡の研究』『長屋王家木簡の研究』（以上、塙書房）、『遣唐使と正倉院』『書の古代史』『日本古代金石文の研究』『日本古代史料学』『史料学探訪』（以上、岩波書店）、『木簡が語る日本の古代』『正倉院』『遣唐使』『鑑真』（以上、岩波新書）、『上宮聖徳法王帝説』（校注、岩波文庫）、『遣唐使船』『貨幣の日本史』（以上、朝日選書）などがある。

2017年1月25日　初版発行　《検印省略》

史料学遍歴《しりょうがくへんれき》

著　者　東野治之
発行者　宮田哲男
発行所　株式会社 雄山閣
〒102-0071　東京都千代田区富士見2-6-9
TEL　03-3262-3231 / FAX　03-3262-6938
URL　http://www.yuzankaku.co.jp
e-mail　info@yuzankaku.co.jp
振　替：00130-5-1685
印刷・製本　株式会社ティーケー出版印刷

ISBN978-4-639-02462-0　C0021
N.D.C.210　289p　19cm